Alfred Dubach · Brigitte Fuchs

Ein neues Modell von Religion

T V Z

Alfred Dubach · Brigitte Fuchs

Ein neues Modell von Religion

Zweite Schweizer Sonderfallstudie –
Herausforderung für die Kirchen

TVZ

Theologischer Verlag Zürich
Edition NZN bei TVZ

Die Deutsche Bibliothek – Bibliografische Einheitsaufnahme
Die Deutsche Bibliothek verzeichnet diese Publikation in der Deutschen Nationalbibliografie;
detaillierte bibliografische Daten sind im Internet über <http://dnb.ddb.de> abrufbar.

ISBN 3-290-20022-1

Umschlaggestaltung: www.gapa.ch gataric, ackermann und partner, Zürich
Satz und Layout: Claudia Wild, Stuttgart
Druck: ROSCH-BUCH GmbH, Scheßlitz

© 2005 Theologischer Verlag Zürich
www.tvz-verlag.ch

Inhaltsverzeichnis

Alfred Dubach
Religiosität in der Dynamik der entfalteten Moderne

Brigitte Fuchs

Der Blick nach vorne.
Pastoraltheologische Überlegungen zur zweiten Sonderfallstudie

Vorwort

Mit der zweiten Sonderfall-Studie 1999 zur religiösen Situation in der Schweiz wird ein Weg fortgesetzt, der zehn Jahre zuvor begonnen hat. Einen Überblick über die Ergebnisse der ersten Sonderfall-Studie aus dem Jahre 1989 gibt die Publikation von Alfred Dubach, Roland J. Campiche (Hg.), Jede(r) ein Sonderfall? Religion in der Schweiz, Zürich-Basel 1993.

In der religiösen Zeitdiagnose der zweiten Sonderfall-Studie* manifestiert sich noch deutlicher als 10 Jahre zuvor *eine neue Art des Umgangs mit Religion* insbesondere unter Jugendlichen und jungen Erwachsenen. Sie sehen sich mit einer Vielfalt von Lebensanforderungen und -deutungen konfrontiert, die sich immer weniger in einen ganzheitlichen Lebensentwurf integrieren lassen. Weil es so etwas wie ‹Normalität› in unserer Gesellschaft nicht mehr gibt, muss religiöse Identität von der jungen Generation ständig in Kommunikation mit anderen ausgehandelt werden. Kommunikative Selbstvergewisserung schliesst alles ein, auch Gott.

Die Menschen müssen sich heute in einer Gesellschaft zurechtfinden, die keinen allgemein gültigen und verlässlichen Sinn mehr kennt. Das Leben hat keinen Aussenhalt mehr in grossen Ideen und Weltsichten. Es hat keine integrativen Fixpunkte mehr. Das Individuum wird gewissermassen zum letzten Fluchtpunkt seiner selbst. Es muss sich zukunftsoffen und flexibel unter sich ständig verändernden Umständen je neu entwerfen und in Szene setzen, sich in Kommunikation mit anderen vergewissern. Mit den im Zuge der Modernisierung veränderten Bedingungen der Identitätsfindung sieht sich jede und jeder gezwungen, sich selbst in einer multiperspektivisch gewordenen Welt zu entwerfen. «Identität, Selbstverwirklichung werden nun zu quasi religiösen Metaphern» (Kaufmann 1989b, 193).

Die beiden Sonderfall-Studien aus den Jahren 1989 und 1999 machen die *Konturen eines neuen Modells von Religiosität* unter veränderten Gesellschaftsbedingungen sichtbar. Charakterisieren liesse es sich als selbstreferenzielle Religiosität. Es markiert einen gesellschaftlichen Transformationsprozess weg von der Wiederholung des ewig Gültigen, der Einbettung in einen vorgege-

---

* Angaben zur Anlage der zweiten Sondefall-Studie und eine Übersicht über alle Ergebnisse finden sich in der Publikation von: Roland J. Campiche, Die zwei Gesichter der Religion. Faszination und Entzauberung. Unter Mitarbeit von Raphael Broquet, Alfred Dubach und Jörg Stolz, Zürich 2004.

benen Ordnungszusammenhang, der Orientierung an zeitlos gültigen Lebenslaufmustern hin zu einer suchenden, zukunftsoffenen, die gesellschaftlichen Ansprüche und Widersprüche ausbalancierenden, prozessual im Verlauf einer Biographie aus der je aktuellen Situation sich herausbildenden, in ständiger Kommunikation mit anderen ausgehandelten, experimentellen, erfahrungs- und ereignisbezogenen religiösen Identität.

Mit den Auswirkungen der gesellschaftlichen Veränderungsprozesse auf die Gestaltung religiösen Erlebens und Handelns in der Schweiz beschäftigt sich *der erste Teil* der vorliegenden Publikation. Er präsentiert die wichtigsten Erkenntnisse aus der zweiten Sonderfall-Studie zur Religiosität und Kirchenbindung der Schweizer Bevölkerung und setzt sie gleichzeitig mit den Daten aus dem Jahre 1989 in Beziehung. Eine vertiefte Thematisierung erfahren dabei die Veränderungen im religiösen Selbstverständnis der Jugendlichen und jungen Erwachsenen. Sie sehen sich dem strukturellen, sozialen und kulturellen Wandel in besonderer Weise ausgesetzt. Bei ihnen lässt sich vorzugsweise beobachten, welche Ausformungen die Religiosität unter den Bedingungen der gegenwärtigen Gesellschaft annimmt. Dadurch gewinnen die bisherigen Befunde zur religiösen Befindlichkeit der Schweizer Wohnbevölkerung wie auch der religiöse Trend in den zehn Jahren vor der Jahrtausendwende deutlichere Züge. In der jungen Generation spiegelt sich in besonderem Masse der Umbruch in der religiösen Landschaft und das Profil eines neuen Modells religiöser Selbstvergewisserung im Kontext der Moderne wider.

Die Beschreibung der religiösen Gegenwartslage im ersten Teil gibt den Horizont ab, sich im anschliessenden *zweiten Teil* zu fragen, was das Christentum in der gegenwärtigen Zeit noch vermag und wie sich eine angemessene Form kirchlichen Handelns vorstellen lässt, das seine Anschlussfähigkeit an das moderne Bewusstsein erhalten kann. Die Kirchen sehen sich angesichts der Forschungsergebnisse der beiden Sonderfallstudien von 1989 und 1999 vor eine epochale Herausforderung gestellt, wollen sie auch in Zukunft als bevorzugte Orte der Thematisierung von Transzendenz von der jungen Generation beachtet werden. Sie finden Zuspruch als religiöser Deutungs- und Erlebnisraum, wenn es ihnen gelingt, individuelle Selbstverwirklichung auf seine christlich-religiöse Grundierung hin zu erschliessen. Praktisch-theologische und pastorale Wege dahin werden im zweiten Teil der vorliegenden Publikation entworfen und aufgezeigt.

Dem zeitgenössischen Subjektdenken vermag nur eine Kirche gerecht zu werden, die den Menschen Wege zu einem erfüllten Leben aus dem christlichen Glauben eröffnet und zu einem Ort der Lebenskunst (Schmid 1998) aus der Selbstmitteilung Gottes an die Menschen in Jesus Christus wird. Unter Lebenskunst wird grundsätzlich die Möglichkeit und die Anstrengung verstanden, das Leben aus einer orientierenden Perspektive zu führen, um es nicht einfach nur dahingehen zu lassen. Sie bestärkt die Menschen in ihrer Selbstaneignung und Selbstmächtigkeit, befähigt sie zu einer autonomen Hermeneutik des Selbst. In der Lebenskunst gewinnt vieles an Zusammenhang, was hoffnungslos in Einzelteile zersplittert erschien, vieles, was mit Ignoranz gestraft worden ist, zieht neues Interesse auf sich und verhilft dazu, die Fülle des Lebens in seiner ganzen Spannbreite zu erfahren und nicht bei der Erfahrung des Nichts stehen zu bleiben. Sie vermittelt eine starke Wahrnehmung der Gegenwart und erschliesst durch Vorausdenken künftige Möglichkeiten der Existenz.

Bei Roland J. Campiche und seinen Mitarbeiterinnen und Mitarbeitern bedanken wir uns für den Datensatz der zweiten Sonderfallstudie. Ein besonderer Dank gilt dem TVZ für die sorgfältige verlegerische Betreuung und allen, die dieses Buch in eine druckfertige Form gebracht haben. Ohne die Unterstützung durch die Träger des Schweizerischen Pastoralsoziologischen Instituts (SPI) wäre das Buch nicht zustande gekommen: den Katholischen Konfessionsteil des Kantons St. Gallen, das Fastenopfer der Schweizer Katholiken und die Römisch-katholische Zentralkonferenz der Schweiz (RKZ). Darüber hinaus danken wir der Römisch-Katholischen Zentralkommission des Kantons Zürich für ihren Druckkostenbeitrag. Wir hoffen, dass die vorliegende Publikation zu einer differenzierten Wahrnehmung der religiösen Wirklichkeit in der Schweiz beiträgt und den Kirchen Perspektiven in ihrer Arbeit eröffnet.

St. Gallen, Juni 2005   Brigitte Fuchs
                                                          Alfred Dubach

Alfred Dubach

Religiosität in der Dynamik der entfalteten Moderne

1. Religion im Prozess der Modernisierung

Wer zeitgenössische Religiosität verstehen will, wie sie uns in den beiden Sonderfall-Studien begegnet, muss sich Rechenschaft über die Veränderungsprozesse in der gegenwärtigen Gesellschaft und über die sich daraus ergebenden Konsequenzen für die individuelle Lebensführung geben. Mensch und Gesellschaft können nicht getrennt voneinander betrachtet werden. Erst der gesellschaftliche Strukturwandel im Sinne funktionaler Differenzierung lässt die Entfaltung eines neuen Modells von Religion angemessen begreifen, dessen Kontur in den Daten der beiden Sonderfall-Studien von 1989 und 1999 sichtbar wird.

Stil und Form zeitgenössischer Religiosität erschliessen sich aus dem Horizont einer hochgradig veränderten Alltagswelt, in der sich der Blick von einer umfassenden ganzheitlichen Weltsicht in Richtung einer Ganzheit der individuellen Person und ihrer biographischen Selbstfindung verschoben hat. Den modernen Techniken und Mitteln kommunikativer Selbstvergewisserung kommt dabei eine konstitutive Bedeutung zu.

Die Welt als Ganze entzieht sich der Religion immer mehr als Bezugsgrösse. Das zentrale Thema der Religion wird die Transzendenz der individuellen Lebensführung, deren Bestimmung sich in intersubjektiven Aushandlungsprozessen und immer weniger in hergebrachten institutionellen Bahnen vollzieht.

1.1. Funktionale Differenzierung als Bauprinzip der Moderne

Jahrhundertelang hatte das Christentum den Abendländer gelehrt, die Welt als christliche Welt zu begreifen. Die christliche Welt entstand im Ausgang der Antike, als das Christentum zur Staats- und Volksreligion wurde. Es durchdrang alle Bereiche des Lebens. So entstand eine «umfassende Welt- und Daseinsdeutung aus dem christlichen Glauben, eine verchristlichte Kultur» (Kaufmann 1999a, 31). Die christliche Weltanschauung bildete das konstitutive Element gesellschaftlicher Integration, ein das Einzeldasein transzendierendes Sinngefüge mit letzten, gesellschaftlich gültigen Wahrheiten. Die religiöse Kompetenz lag fest in den Händen der Kirche, die ihre Lehre und die daraus folgenden Verhaltensnormen auch gegen Widerstände durchzusetzen vermochte und Abweichler unter Einsatz oft drastischer Mittel sozial sanktionierte.

Kaiser und Könige regierten von Gottes Gnaden, und auch die alten Eidgenossen schlossen ihre Bündnisse im Namen Gottes. Christliche Werte, Normen und Einstellungen bestimmten die Lebensführung und damit auch die Deutung der alltäglichen Erfahrungen. Die Gesellschaft mit ihrer staatlich-hierarchisch geordneten Sozialstruktur, die für sich in Anspruch nahm, von Gott gewollt und gestiftet zu sein, liess für eigenverantwortliche Sinnstiftung wenig Spielraum. «Die Ordnung der Dinge bestand in einem Korsett von feststehenden Rollen, Normen und Lebenswegen» (Keupp 1994, 337). Man lebte in einer christlich geprägten Welt und konnte gar nicht anders als Christ sein.

Dies schliesst nicht aus, dass in der Vergangenheit vieles geglaubt wurde, was nicht dem offiziellen Modell der Religion entsprach, und dass manche dogmatische Vorgaben von den Gläubigen nicht geteilt wurden. Auch wenn das Christentum zum umfassenden sozialen Band der Gesellschaft wurde, so ist doch anzunehmen, «dass der mittelalterliche Volksglauben sich in für die Lebensführung massgeblichen Bereichen von der offiziellen Kirchenlehre nachhaltig unterschied und insbesondere auf dem flachen Lande stark mit älteren Schichten ‹heidnischer› Religiosität vermischt blieb» (Kaufmann 1999b, 83 f).

In der vormodernen Gesellschaft nahm jedes Individuum seinen ihm von Geburt an zugewiesenen Platz ein. Dieser Platz war im Rahmen des gesellschaftlichen Ordnungsgefüges klar lokalisiert. Niklas Luhmann beschreibt die mittelalterliche Gesellschaftsordnung als eine Rangordnung von Ständen, an deren Spitze der Adel als politische und der Klerus als religiöse Führung standen. Diese Gesellschaft war durch den «funktionalen Primat der Religion» (Schimank 1985, 448) bestimmt. Sie verstand sich primär als «Leib Christi» und erst sekundär als Zivilgesellschaft. In seiner Beschreibung der mittelalterlichen Kultur bezeichnete Ernst Troeltsch diese Zeit als «christliche Einheitskultur», in der es keine «von der Kirche unabhängige selbstständige, Eigenrecht und Eigenkraft in sich besitzende Ordnung der weltlichen Kultur» (Troeltsch 1912/1994, 247) gab. Alle Lebensbereiche, vom Familienleben bis zur Politik, wurden von der christlichen Weltdeutung überhöht. Einer derart auf den Primat des Christentums zugeschnittenen Gesellschaftsform korrespondierte nach Uwe Schimank eine substanziell-teleologische Identitätsform. Gottes Offenbarung in der Auslegung der Kirchen war für jeden Menschen verbindliche Orientierung. Was gottgefällig war, lag substanziell fest. Alles fand seine Bestimmung in der Teleologie des Heilsplanes Gottes für die Welt. Der Sinn der menschlichen Existenz bestand darin, sich in diesen Heilsplan durch ein sündenfreies und bussfertiges Leben einzufügen.

Mit der geistesgeschichtlichen Epoche der Aufklärung und im Zuge der industriellen Gesellschaftsentwicklung begann ein Prozess, der in der entfalteten Moderne, etliche Autoren sprechen auch von der Postmoderne, seinen vorläufigen Höhepunkt erreicht hat. Die entscheidende Veränderung der Religion, insbesondere mit dem Modernisierungsschub in der Mitte des letzten Jahrhunderts, bestand darin, dass sich soziale Teilsysteme eigenlogisch auszudifferenzieren begannen und sich zunehmend von der Vorherrschaft der Religion emanzipierten. Religion wurde damit zu einem eigenen Teilsystem des Sozialen, das die Gesellschaft nicht mehr umfassend formt. Die einzelnen gesellschaftlichen Teilbereiche – Wirtschaft, Politik, Recht, Erziehung, Wissenschaft, Kunst und auch Religion – gestalten sich nach ihren eigenen Regeln. In der Wirtschaft wird Geld verdient, in der Justiz Recht gesprochen, in der Politik gesellschaftliche Macht ausgeübt, Liebe bestimmt die Beziehungen in der Ehe, Religion thematisiert letzte Transzendenzen.

Als besonderes Signum der Moderne ergibt sich aus dieser systemtheoretischen Perspektive, dass die moderne Gesellschaft sich nicht mehr durch einen überwölbenden Gesamtsinn integrieren lässt. Die Repräsentation des Ganzen im Ganzen wird per se paradox, weil kein Teilsystem mehr in der Lage ist, für das Ganze zu sprechen. Die gesellschaftlichen Funktionsbereiche werden nicht mehr durch einen allen gemeinsamen Sinn integriert. Es ist nicht mehr möglich, die Welt als Ganzheit von einem Standpunkt aus zu begreifen. «Moderne Gesellschaften sind konstitutionell multiperspektivisch verfasst» (Kaufmann 2003, 27). Die Welt lässt sich nicht mehr aus einer Zentralperspektive betrachten.

Der einstigen Leitidee vom christlichen Abendland kommt keine prägende gesellschaftliche Bedeutung mehr zu. Das Christentum hat seine «Rolle als unhinterfragte ‹Leitreligion› eingebüsst und besitzt nicht mehr das alleinige Deutungsmonopol für religiöse Belange» (Zibertz/Kalbheim/Riedel 2003, 65).

Die Interpretation der Modernisierung als funktionsorientierte Gesellschaftsdifferenzierung gibt die Grundlage ab für eine erste Antwort auf die Frage nach der Entwicklung der Religion in der modernen Gesellschaft. Sie ist zu einer separaten Sphäre des gesellschaftlichen Lebens geworden. In den Bereichen von Wirtschaft, Politik, Recht usw. kommt Religion kaum mehr vor, und sie hat dort auch nach vorherrschender Auffassung nichts mehr zu suchen, wie die Diskussion um das Kreuzzeichen in den Schulen oder die Debatte um das Kopftuch von muslimischen Lehrerinnen deutlich macht. Die Freisetzung der so genannten weltlichen Lebensbereiche vom Deutungs- und Normierungsanspruch der Religion hatte eine Zurückdrängung der christlichen Kulturelemente in den Bereich der Kirchen zur Folge. Das Christliche verliert seine prägende Kraft in der allgemeinen Kultur. Insofern kann von einer «Verkirchlichung des Christentums» (Kaufmann 1999a, 31) gesprochen werden.

Religion bleibt als ein Bereich neben anderen bestehen, aber ihr wird nicht mehr Geltung für alle anderen Gesellschaftsbereiche zuerkannt. Das Bild, das sie von der Wirklichkeit entwirft, ist nicht mehr das durchgehend regulierende Prinzip, welches allen Teilsystemen der Gesellschaft ihren Ort und ihren Sinn gibt. Die christliche Weltdeutung verliert ihre durch die gesamtgesellschaftliche Akzeptanz gewonnene Selbstverständlichkeit und unhinterfragbare Geltung, ihren Charakter als eindeutige Orientierungsinstanz. Es gibt keine feste Zuordnung mehr zum kirchlich verfassten Christentum.

Die Kongruenz von institutionalisierter Religion in den Kirchen und persönlicher Religiosität löst sich im Zuge der Modernisierung auf. Die Strukturdifferenzierung der neuzeitlichen Gesellschaft schafft Raum für ausserkirchliche alternative Religionsformen. «Man kann in dieser Hinsicht von einer Pluralisierung der religiösen Landschaft sprechen, die auch in die Kirchen zurückwirkt und dort ebenfalls Prozesse der Pluralisierung in Gang setzt» (Wohlrab-Sahr 2003, 45).

Die funktionale Differenzierung der Gesellschaft impliziert eine Entlassung der Lebensführung aus der Vorherrschaft der Religion, den Verlust einer umfassenden sozialen Einbettung und Sinnstiftung. «Der einzige Ort, an dem die disparaten Teile der Gesellschaft verbunden werden, ist das Individuum, das die unterschiedlichen sozialen Ansprüche in Einklang zu bringen hat» (Nassehi 1995, 114). In einer nach Funktionsbereichen differenzierten Gesellschaft kann die christliche Weltanschauung keinen Gesamtsinn und keine Lebensordnung mehr repräsentieren, die für alle Bereiche und alle Personen gleichermassen Gültigkeit besitzt. Es wird daher mehr und mehr zur Aufgabe jeder und jedes einzelnen, in Bezug auf sich selbst ein Deutungsmuster für das eigene Leben zu entwerfen. Für den einzelnen verschärft sich das Problem, wie er die Frage nach dem Sinn des Lebens beantworten soll.

1.2. Individualisierung der Religion?

Viele sprechen heute von einer Individualisierung der Religion. Mit der Individualisierungsthese wird versucht, eine Vielzahl von Entwicklungen in unserer Gesellschaft auf einen einheitlichen Nenner zu bringen. Bei genauerem Hinsehen erweist sich freilich das Konzept der Individualisierung als derart vieldeutig, dass Peter A. Berger von einer «Komplexitätsreduktion durch Komplexitätssteigerung» (1996, 279) spricht. Sehr unterschiedliche Phänomene werden in einen Begriff gepackt und damit eine stromlinienförmige, eindimensionale Rekonstruktion der Modernisierung versucht.

Um die Frage, was unter Individualisierung zu verstehen ist, wurde in der deutschsprachigen Religionssoziologie viel gestritten (vgl. Friedrichs 1998). Dabei ist deutlich geworden, wie viele verschiedene Auslegungen einander gegenüberstehen. Wo auch immer in neueren Abhandlungen vom gesellschaftlichen Wandel der Familie, des Geschlechterverhältnisses und der Erwerbsarbeit die Rede ist, tauchen mit grösster Wahrscheinlichkeit die Begriffe «Individualisierung» und «Deregulierung» von Lebens- und Erwerbsverhältnissen auf. In Anbetracht seiner Popularität kann dem Begriff der Individualisierung ohne Übertreibung die Bedeutung eines modischen Schlüsselbegriffs zugeschrieben werden.

Zahlreiche Klassiker der Soziologie haben sich bereits seit Ende des 19. Jahrhunderts mit dem Phänomen der Individualisierung beschäftigt. Bei seiner Beschreibung haben sie den Begriff in sehr unterschiedlichen Sinnzusammenhängen verwendet. So meint beispielsweise Georg Simmel mit zunehmender Individualisierung in der Gesellschaft die Zunahme der Verschiedenheit der Individuen, die insgesamt zu einer «Schwächung des sozialen Bewusstseins» (Simmel 1989, 186) führe; Emil Durkheim versteht darunter die Steigerung der individuellen Eigenständigkeit. Bei Norbert Elias beinhaltet Individualisierung eine «stärkere Betonung der Ich-Identität des einzelnen Menschen und dessen Loslösung von den traditionellen Verbänden» (1991, 240). Dies bedeute, dass der einzelne Mensch in weit höherem Masse auf sich selbst gestellt sei. Hoch individualisierte Menschen «sind unabhängig, frei, handeln unter eigener Verantwortung und treffen für sich selbst Entscheidungen» (1991, 177). Bei Max Weber wird der Begriff Individualisierung, den er nicht ausdrücklich definiert, im Sinne der Erhöhung der Möglichkeiten für die eigene Lebensgestaltung der Individuen benutzt. «Denn mit der Vervielfältigung der Lebensmöglichkeiten erträgt schon an sich der einzelne die Bindung an feste, undifferenzierte Lebensformen, welche die Gemeinschaft vorschreibt, immer schwerer und begehrt zunehmend, sein Leben individuell zu gestalten und den Ertrag seiner individuellen Fähigkeiten nach Belieben zu geniessen. Von aussen her wird die Zersetzung gefördert durch Eingriffe konkurrierender sozialer Gebilde» (1985, 226).

Indem dem Begriff der Individualisierung ganz unterschiedliche, zumindest variierende Bedeutungen zugesprochen werden und er auf unterschiedlichen gesellschaftlichen Ebenen angesiedelt wird, gelangen die Klassiker der Soziologie zu unterschiedlichen Einschätzungen der Entwicklung von Individualisierungstendenzen.

Individualisierung ist ein facettenreiches Phänomen, für welches auch in der zeitgenössischen Soziologie keine eindeutige Umschreibung vorliegt. Die Diskussion bewegt sich im Spannungsfeld von Problemlagen, die makrosoziologische Strukturveränderungen ebenso betreffen wie die Auswirkungen von Individualisierungstendenzen auf die alltagspraktischen Lebensführungs- und Bewältigungsmuster im mikrosoziologischen Bereich.

Eine besondere Belebung der Individualisierungsdebatte ging anfangs der 80er Jahre von Ulrich Beck aus. Doch «die Frage, was der Begriff der Individualisierung bei Beck ausmacht, lässt sich nur schwer beantworten. Eine eindeutige Definition hat er bisher noch nie entworfen» (Posner 2002, 51). Nicht nur verwendet er den Begriff in unterschiedlichen Sinnzusammenhängen. Seine Aussagen beziehen sich auf gesamtgesellschaftliche Prozesse wie auch auf deren Auswirkungen auf die Ausbildung von Identität und Lebensführung. Individualisierung meint bei Beck in Bezug auf makrosoziologische Strukturen «die Aufhebung der lebensweltlichen Grundlagen eines Denkens in traditionalen Kategorien von Grossgruppengesellschaften» (1986, 117), die «Differenzierung von Lebenslagen und Lebensstilen» (1986, 122), «Desintegration industriegesellschaftlicher Sicherheiten» (1995b, 191). Auf der Mikroebene ist das zunehmend auf sich selbst verwiesene und gestellte einzelne Individuum (vgl. Beck, Beck-Gernsheim 1994, 20) von besonderer Bedeutung. «Der oder die einzelne selbst wird zur lebensweltlichen Reproduktionseinheit des Sozialen» (Beck 1986, 209). Beck und Sopp gehen von einem «Zerfall der kollektiv geteilten Werte, Normen, Handlungsmuster und Orientierungen» (1997, 10) aus. Demzufolge «muss jede und jeder im Schleudersitz der eigenen Biographie im Rückgriff auf sich selbst die Frage beantworten: Wer bin ich» (Beck 1999, 111). In der Konsequenz sehen Beck und Sopp «allein gelassene Individuen» (1997, 10) in einer letztlich vollmobilen Single-Gesellschaft. «Die Grundfigur der durchgesetzten Moderne ist – zu Ende gedacht – der oder die Alleinstehende ... Alles atmet die Abwehr von Einsamkeit ... Die Konstruktionen der Selbstständigkeit werden zu Gitterstäben der Einsamkeit. Der Kreis der Individualisierung schliesst sich» (Beck 1986, 199 f.).

In der vollendeten und gänzlich entfalteten Moderne wird für jedes Individuum die Biographie eine unbeschränkt virtuose Bastelgeschichte, werden Identität und Lebensführung zu einem Puzzle, das jeder selbst entwirft, ausschneidet und zusammensetzt. Das eigenständige, eigensinnige und seine eigenen Interessen rational kalkulierende, aber auch vereinsamte Individuum wird zum kulturellen Modell. An anderer Stelle schwächt Beck seine radikalen Formulierungen wieder ab: Gesellschaftliche Individualisierung meint «nicht Atomisierung, nicht Vereinzelung, nicht Vereinsamung, nicht das Ende jeder Art von Gesellschaft, also Beziehungslosigkeit, ... nicht Netzwerklosigkeit; nicht die alberne schlichte Formel ‹Individualisierung = Autonomie›» (Beck 1995, 190).

1.3. Subjektivierung der Religion oder die Spiritualisierung des Selbst

Wegen der widersprüchlichen und missverständlichen Verwendungs- und Bedeutungsvielfalt des Begriffs ‹Individualisierung› und der Radikalität mancher Aussagen zur Lebensführung, die mit ihm verbunden werden, eignet er sich nur sehr eingeschränkt als Horizont zur Deutung der religiösen Landschaft. Statt von Individualisierung in der Ausformung gegenwärtiger Religiosität zu sprechen, lässt sich unseres Erachtens der religiöse Gestaltwandel infolge der gesamtgesellschaftlichen Transformationsprozesse passender als ‹Subjektivierung der Religion›, als ‹Spiritualisierung des Selbst›, als ‹religiöse Selbstvergewisserung und Selbststeuerung›, als ‹selbstreferenzielle Religiosität› beschreiben. «Sich suchen, zu sich selbst finden, zu sich stehen ist das, was die Orientierung in der Welt verbürgen soll» (Kohli 1988, 45).

Die gesellschaftliche Modernisierung geht einher mit «verblassenden sozialen Vorgaben» (Beck 1985, 88), mit dem Verlust von kollektiv-verbindlichen Lebensmustern, in deren Folge sich die Individuen in ihrer Identitätsfindung erhöhten Anforderungen ausgesetzt sehen. «Dem Individuum wird jetzt zugemutet, sich durch Bezug auf seine Individualität zu identifizieren ... Dem Individuum wird zugemutet, in Selbstbeobachtung und Selbstbeschreibung auf seine Individualität zu rekurrieren. Das heisst aber nicht zuletzt: sich selbst in einer Weise zu verstehen, die für ein Leben und Handeln in pluralen, nicht integrierten Kontexten geeignet ist» (Luhmann 1993, 215). Identität entwickelt sich nicht mehr in Aneignung einer gesellschaftlich verfassten Ordnung, sondern im Gegenüber zu einer multiplen Wirklichkeit. «An die Stelle des schlichten Modells der Übernahme eines Musters von Identität und Lebenslauf tritt die Perspektive der lebenslänglichen Arbeit an der Biographie und der Suche nach Sinn und Identität» (Gabriel 1992, 141).

Der funktionalen Differenzierung der Gesellschaft entspricht für die Gesellschaftsmitglieder eine Veränderung des Prinzips der Personwerdung: von der Inklusion in die Gesellschaft zur Exklusion aus der Gesellschaft. Der «Übergang von stratifikatorischer zu funktionaler Differenzierung» (Luhmann 1993, 155) versetzt das Individuum in die Umwelt der Gesellschaft (vgl. Luhmann 1993, 160).

An die Stelle kollektiver Lebensformen und identitätssichernder Ablaufmuster von Lebensläufen «treten Selbstbeschreibung und -darstellung; Selbststeuerung und -vergewisserung in Bezug auf lebensgeschichtlich relevante Vorgänge». Für das Individuum entsteht damit «die Notwendigkeit ständiger eigener Orientierungsleistungen zur Selbstvergewisserung und zur Bestimmung seines sozialen Ortes, den ihm seine ‹Identität› nicht mehr fraglos gibt» (Brose/Hildenbrand 1988, 18, 13).

Die Wurzeln des heute stark zunehmenden Bedürfnisses nach Selbstfindung, Identitätsbildung und Selbstverwirklichung liegen sicherlich auch in gesellschaftlich produzierten Entfremdungserfahrungen der Individuen in einem zunehmenden «Rationalisierungsprozess», in der «universellen Herrschaft der Marktgesellschaft» (Weber 1985, 198). Das veränderte Verhältnis der einzelnen Individuen zur Gesellschaft führt einerseits zu steigender Abhängigkeit von Systemstrukturen, z. B. von politischen Entscheidungen oder rechtlichen Regelungen, und andererseits zu grösseren Freiheitsspielräumen und Individualisierungschancen.

Im Nachdenken über sich selbst erkennt Robert Hettlage «eine spezifisch moderne Attitude» (2000, 9). Nicht von allen Zeiten und Gesellschaftsordnungen, sondern nur von der ‹neuesten› Moderne lässt sich sagen, sie sei einem Subjektivierungsschub sondergleichen unterworfen. Nie waren die Lebensverhältnisse dergestalt, dass sich die Menschen so stark auf die Fragen der eigenen Selbstwerdung eingelassen haben. Für das Individuum bedeutet dies, «dass es die Suche nach der Identität und damit auch die Ausbildung der Individualität im ständig erneuerten Bezug auf sich selbst vorantreibt» (Zoll 1992, 16). Kaum je glaubten zumindest so viele Menschen in ganz unterschiedlichen Lebenslagen, schicksalshaft zu persönlicher Selbstvergewisserung gezwungen zu sein.

«Subjektivität ist zu einem wesentlichen Bestandteil der objektiven Sozialstruktur geworden» (Müller-Schneider 1996, 204). Der Modernisierungsprozess führt zu einer Auflösung des hierarchischen und zur Entfaltung eines subjektorientierten Gesellschaftsaufbaus. Ins Zentrum der Wirklichkeit rückt das subjektive Innenleben. Die Menschen orientieren sich zunehmend in Richtung auf das «Projekt des schönen Lebens» (Schulze 1992, 38). Die explosionsartige Ausdehnung des Spielraumes für Geschmack und Stil, für Ansichtssachen und Lebensphilosophien, für Moralität und Lebensführung begründet Subjektivität als relevantes Ordnungsprinzip der Gegenwartsgesellschaft.

Die Subjektivität und ihre prekär gewordene Stabilität gewinnen an Bedeutung in der Ausgestaltung von Religiosität. Subjektive Erfahrungen, Präferenzen und Interessen werden «zum Massstab, Leitfaden und zur Quelle für Weltauffassungen» (Knoblauch 2000, 205). Mit dem Begriff der Subjektivierung der Religion bezeichnet Hubert Knoblauch «die zunehmende Verlagerung der religiösen Themen in das Subjekt und damit die zunehmende Relevanz des Selbst und seiner subjektiven Erfahrungen. Subjektivierung bezieht sich also darauf, dass sich Religion für einen grösser werdenden Teil der Gesellschaft in der jeweils eigenen, subjektiven Erfahrung bewähren muss» (1997, 180). Ernst Troeltsch versuchte bereits zu Beginn des 20. Jahrhunderts, diese Form von Religiosität mit dem Begriff ‹Mystik› zu erfassen (1994/1912, 967). «Der Begriff der Mystik ist insofern angemessen gewählt, weil hier das Verhältnis zur christlichen Überlieferung nicht primär über Lehre bestimmt wird, sondern über Formen religiöser Erfahrung, die höchst individuell sind, kaum kommuniziert werden können» (Daiber 1996, 93) und die dabei inhaltlich höchst Vielfältiges umfassen, nicht nur Mystik in engerem Sinn.

Der Gütemassstab der Weltdeutung wird über die innere Fortentwicklung des Selbst ermittelt. Subjektivierung bezeichnet in diesem Sinne die Tendenz einer wachsenden Zahl von Gesellschaftsmitgliedern, die persönliche Entwicklung als Evidenz- und Gütekriterium ihrer Religion anzusehen. Im Blick auf sich selbst fragt der einzelne nach dem Sinn des Lebens, hier gilt es, grundlegende Orientierung zu gewinnen, ein Weltbild zu erlangen, in welchem sich die verschiedenen lebensweltlichen Erfahrungen zu einem Ganzen zusammenfügen. Hier findet die Religion ihre alte Funktion elementarer Orientierung.

Der religiös interessierte Einzelne wird zur letzten Instanz in Fragen der religiösen Wahrheit und der richtigen Lebensführung. Die Perspektive des ‹Ganzen› lässt sich nur mehr aus der Perspektive der individuellen Konstitution von Wirklichkeit gewinnen. «Denn die Perspektive des ‹Ganzen› lässt sich nicht weiter aus der Sicht des Kosmos oder der Geschichte gewinnen, sondern lediglich aus der Perspektive individueller Konstitution von Wirklichkeit. Das ‹Ganze›, worauf Religion immer zu rekurrieren hat, kann demnach heute nur mehr das ‹Ganze› des je individuellen Lebensprozesses sein, d. h. die je eigene sinnkonstituierende ‹innere Dauer›» (Nassehi/Weber 1989, 416).

Selbstwahrnehmung und Selbstidentifizierung stehen im Vordergrund des religiösen Bewusstseins. Gemeint ist damit eine innere Fortentwicklung des menschlichen Selbst, wofür Hubert Knoblauch den Begriff der Spiritualität verwendet. «Denn der Begriff der Spiritualität erlaubt es zum einen, auf eine religiöse Wirklichkeit Bezug zu nehmen, ohne an institutionell definierte Vorstellungen des Religiösen anschliessen zu müssen. Dies gelingt ihm, zum anderen, gerade deswegen, weil er auf die Dimension der subjektiven Erfahrung der Transzendenz rekurriert» (2000, 214).

Subjektivierung wird hier nicht verstanden als «ein Prozess zunehmender Selbstbestimmung des Individuums und seiner gleichzeitig abnehmenden Fremdbestimmung durch äussere gesellschaftliche Instanzen und Faktoren» (Pollack/Pickel 1999, 467), sondern als «Entwicklung einer wachsenden Subjektzentrierung» (Gebhardt 2002, 17) in der persönlichen Identitätsfindung.

So individuell sich Spiritualität auch immer ausnehmen mag, so ist es doch keineswegs notwendig, dass sie sich lediglich in der Form der Selbstbestimmung verwirklicht. Sie drückt sich auch im ungestillten Bedürfnis nach unverrückbaren Fundamenten aus, sich mit einer Gemeinschaft zu identifizieren, aus deren Traditionsfundus sinnstiftende Identität als intersubjektiv geteiltes Gut übernommen und in deren Kollektivität die individuelle Lebensgeschichte eingebettet werden kann. Übernommen werden Leitwerte, die Auskunft darüber geben, was für ein Leben jemand führen soll, und die daher individuell als absolut bindend erachtet werden.

Die gesellschaftlichen Umbrüche der letzten Jahrzehnte, die Erosion bisher geltender gesellschaftlich verankerter Ordnungsmassstäbe und stabiler Geltungsvorgaben haben die Frage nach der persönlichen Identität auf breiter Front virulent werden lassen, die im Dialog mit anderen ohne ein gesellschaftlich vorab festgelegtes Drehbuch geformt werden muss. «Die Produktion persönlicher Identität verlagert sich ... in kleine Unternehmungen privater Hand, nämlich in das menschliche Individuum» (Luckmann 1980, 138). Jede und jeder scheint auf der Suche nach seiner verlorenen Identität zu sein. Sie hängt mit dem Mangel an oder dem Verlust von kollektiv verbindlichen Lebensformen zusammen. Wie die heterogenen gesellschaftlichen Ansprüche ausbalanciert und zu einem stimmigen Gesamtentwurf verbunden werden können, stellt sich jedem einzelnen als dauernde Aufgabe. In der «Kreuzung der sozialen Kreise», in der sich die Individuen bewegen, gewinnt der einzelne «innere Zentriertheit» (Simmel 1890, 103).

Werden Individuen zum Ort, an dem sich Religion anlagert, wird Identität zu einem «Leitthema» (Wohlrab-Sahr/Krüggeler 2000, 241) einer neuen Sozi-

algestalt der Religion. Zentral erscheint «das Problem der Identitätsgewinnung und -erhaltung unter den Bedingungen manifester Überkomplexität der
‹Welt›» (Kaufmann 1989, 280).

1.4. Identitätsfindung über Kommunikation

Man würde der gegenwärtigen religiösen Situation nicht gerecht, wenn man
davon ausginge, die Subjektivierung führe zu lauter «Sonderfällen» in Sachen
Religion, die Entwicklung führe zwangsläufig den Menschen mehr oder weniger zum eigenständigen «Bastler seiner Existenz» (Hitzler 1999, 225), jede
und jeder müsste für sich allein entscheiden, was für sie/ihn die richtige Religion sein soll.

Die Wahl seiner Lebensgestaltung trifft der einzelne nicht völlig autonom
und allein nach Massgabe seiner Authentizität. Identität ergibt sich aus der
Perspektive, die andere von uns haben. «Der Weg zum Ich geht vom Du aus
oder durchläuft es doch als wichtigste Station» (Hahn/Willems 1996b, 199).
Wenn Anthony Giddens Identität ausschliesslich als Produkt der rekursiven
Reflexivität und Autonomie des Individuums, als «self-identity» (1991) versteht und Uwe Schimank als «reflexiven Subjektivismus» (1988, 68), vernach-
lässigen sie die Prozesse der sozialen Vermittlung des Selbst.

Identität formt sich in Kommunikation mit andern durch die Entwicklung
gemeinsam geteilter Einstellungsmuster aus. Über Kommunikation wird ha-
bitualisiertes Hintergrundwissen produziert. Identität verwirklicht sich im
Wechselspiel zwischen Selbststeuerung und Fremdzuschreibung. Sie bildet
sich in der Reziprozität der Perspektiven, der wechselseitigen Spiegelung aus.
«Das Erlernen eines bestimmten Schemas der Selbstregulierung im Verkehr
mit Menschen ist eine unerlässliche Bedingung der Entwicklung zum Menschen» (Elias 1992, 89).

Die Ausbildung und Entwicklung persönlicher Identität ist in der Kommunikation mit anderen begründet. Kommunikation führt zu einem ‹Spiegel-
effekt›, der es ermöglicht, den Sinn eigener Erfahrungen aus der Reaktion anderer zu erschliessen. «Das Individuum erfährt sich nicht direkt als solches,
sondern nur indirekt, nämlich von den Standpunkten der anderen individuellen Mitglieder der gleichen sozialen Gruppe, der es angehört … Das Selbst als
etwas, das sich selbst zum Gegenstand werden kann, ist wesentlich eine soziale
Struktur, und es entsteht in sozialer Erfahrung» (Mead 1950, 138, 140).

In der Kommunikation mit anderen entstehen Symbole und Deutungen, die den Umgang mit Transzendenz regeln. «In der Wir-Beziehung sind unsere Erfahrungen voneinander nicht nur koordiniert, sondern auch wechselseitig bestimmt und aufeinander bezogen» (Schütz/Luckmann 1991, 96). Transzendenz ist «nicht nur in der Kommunikation fundiert, sie wird auch in kommunikativen Handlungen erfahren, ‹be-handelt› und bewältigt und damit ‹sozialisiert› und zu einer sozialen Wirklichkeit» (Knoblauch 1997, 189 f.).

In der Kommunikation wird eigenes Erleben mit spezifisch religiösem Sinn versehen. Oder um es mit Niklas Luhmann zu sagen: «Nur als Kommunikation hat Religion eine gesellschaftliche Existenz. Was in den Köpfen der zahllosen Einzelmenschen stattfindet, könnte niemals zur ‹Religion› zusammenfinden – es sei denn durch Kommunikation» (1998, 137).

Religiöses Erleben «als erlebnishafte Begegnung des Menschen mit der Wirklichkeit des Heiligen» (Mensching 1947, 22) ist unlöslich mit seiner Deutung als Erlebnis verbunden. Diese Deutung erwächst aus gesellschaftlicher Kommunikation.

Niklas Luhmanns zentrale These lautet, «dass Religion nur als Kommunikation realisiert werden kann» (1998, 144). Sie bringt in einer nicht überprüfbaren Weise innere Einstellungen zum Ausdruck. Entscheidend ist, «dass genügend disponibles Bewusstsein bereitgehalten wird, um dies zu ermöglichen. Erst wenn die Individuen nicht mehr bereit sind, sich auf dieses Spiel einzulassen, wird es für die Religion ‹kritisch›» (1998, 145).

Das Individuum steht immer schon mit bestimmten kulturell-religiösen Deutungsmustern und Symbolen in Berührung. Religiöse Wahrnehmung vollzieht sich in soziokulturell ausgeformten Bahnen. «Religion stellt eine symbolische Wirklichkeit dar, d. h. eine kommunikativ konstruierte und gesellschaftlich geregelte Form der Bewältigung grosser Transzendenzen. … Diesem Ansatz zufolge stehen gesellschaftlich konstruierte symbolische Universa und religiöse Erfahrungen in einer Wechselbeziehung: Symbolische Universa bauen auf religiösen Erfahrungen auf, die sprachlich objektiviert werden, wirken aber auf diese wieder prägend zurück» (Knoblauch 1997, 192 f.).

Religiöse Kommunikation vollzieht und reproduziert sich in unterschiedlichen Formen. Die Struktur der jeweiligen Kommunikationszusammenhänge erzeugt charakteristische religiöse Verhaltensweisen. Gerade unter den Bedingungen religiöser Pluralisierung gewinnt die Art der religiösen Kommunikation ein besonderes Gewicht.

Die erste Konstruktion religiöser Wirklichkeit geschieht im familiären Erfahrungsfeld. In ihm erfolgt die primäre Konstruktion von Wirklichkeit überhaupt; es ist damit ein kaum zu ersetzender Ort der Sinn- und Normengenerierung. Vor allem für das Kind ist die Familie der relevante Bezugsraum, von dem aus es seine Lebenswelt allmählich ‹erwerben› und sinnvoll gestalten kann. Wenn Religiosität als dasjenige Bewusstseins- und Einstellungskonstrukt verstanden werden kann, das die Lebenswelt in einen umfassenden Deutungsrahmen hineinstellt und als Hintergrundfolie dem alltäglichen Handeln seine Orientierung gibt, nimmt die Familie für die Vermittlung solcher Religiosität eine paradigmatische Schlüsselstellung ein (vgl. dazu Kapitel 10). Identität kann nur in «kommunikativen Prozessen gewonnen werden, die den Menschen in seiner Ganzheit thematisieren, also in dialogischen Kommunikationen, wie sie insbesondere in familialen Kontexten, aber auch in solchen der Freundschaft, der Therapie u. ä. anfallen können. Die Identität stabilisierenden Sozialkontakte sind somit in der Nahumwelt von Personen verankert und setzen nicht notwendigerweise weiträumige Gesinnungsgemeinschaften voraus» (Kaufmann 1999b, 88).

Einbettung in eine Gemeinschaft Gleichgesinnter und damit Orientierungssicherheit in einer komplexen Wirklichkeit offerieren religiöse Bewegungen und geistliche Gemeinschaften. Eine gemeinsam geteilte Lebenshaltung stellt sich umso eher ein, je vielfältiger und verschränkter die Beziehungen unter den Mitgliedern sind. Je enger die gegenseitigen Kontakte, desto mehr gleichen die Beteiligten sich in Gefühlen und Einstellungen einander an und bilden eine gemeinsame Lebenswelt, in der sie sich verstehen und die sie stützt. Je intensiver und exklusiver die Kontakte sind, desto eher wird die Welt aus der gemeinsam geteilten Perspektive gesehen. In den gegenseitigen Beziehungen stabilisieren sich die Bilder, die die Mitglieder sich von den anderen und sich selbst machen. Die/der einzelne nimmt eine gruppenvermittelte Identität an. Die persönliche Identität wird nahezu restlos in die Kollektividentität eingeschmolzen. Es geht also darum, «ein besonderes, durch Kommunikationsdichte ausgezeichnetes Terrain innerhalb der Gesellschaft auszugrenzen und gegenüber konkurrierenden Gruppen Zugehörigkeiten und Wertorientierungen zu behaupten. Wenn Sicherheit gegenüber den Herausforderungen der modernen pluralen Welt gewonnen werden soll, dann ist es notwendig, eine solche Abgrenzung von der Gesellschaft vorzunehmen» (Pollack 1998, 457). Die Bindung an die Gemeinschaft mit Gott läuft soziologisch auf eine enge Bindung an die kommunikativ vermittelten Normen einer Gruppe hinaus.

Die Mitglieder religiöser Gemeinschaften leben gemeinsam geteilte Überzeugungen als selbstverständliche Grundlage ihres Lebens. In den engen gegenseitigen Beziehungen erfahren sie kontinuierlich reziproke Bestätigung ihrer Lebensvorstellung.

Gemeinschaftliche Einbettung markiert Grenzen gegen aussen. Ohne Abgrenzung gibt es keine Gemeinschaft. «Die Erzeugung eines ‹wir› erzeugt zugleich ein ‹die›, indem wir definieren, wer ‹wir› sind, definieren wir auch, wer ‹wir› nicht sind» (Fuchs 2001, 159). Gemeinsame Identität stiftende Kennzeichen fungieren als grenzziehende Merkmale.

Einen gesellschaftsoffeneren Typ religiöser Kommunikation pflegen die grossen, öffentlich-rechtlich anerkannten christlichen Kirchen. So sehr sie als besonderes kommunikatives Terrain für Religion innerhalb der Gesellschaft wahrgenommen werden, suchen sie in ihrer Kommunikation den Bezug und die Anknüpfung an die Alltagswirklichkeit der Menschen. Sie sprechen die religiöse Seite des Menschen an und respektieren seine Verflechtung mit anderen Kommunikationszusammenhängen, um an die gesellschaftliche Kommunikation anschlussfähig zu bleiben. Partizipation an ihrer Kommunikation bedeutet nicht, aus seinem bisherigen Leben herauszutreten, ein anderer zu werden, säkulare gesellschaftliche Massstäbe und Werturteile hinter sich zu lassen und seine ganze Person einem nicht-weltlichen Ziel unterzuordnen. Setzen religiöse Bewegungen auf eine emotionale Vergemeinschaftung, auf Übereinstimmung in Wertvorstellungen, gemeinsame Sinndeutung und gemeinsam geteilte Konzeption geglückten Lebens, steht für die Volkskirchen die selbstständige, individuell-religiöse Selbstfindung ihrer Mitglieder im Vordergrund. Sie stehen ihnen mit ihrer Lebensdeutung aus dem Evangelium begleitend und stützend zur Seite. Der Angelpunkt ihres Handelns ist der Dienst an der Subjektwerdung des einzelnen vor Gott. Im Blickpunkt steht das Hineinwachsen in das Offensein für Gott (vgl. dazu Dubach 2004a, 96).

Die Volkskirchen kennen keine klare Grenzmarkierung gegenüber anderen Gesinnungen. Zugehörigkeit wird nicht durch Identifikation mit ihren Zielen, Werten und Überzeugungen hergestellt wie bei den religiösen Gemeinschaften. Eine gemeinsame Weltsicht, ein gemeinsamer Code der Wirklichkeitskonstruktion kennzeichnet die Kirchenmitglieder nicht.

Mitgliedschaft in der Kirche wird in der Regel durch die Kindertaufe begründet. In Kantonen, in denen die Kirchen öffentlich-rechtliche Anerkennung geniessen, kann darüber hinaus nur jemand Mitglied sein, der auch bereit ist, Kirchensteuern zu bezahlen. Andere Erwartungen sind mit der Kirchenmitgliedschaft nicht verbunden. Das heisst nicht, dass nicht eine ganze Reihe von weiteren Erwartungen für das Kirchenmitglied bedeutsam ist; ihre Erfüllung oder Nichterfüllung hat aber keine direkten Auswirkungen auf die Kirchenmitgliedschaft (vgl. Dubach 1993, 136 ff).

Volkskirchen bieten sich ihren Mitgliedern als Orte an, wo sich für jeden einzelnen der weite Horizont der Liebe Gottes zu den Menschen öffnet, Gott ins Blickfeld tritt und vernehmbar wird. In Prozessen religiöser Selbstvergewisserung kann es zu Gemeinschaftsbildungen mit unterschiedlichen Profilen kommen, in denen der einzelne die seinen eigenen Ansprüchen gemässe Form der religiösen Praxis findet.

Über die Jahrhunderte hinweg hat sich in den grossen christlichen Kirchen ein reiches standardisiertes Repertoire an religiösen Kommunikationsformen herausgebildet: Gottesdienste, Segnungen, Gebetsformen, Rituale, Feiern, Lieder, Texte usw.

Die Pluralität heutiger Lebensstile und -entwürfe spiegelt sich in den Kommunikationsstrukturen der Volkskirchen wider. Wie das Leben unerschöpflich und bunt geworden ist, macht Vielfalt auch den Grundcharakter der Volkskirchen aus.

In jüngster Zeit sehen sich die Volkskirchen einer massiven Ausweitung und Entgrenzung der religiösen Kommunikation ausgesetzt. Die gesellschaftliche Differenzierung und die damit verbundene Freisetzung aus religiösen Bevormundungen ermöglichte eine neue Offenheit für religiöse Alternativen. Die Einführung neuer Kommunikationsmedien und die Globalisierung der Gesellschaft veränderte nachhaltig die Strukturen religiöser Kommunikation. Sie nimmt immer mehr die Gestalt eines religiösen Marktes an und ist prinzipiell den Gesetzen des Marktes ausgesetzt.

Marktwirtschaftliche Prinzipien halten Einzug ins religiöse Feld. Man spricht von einer «religiösen Ökonomie». «Religiöse Ökonomien ähneln insofern den wirtschaftlichen, als sie aus einem Markt an aktuellen und potenziellen Kunden, einigen religiösen Firmen, die den Markt bedienen, und den von ihnen angebotenen ‹Produktionslinien› bestehen. Wenn ich von oftmals als heilig geltenden Dingen in der Marktsprache rede, dann nicht etwa, um sie herabzusetzen, sondern um grundlegende Einsichten der Wirtschaftstheorie zur Erklärungen religiöser Phänomene nutzen zu können» (Stark 1997, 226).

Die Theorie der religiösen Ökonomie besagt, dass Menschen sich am ökonomischen Prinzip der Nutzenmaximierung orientieren. Sie richten ihr Handeln an Kosten-Nutzen-Erwägungen aus. Marktwirtschaftliches Handeln «beinhaltet die Einschätzung des vermutlichen Kosten-Nutzen-Verhältnisses eines Handelns sowie das Bestreben, im Sinne einer Maximierung des Nettonutzen zu handeln» (Stark 1997, 197). Für diesseitige Aufwendungen an Zeit und Geld werden Erträge für die subjektiv-jenseitige Selbstverortung erwartet. Im deregulierten religiösen Markt, in dem die christlichen Kirchen heute noch den Kern bilden, herrscht grundsätzlich freier Wettbewerb der Anbieter und offene Kommunikation über die Angebote. Religiöses Konsumverhalten greift um sich. Der Markt fordert zur Entscheidung gegenüber seinen Angeboten heraus, oder man reagiert auf seine Angebote mit Indifferenz oder Abstinenz. Das Verhalten den Angeboten gegenüber wird von subjektiven Präferenzen, Vorlieben und Interessen bestimmt.

Der Markt verführt die Nutzerinnen und Nutzer dazu, sich stets neuen und interessanteren Angeboten zuzuwenden. Die Angebote haben keine verbindliche Geltung mehr, sondern nur noch optionale. Die Identitätsarbeit kann zu einem unverbindlichen Spiel werden. Die Identitätsangebote relativieren sich gegenseitig und verlieren ihren Verbindlichkeitsanspruch.

Vor allem ausserkirchliche Religiosität manifestiert sich als kunterbunt-blühender Markt von esoterischen Heilsgütern und Dienstleistungsanbietern, der in den letzten Jahren immer reichhaltiger und potenter geworden ist. Er hat es auf die religiöse Laufkundschaft abgesehen. In Pflicht genommen wird man nicht. Mitgliederlisten werden keine geführt. Es gibt keine Dogmen und kein Lehramt. Niemand wird gehindert zu gehen, wenn ihm das gebuchte und im voraus bezahlte Programm nicht zusagt.

So findet man reihum Suchende, die von Runenmagie und Keltenmystik, Theonomie und Kosmosophie, Pendeln und Geomanthie, Hellsehen und Kristalltherapie ebenso schnell angetan wie auch wieder frustriert werden. Probiert wird alles, was spontan zusagt. Soziale Bindung und weltanschauliche Festlegung scheut man. Es herrscht religiöse Mobilität, in der jeder unablässig auf der Wanderschaft und auf der Suche nach einem neuen religiösen Weideplatz ist.

Die religiösen Sinnangebote enthalten «weder einen generalisierten Anspruch auf Verpflichtung, noch bieten sie Anlass zu einer kollektiven Auseinandersetzung mit einem bestimmten Weltbild» (Söffner 1994, 296). Anders als in der vormodernen Gesellschaft, in der sich persönliche Zwecke und Ziele als integrierter Gesamtzusammenhang der Daseinsorientierung darstellten, konzentriert sich der religiöse Markt auf die Verwirklichung von Einzelzielen. Die religiösen Anbieter müssen sich sozusagen permanent attraktiv machen und halten, wenn sie ihre Klientel nicht verlieren wollen. Die Bedeutsamkeit der Sinnangebote entscheidet sich an der Bedeutung, die solche Angebote im eigenen Lebenszusammenhang gewinnen (vgl. Bochinger 1994, 26 ff.).

«In einem engen Zusammenhang mit der Ausbreitung der Marktkommunikation» (Knoblauch 1997, 201) steht die allenthalben zu beobachtende Subjektivierung der Religion. Sie ist insbesondere bei jenen Personengruppen zu erwarten, die nicht in die Kommunikation von religiösen Bewegungen oder in die kirchlich organisierte Religiosität eingebunden und stark der religiösen Marktkommunikation ausgesetzt sind. Der einzelne wird sich nur dann auf ein Angebot einlassen, wenn zwischen seiner Sicht der Dinge und der angebotenen Welt- und Selbstdeutung weitgehende Übereinstimmung besteht. Die gleichsinnige Ausrichtung der Deutungen ist eine notwendige Vorbedingung, sich auf ein religiöses Angebot einzulassen.

Für die Art und Weise, wie man sich der religiösen Angebotspalette gegenüber verhalten soll, stehen situative Muster zur Verfügung, die das individuelle Handeln anleiten, von expliziter Entscheidung für eine bestimmte Existenzdeutung bis hin zu einer Vermischung heterogener Weltanschauungselemente und zur Adaption fremdkultureller religiöser Überzeugungen und Praktiken in die christliche Glaubenstradition. Religiosität tritt in unterschiedlichen Mischverhältnissen auf, unkontrolliert durch offizielle Dogmatiken, synkretistisch und frei schwebend, immer wieder auf den Symbol- und Gedankenschatz der christlichen Religion in den Kirchen bezogen. Wenn es darum geht, dass eigene Leben als sinnvoll zu begreifen, nehmen die christlichen Kirchen nach wie vor eine starke Stellung ein.

Formen der religiösen Kommunikation treten zunehmend in Kontexten auf, die nicht als religiös gelten. Religion verliert ihre traditionell eindeutige Kontur. Sie lässt sich nicht mehr in ein eindeutiges Schema einpassen und verliert ihre gewohnte Ausformung und Sichtbarkeit in den christlichen Kirchen. Man kann heute Religion überall in der Gesellschaft aufspüren. Die Grenzen des religiösen Feldes werden unscharf und fliessend. Verschiedene Märkte, vom Psychomarkt, Musik, Literatur, Theater und Kunst bis hin zum Konsummarkt, entdecken das Thema Religion. Sie verstehen sich als Lieferanten zur Artikulation existenzieller Befindlichkeiten und Bedürfnisse, als Orte, an denen Lebenssinn und -deutung produziert werden. Die Lösung von Sinnfragen wird von vielen jenseits der auf das Religiöse spezialisierten Kirchen gesucht. Anstelle eines klar umgrenzten religiösen Feldes, das durch spezifische Merkmale charakterisiert ist und eine eindeutige Zu- und Ausgrenzung erlaubt, entsteht ein religiöses Bedeutungsfeld weit über die sich dafür zuständig fühlenden Kirchen und religiösen Gemeinschaften hinaus (vgl. Ebertz 1997, 107 ff.).

2. Pluralität religiöser Deutungsangebote

Den zurzeit besten Einblick in das gegenwärtige religiöse Bedeutungsfeld der Schweizer Wohnbevölkerung gewähren die beiden Sonderfall-Studien aus den Jahren 1989 und 1999. In ihnen spiegelt sich auf eindrückliche Weise die religiöse Pluralität der helvetischen Gesellschaft als charakteristisches Merkmal moderner Gesellschaften wider. Sie sind «durch eine radikale Pluralität von Lebensmöglichkeiten und Lebensstilen, Rationalitäten und Orientierungen gekennzeichnet, in der Unvereinbares kopräsent nebeneinander in Gültigkeit steht und Heterogenität zur Normalität geworden ist» (Kunstmann 1997, 230). Die späte Moderne «beginnt dort, wo das Ganze aufhört» (Welsch 1988, 39). Nach Umberto Eco verzichtet sie darauf, «allgemeine Formeln auszuarbeiten, die den Anspruch erheben, die Gesamtheit der Welt in einfachen und endgültigen Termini zu bestimmen. Neue Kategorien haben in die modernen Sprachen Eingang gefunden: Ambiguität, Ungewissheit, Möglichkeit, Wahrscheinlichkeit» (1973, 214).

«Öffentlicher religiöser Pluralismus ist inzwischen auf dem Wege, eine gesellschaftliche Selbstverständlichkeit zu werden» (Daiber 1997, 98), nicht so sehr im Sinne eines Nebeneinanders verschiedener Weltreligionen, sondern vor allen Dingen des Nebeneinanders von christlichen, neureligiösen, humanistischen und innerweltlichen Thematisierungen von letztem Sinn. Eine Vielzahl ausserkirchlicher Religionsformen zeigt unübersehbar die Pluralisierung der religiösen Angebote auf dem Weltanschauungsmarkt.

Das gesamte Spektrum religiöser Pluralität lässt sich in einer einzigen Befragung nicht einfangen. Eine telefonische Repräsentativ-Befragung wie im Falle der zweiten Sonderfall-Studie setzt der Eruierung religiöser Orientierungen enge Grenzen. Mit standardisierten Antworten lässt sich die subjektiv vielfältige Religiosität nur sehr begrenzt erfassen.

In ihrem Vorhaben, die religiösen Orientierungen der Schweizer Bevölkerung zu erheben, stützen sich die beiden Sonderfall-Studien auf einen von Franz-Xaver Kaufmann entworfenen mehrdimensionalen Raster zur Bestimmung von Religion. Er geht von der Annahme aus, «dass das – aus soziologischer Sicht – spezifisch Religiöse in der gleichzeitigen Erfüllung unterschiedlicher Leistungen oder Funktionen liegt» (1999, 79). Diese Leistungen beziehen sich auf grundlegende Probleme der Moderne, die auf unterschiedlichen analytischen Ebenen der sozialen Wirklichkeit angesiedelt sind und den Zusammenhang von Kultur, Vergesellschaftung und Individualität ansprechen (vgl. ferner Kaufmann 1989, 80 f.; Kern 1997, 20 f.; Wippermann 1998, 217; Thomas 1998, 379 ff.):

1. *Identitätsstiftung*: Das Problem der Affektstabilisierung oder Angstbewälti- gung. Diese Funktion von Religion bezieht sich unmittelbar auf das Indi- viduum, auf die Entwicklung eines individuellen Selbst.
2. *Handlungsorientierung*: Das Problem der Handlungsführung im Ausserall- täglichen, in Situationen, die durch Sitte und Gewohnheit allein nicht zu regeln sind. Angesprochen ist das Verhältnis von Individuen und deren Er- fahrungswelt.
3. *Kontingenzbewältigung*: Das Problem der Verarbeitung von Kontingenz- erfahrungen, also von Unrecht, Leid und Schicksalsschlägen. Es bezieht sich auf das Verhältnis von Individuum und Deutungsmustern des Lebens.
4. *Sozialintegration*: Das Problem der Legitimation von Gemeinschaftsbil- dung und sozialer Integration. Religion wird hier als einheits- und gemein- schaftsstiftende Kraft unmittelbar auf Vergesellschaftungsprozesse bezo- gen.
5. *Kosmisierung*: Das Problem der Erklärung der Welt, der Begründung eines Deutungshorizontes aus einheitlichen Prinzipien als kulturelle Aufgabe. Die Wirklichkeit wird in einem geschlossenen Weltbild geordnet.
6. *Weltdistanzierung*: Das Problem der Distanzierung von gegebenen Sozial- verhältnissen, der Ermöglichung von Widerstand und Protest gegen einen als ungerecht oder unmoralisch erfahrenen Gesellschaftszustand. Hier wird auf die prophetische Dimension von Religion Bezug genommen.

Die beiden Sonderfall-Studien beschränken sich auf die Erfassung der Zu- stimmung oder Ablehnung von Aussagen zur Existenz einer höheren Macht (Kosmisierung von Welt), zur Deutung des Todes (Kontingenzbewältigung) und zur Zukunft der Menschheit (Sozialintegration).

Antworten auf diese Fragen geben einzelne Weltanschauungen. Thomas Luckmann spricht von «Weltansichten». Nach seiner Auffassung kann man be- haupten, «dass die Weltansicht als eine ‹objektive› historische und gesellschaft- liche Wirklichkeit eine elementare und religiöse Funktion erfüllt. Sie lässt sich bestimmen als die grundlegende Sozialform der Religion, eine Sozialform, die in allen menschlichen Gesellschaften zu finden ist» (1991, 165). Sie dient den Menschen als Orientierungsvorgabe, die sie davon entlastet, ihre Sinnver- ortung aus eigener Kraft leisten zu müssen. Die Aussagen zu den drei genann- ten Grundproblemen menschlich-sozialer Existenz, die den Befragten zur

Beantwortung vorgelegt wurden, entstammen fünf Weltanschauungsentwürfen: christlicher Glaube, allgemeiner Transzendenzglaube, humanistische Weltanschauung, atheistische Weltanschauung, synkretistisch-neureligiöser Glaube. «Drei von ihnen antworten mit einer transzendenzbezogenen Problemdeutung – der christliche, ein allgemeintranszendenter und synkretistisch-neureligiöser Glaube. Die beiden Weltanschauungssysteme des Humanismus und des Atheismus formulieren demgegenüber Problemdeutungen ohne Transzendenzvorstellung. Sie gelten als weltanschauliche Äquivalente von Religion, die gesellschaftlich ebenso relevante Deutungsangebote hinsichtlich der Bezugsprobleme bereithalten wie die traditionellen oder neuen Religionen» (Krüggeler 1993, 101). Über die theoretische Zuordnung der verwendeten 18 Aussagen zu den fünf Weltanschauungen gibt Anhang 1 Auskunft.

Mit der Faktorenanalyse wurde ermittelt, ob sich die 18 Aussagen zur religiösen Lebensdeutung tatsächlich den genannten Weltanschauungen zuordnen lassen, oder ob die Befragten die Aussagen auf eine andere Weise als theoretisch vermutet einander zuordnen. In welcher Art reproduziert sich das theoretisch entworfene Modell der Weltanschauung in den Köpfen der Befragten? Wie gruppieren sich die Antworten zur religiösen Daseinsdeutung zu gemeinsamen Orientierungsmustern im Bewusstsein der Befragten? Welche Basisdimensionen ergeben sich aus den nachgefragten Aussagen zur religiösen Orientierung? Lassen sich neben dem kirchlich verfassten Christentum alternative Glaubenssysteme ausmachen, die umfassend auf die menschlichen Lebensfragen eine Antwort geben? Oder stehen existenzielle Herausforderungen wie die Bewältigung des Todes oder die Letztverantwortung der eigenen Lebensführung vor Gott im Vordergrund, zu derer Beantwortung Elemente aus unterschiedlichen religiösen Weltanschauungen herangezogen werden? Welcher der gefundenen Orientierungsdimensionen kommt welche Bedeutung zu?

Die Faktorenanalyse gruppierte die 18 Aussagen zur religiösen Orientierung zu fünf eigenständigen Einstellungsdimensionen:
• Christlicher Glaube
• Ausserchristlich-religiöse Todesdeutung
• Neureligiöser Humanismus
• Allgemeiner Transzendenzglaube
• Zukunftsethos
Die Ergebnisse der Faktorenanalyse enthält Anhang 2.

Das *Schaubild 1* gibt Auskunft über die Zustimmung der Schweizer Wohnbevölkerung zu den religiösen Orientierungen 1989 und 1999, *Schaubild 2* über die Zustimmung der Katholik(inn)en und Protestant(inn)en. Die Aussagen sind sortiert nach den in der Faktorenanalyse ermittelten Einstellungsdimensionen. *Schaubild 3* zeigt die Zunahme bzw. Abnahme der religiösen Orientierungen unter den Katholiken und Protestanten zwischen 1989 und 1999.

Die Aussage: «Die Zukunft der Menschheit hängt vor allem vom moralischen Verhalten der Menschen ab» wurde lediglich den Befragten 1999 zur Beantwortung vorgelegt. Aus Gründen der Vergleichbarkeit mit der Untersuchung von 1989 wurde sie aus den weiteren Analysen ausgeschlossen.

In *Schaubild 4 und 5* werden die einzelnen Aussagen zu den religiösen Orientierungen, die zu einer Einstellungsdimension gehören, zu jeweils einer einzigen Skala zusammengefasst. *Schaubild 4* stellt die Werte von 1989 und 1999 einander gegenüber. Wie hoch Katholik(inn)en und Protestant(inn)en heute den einzelnen Einstellungsdimensionen zustimmen, wird aus *Schaubild 5* ersichtlich.

Die religiösen Dimensionen, wie sie in den *Schaubildern 4 und 5* vorgestellt werden, bestehen jeweils aus einer unterschiedlichen Anzahl von Aussagen. Die Dimension «Christlicher Glaube» enthält die Antworten auf 4 Aussagen. Die Summe der Antworten auf jede der 4 Aussagen ergibt eine Punktzahl zwischen 4–20, wobei 20 die höchste Zustimmung bedeutet. Die Reduktion auf eine dreistufige Skale ergibt den folgenden Index: «trifft zu» (15–20), «teils/teils» (10–14), «trifft nicht zu» (4–9). Die Antwort auf die negativ formulierte Aussage wurde positiv umgepolt.

Die Dimension «Ausserchristlich-religiöse Todesdeutung» umfasst 5 Aussagen mit einer Punkteskala von 5–25. Der dreistufige Index besteht aus den folgenden addierten Punktewerten: «trifft zu» (19–25), «teils/teils» (12–18), «trifft nicht zu» (5–11).

Die Dimensionen «Neureligiöser Humanismus» und «Allgemeiner Transzendenzglaube» bestehen aus je drei Aussagen mit einer Punkteskala von 3–15. Die Position «trifft zu» umfasst die Werte 12–15, «teils/teils» die Werte 8–11, «trifft nicht zu» die Werte 5–7.

Aus lediglich zwei Aussagen setzt sich die Dimension «Zukunftsethos» zusammen. Die dreistufige Skala lautet: «trifft zu» (7–8), «teils/teils» (4–6) und «trifft nicht zu» (2–3).

Religiöse Orientierungen 1989/1999
in der Schweizer Bevölkerung

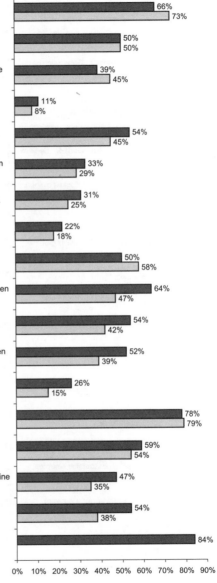

Christlicher Glaube
Es gibt einen Gott, der sich in Jesus Christus zu erkennen gegeben hat. — 66% / 73%

Die Auferstehung von Jesus Christus gibt dem Tod einen Sinn. — 50% / 50%

Das von Jesus Christus verkündigte Gottesreich ist die Zukunft der Menschheit. — 39% / 45%

Es gibt keinen Gott. — 11% / 8%

Ausserchristlich-religiöse Todesdeutung
Der Tod ist der Übergang zu einer anderen Existenz. — 54% / 45%

Es gibt eine Reinkarnation (Wiedergeburt) der Seele in einem anderen Leben. — 33% / 29%

Man kann mit dem Geist der Toten in Kontakt bleiben. — 31% / 25%

Nach dem Tod ist alles endgültig aus. — 22% / 18%

Man weiss nicht, ob es nach dem Tod etwas gibt. — 50% / 58%

Neureligiöser Humanismus
Die höhere Macht - das ist der ewige Kreislauf zwischen Mensch, Natur und Kosmos. — 64% / 47%

Was man «Gott» nennt ist nichts anderes als das Wertvolle im Menschen. — 54% / 42%

Die Zukunft der Menschheit liegt im natürlichen Wissen der alten Völker. — 52% / 39%

Allgemeiner Transzendenzglaube
Nur das Heute zählt. — 26% / 15%

Es gibt so etwas wie eine höhere Macht. — 78% / 79%

Es gibt übersinnliche Kräfte im Universum, die das Leben der Menschen beeinflussen. — 59% / 54%

Zukunftsethos
Wissenschaft und Technik bereiten der Menschheit eine bessere Zukunft vor. — 47% / 35%

Die Menschheit wird in ein neues Zeitalter eintreten, wenn man das Beste aus allen Religionen zusammenträgt. — 54% / 38%

Die Zukunft der Menschheit hängt vor allem vom moralischen Verhalten der Menschen ab. — 84%

0% 10% 20% 30% 40% 50% 60% 70% 80% 90%

☐ 1989 ■ 1999

Religiöse Orientierungen 1999
unter Katholiken und Protestanten

Christlicher Glaube

Es gibt einen Gott, der sich in Jesus Christus zu erkennen gegeben hat.

Die Auferstehung von Jesus Christus gibt dem Tod einen Sinn.

Das von Jesus Christus verkündigte Gottesreich ist die Zukunft der Menschheit.

Es gibt keinen Gott.

Ausserchristlich-religiöse Todesdeutung

Der Tod ist der Übergang zu einer anderen Existenz.

Es gibt eine Reinkarnation (Wiedergeburt) der Seele in einem anderen Leben.

Man kann mit dem Geist der Toten in Kontakt bleiben.

Nach dem Tod ist alles endgültig aus.

Man weiss nicht, ob es nach dem Tod etwas gibt.

Neureligiöser Humanismus

Die höhere Macht - das ist der ewige Kreislauf zwischen Mensch, Natur und Kosmos.

Was man «Gott» nennt ist nichts anderes als das Wertvolle im Menschen.

Die Zukunft der Menschheit liegt im natürlichen Wissen der alten Völker.

Allgemeiner Transzendenzglaube

Nur das Heute zählt.

Es gibt so etwas wie eine höhere Macht.

Es gibt übersinnliche Kräfte im Universum, die das Leben der Menschen beeinflussen.

Zukunftsethos

Wissenschaft und Technik bereiten der Menschheit eine bessere Zukunft vor.

Die Menschheit wird in ein neues Zeitalter eintreten, wenn man das Beste aus allen Religionen zusammenträgt.

Die Zukunft der Menschheit hängt vor allem vom moralischen Verhalten der Menschen ab.

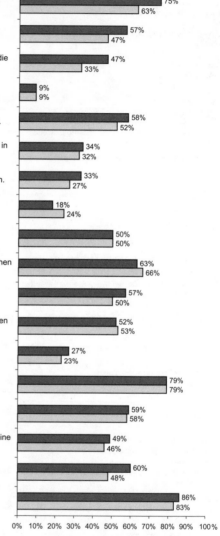

Aussage	Protestanten	Katholiken
Es gibt einen Gott...	63%	75%
Die Auferstehung...	47%	57%
Das von Jesus Christus...	33%	47%
Es gibt keinen Gott.	9%	9%
Der Tod ist der Übergang...	52%	58%
Es gibt eine Reinkarnation...	32%	34%
Man kann mit dem Geist...	27%	33%
Nach dem Tod ist alles endgültig aus.	24%	18%
Man weiss nicht...	50%	50%
Die höhere Macht...	66%	63%
Was man «Gott» nennt...	50%	57%
Die Zukunft der Menschheit... Völker	53%	52%
Nur das Heute zählt.	23%	27%
Es gibt so etwas wie eine höhere Macht.	79%	79%
Es gibt übersinnliche Kräfte...	58%	59%
Wissenschaft und Technik...	46%	49%
Die Menschheit wird... zusammenträgt	48%	60%
Die Zukunft der Menschheit hängt...	83%	86%

0% 10% 20% 30% 40% 50% 60% 70% 80% 90% 100%

□ Protestanten ■ Katholiken

Religiöse Orientierungen 1989/1999
Zunahme/Abnahme unter Katholiken und Protestanten

Schaubild 3

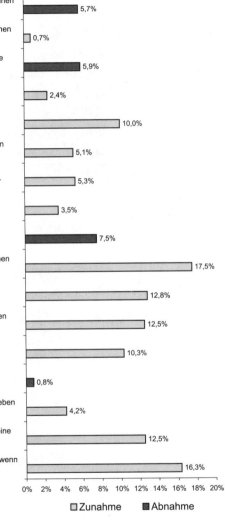

Christlicher Glaube

Es gibt einen Gott, der sich in Jesus Christus zu erkennen gegeben hat. — 5,7%

Die Auferstehung von Jesus Christus gibt dem Tod einen Sinn. — 0,7%

Das von Jesus Christus verkündigte Gottesreich ist die Zukunft der Menschheit. — 5,9%

Es gibt keinen Gott. — 2,4%

Ausserchristlich-religiöse Todesdeutung

Der Tod ist der Übergang zu einer anderen Existenz. — 10,0%

Es gibt eine Reinkarnation (Wiedergeburt) der Seele in einem anderen Leben. — 5,1%

Man kann mit dem Geist der Toten in Kontakt bleiben. — 5,3%

Nach dem Tod ist alles endgültig aus. — 3,5%

Man weiss nicht, ob es nach dem Tod etwas gibt — 7,5%

Neureligiöser Humanismus.

Die höhere Macht - das ist der ewige Kreislauf zwischen Mensch, Natur und Kosmos. — 17,5%

Was man «Gott» nennt ist nichts anderes als das Wertvolle im Menschen. — 12,8%

Die Zukunft der Menschheit liegt im natürlichen Wissen der alten Völker. — 12,5%

Allgemeiner Transzendenzglaube

Nur das Heute zählt. — 10,3%

Es gibt so etwas wie eine höhere Macht. — 0,8%

Es gibt übersinnliche Kräfte im Universum, die das Leben der Menschen beeinflussen. — 4,2%

Zukunftsethos

Wissenschaft und Technik bereiten der Menschheit eine bessere Zukunft vor. — 12,5%

Die Menschheit wird in ein neues Zeitalter eintreten, wenn man das Beste aus allen Religionen zusammenträgt. — 16,3%

0% 2% 4% 6% 8% 10% 12% 14% 16% 18% 20%

☐ Zunahme   ■ Abnahme

39

Dimensionen der religiösen Orientierungen 1989/1999 in der Schweizer Bevölkerung

Schaubild 4

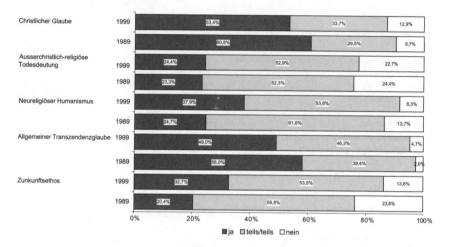

Dimensionen der religiösen Orientierungen 1999 Katholiken/Protestanten

Schaubild 5

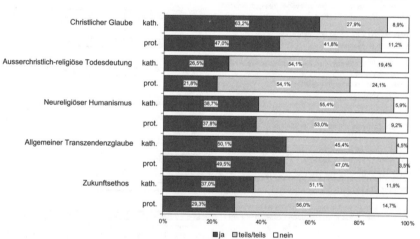

2.1. Christlicher Glaube

Die Einstellungsdimension «christlicher Glaube» versammelt alle Aussagen zum christlichen Glauben. «Es gibt einen Gott, der sich in Jesus Christus zu erkennen gegeben hat.» Der Glaube an die Auferstehung und das von Jesus Christus verkündete Reich Gottes gehören zu den Grundinhalten einer christlichen Weltsicht. Die Existenzdeutung aus dem christlichen Glaubensverständnis präsentiert sich als kohärente und in sich geschlossene Orientierung und grenzt sich gegenüber allen anderen religiösen Orientierungen deutlich ab. Sie wird «als die bestimmteste Form von Religion wahrgenommen» (Krüggeler 1993, 105). «Die Erinnerung an das Leben, Lehren, Sterben und Auferstehen Jesu Christi bildet den grundlegenden Bezugspunkt aller christlichen Sinndeutung» (Fuchs 2001, 10).

Erhält man auf die Fragen nach dem kirchlich verfassten Christentum Antworten von bemerkenswerter Sinnhomogenität, welche sich in gleichgerichteten Antworten auf die gestellten Fragen äussert, nimmt die Stärke des Zusammenhangs zwischen den Aussagen in den weiteren religiösen Orientierungsmustern deutlich ab.

Den Gegenpol zur christlichen Wirklichkeitsbestimmung bildet die Verneinung Gottes. Die atheistische Weltanschauung kristallisiert sich in der Faktorenanalyse nicht als eigenständige Weltanschauung heraus. Sie formiert sich negativ in Frontstellung gegenüber dem christlichen Glauben, dem allgemeinen Transzendenzglauben und einer ausserchristlich-religiösen Bewältigung der Todesproblematik.

Orientierung und Deutung in ihrer Suche nach einem sinnvollen Leben finden viele Menschen auch heute noch im Lebenszusammenhang des christlichen Glaubens. Am stärksten unter allen Welt- und Lebensdeutungen stimmt die Bevölkerung mit 53,4 % den christlichen Glaubensaussagen zu, 33,7 % teils/teils, und nur eine Minderheit von 12,9 % lehnt sie ab. Religiosität ist in hohem Masse christlich formierte Religiosität. Wenn von Gott die Rede ist, dann in erster Linie im Sinne der christlichen Glaubensüberzeugung.

Die Basisdimension «christlicher Glaube» erreicht unter den Katholiken (63,2 %) eine bedeutend höhere Zustimmungsquote als unter den Protestanten (47,0 %). Stärker ist insbesondere unter den Katholiken der Reich-Gottes-Gedanke (+ 13,3 %) und der Glaube an die Offenbarung Gottes in Jesus Christus (+ 12,4 %) verankert.

Der christliche Sinnzusammenhang ist es, dem der grösste Erklärungswert im Blick auf die vorhandenen Differenzen in der religiösen Selbstverortung der Schweizerinnen und Schweizer zukommt. Wenn es um die persönliche religiöse Haltung im Leben der Bevölkerung geht, kommt man nicht um eine Positionierung gegenüber dem Christentum herum. Religiöse Orientierungen können sich nicht anders formulieren als in An- oder Ablehnung der christlichen Weltanschauung. Das von den Kirchen repräsentierte Christentum stellt mit Abstand den wichtigsten Bezugspunkt für die religiöse Selbsteinschätzung der Schweizer Bevölkerung dar. An der Beziehung zum christlichen Weltbild entscheidet sich ganz wesentlich, welches Verhältnis der einzelne zur Religion in allen ihren Formen einnimmt (vgl. Pollack/Pickel 1999, 480).

Das Verständnis von Transzendenz wird bis heute nachhaltig von der christlichen Tradition unseres Landes geprägt. Von grösster Wichtigkeit für die eigene persönliche Religiosität ist deren kulturelle Abstützung. Über die traditionell christliche Prägung der helvetischen Kultur erklärt sich in hohem Masse die lebensweltlich verankerte Dominanz der christlichen Weltanschauung in der Bevölkerung. Nur wenige lassen die jahrtausendalte kulturelle Prägung durch das Christentum hinter sich. Kulturspezifische und damit überindividuelle Orientierungsmuster steuern die Ausbildung religiöser Identität. Sie entlasten von der Notwendigkeit der Wahl zwischen religiösen Alternativen. Der christliche Glaube bildet für die Bevölkerung den wichtigsten Sinnhorizont, Letztbedeutsames und umfassend Gültiges auszudrücken.

Der Sinnzusammenhang, in dem sich christliches Handeln entwirft, ist die Botschaft vom Kommen des Reiches Gottes: «Das von Jesus Christus verkündete Gottesreich ist die Zukunft der Menschheit». Unter allen Aussagen zum christlichen Glauben erreicht dieser Satz die geringste Zustimmung. Eine heilsgeschichtliche Deutung der Weltentwicklung hat es offensichtlich schwer in einem gesellschaftlichen Kontext, in dem immer alles auch anders möglich ist.

Der Reich-Gottes-Gedanke stellt das Individuum in eine lineare Zeitperspektive, ebenso die Entwicklung der Welt, die teleologisch auf ihr Ende als Beginn einer neuen göttlichen, vom irdischen Dasein erlösten Heilswelt angelegt ist. Das Selbst ist in eine progressive Entwicklung einbezogen. In einer Gesellschaft, die offen, fragmentarisch, widersprüchlich und ohne gemeinsames Ziel erfahren wird, erteilen viele heute einer totalisierenden Weltinterpretation eine Absage. Es gehört zu den Einsichten eines modernen Bewusstseins, dass über die Wirklichkeit nur multiperspektivisch gesprochen werden kann (Kaufmann 2003, 24). Zeitgenössische Gesellschaftstheorien betonen als ein zentrales Merkmal der Modernisierung den Verlust einer ganzheitlichen Weltsicht.

Grossflächig angelegte utopische Gesellschaftsdeutungen haben angesichts des Abschmelzens kollektiver Vorstellungen und Visionen an Integrationskraft verloren. Man will sich immer weniger «selbst zugunsten übergreifender gesellschaftlicher Ansprüche und Ziele (Reich Gottes, geschwisterliche Welt, egalitäre Lebensbedingungen, Wohlstand und Frieden der Weltgesellschaft) vereinnahmen und opfern lassen» (Ferchhoff 1999, 58 f.).

2.2. Ausserchristlich-religiöse Todesdeutung

Die zweite Dimension fasst – mit Ausnahme der christlichen Todesdeutung – alle jene Aussagen zusammen, die sich auf die Überzeugung beziehen, dass der Tod den Übergang zu einem anderen Leben bedeutet. Sie versuchen, losgelöst von den kirchlich-institutionellen Vorgaben, eine Antwort zu geben auf die menschliche Vergänglichkeit und Sterblichkeit, auf die radikale Infragestellung des Lebens durch den Tod, auf die Aussicht des Menschen angesichts der düsteren Realität des Todes.

Das Wissen um das unausweichlich vor ihm liegende Todesschicksal fordert den Menschen zur Antwort auf die Grundfrage seiner Existenzdeutung heraus: Ist der Mensch im Tod dem Nichts preisgegeben, oder erfährt er eine Verwandlung in eine neue Zukunft? Die Frage nach dem Sinn des Todes sowie nach dem postmortalen Schicksal des Menschen ist in den Religionen von zentraler Bedeutung. Angesichts des Todes erfährt der Mensch mehr als in allen anderen Grenzsituationen seine Kontingenz. Wie jemand zu sich selbst steht, was er aus seinem Leben macht und was er von ihm erhofft, hängt in hohem Masse mit seiner Einstellung zum Tod und damit zusammen, wie er ihn in sein Leben zu integrieren vermag. Angesichts der Tatsache, dass die zeitliche Lebensgeschichte im Tod an ihr definitives Ende kommt, stellt sich die Frage, ob es eine begründete Hoffnung auf eine Vollendung jenseits der Todesgrenze gibt.

In der ausserchristlich-religiösen Todesdeutung verbindet sich mit dem Leben nach dem Tod in erster Linie die Vorstellung, dass das zyklisch wiederkehrende Geschehen von Wiedergeburt und Wiedertod das Natürliche, von den Folgen früheren Tuns bestimmte Geschick aller Lebewesen ist. Ein Leben nach dem Tod wird im Sinne östlicher Religionen als Reinkarnation der Seele in einer neuen Daseinsform gedeutet. Aus der Summe menschlichen Handels und Verhaltens resultiert jeweils die postmortale Daseinsweise. Befreiung aus dem Zyklus der Wiedergeburten verheissen die unterschiedlichen Wege, die zur Einheit von Seele und göttlichem Brahman führen. Mit dem Geist der Verstorbenen kann man in Kontakt bleiben.

Den Gegenpol zu einer ausserchristlich-religiösen Todesdeutung bildet die Einstellung: «Nach dem Tod ist alles endgültig aus», gefolgt von der Aussage: «Man weiss nicht, ob es nach dem Tod etwas gibt». Eine agnostische Lebenshaltung, nach der es unsicher ist, ob es nach dem Tode überhaupt ein Weiterleben gibt, schält sich nicht als eine eigenständige Deutungsdimension heraus. Diese Lebenshaltung steht zum einen in einem negativen Zusammenhang mit der christlichen Glaubensüberzeugung, zum anderen korreliert sie positiv mit der Haltung des neureligiösen Humanismus.

24,4 % der Wohnbevölkerung (Katholiken 26,5 %, Protestanten 21,8 %) neigen einer ausserchristlich-religiösen Todesdeutung zu, 52,9 % teils/teils und 22,7 % eher oder überhaupt nicht.

Religion findet in einer ausdifferenzierten Gesellschaft ihren wirksamsten Bezugspunkt in der Deutung der individuellen Lebensgeschichte. Will die Religion als funktionales Teilsystem der Gesellschaft anschlussfähig bleiben, hat sie sich in Bezug auf die Thematisierung des Todes zu bewähren. «Das letzte grosse Thema der Religion wird die Transzendenz des individuellen Lebens, wird der Tod, die postmortale Existenz des einzelnen» (Nassehi 2004, 72).

2.3. Neureligiöser Humanismus

Wird bereits die Todesdeutung stark von neureligiös-esoterischen Deutungselementen bestimmt, geben sie auch die Basisgrundierung im Einstellungsmuster «neureligiöser Humanismus» ab.

Die Welt wird verstanden als Organismus, in dem alle Elemente zu einem Ganzen verschmelzen: der Kosmos, die Erde, die Natur, der Mensch. Die Welt wird ihrem Wesen und ihrer Bestimmung nach als ein Ganzes aufgefasst. Dementsprechend ist jedermann aufgefordert, ganzheitlich zu denken und zu handeln. Die Erfahrung dieser letzten Einheit in einem neuen Zeitalter kennzeichnet zahlreiche Protagonisten des New Age. Anleitung für die angestrebte Bewusstseinserweiterung lässt sich u. a. im natürlichen Wissen der alten Völker finden.

Die New-Age-Vorstellung eines ewigen Kreislaufes zwischen Mensch, Natur und Kosmos bündelt Bedürfnisse, die aus der Zerrissenheit und Widersprüchlichkeit des Lebens entstehen, und beantwortet sie mit dem Versprechen eines «neuen Zeitalters». Das spirituelle Erwachen von immer mehr

Menschen bildet die Keimzelle des Neubeginns. «New-Age befriedigt auf ironische Weise das Bedürfnis nach dem verloren gegangenen Einen und Ganzen» (Habermas 1988, 35). Steht bei der ausserchristlich-religiösen Todesdeutung die biographische Selbstthematisierung im Kontext des esoterischen Gedankengutes im Zentrum, thematisiert die Dimension «neureligiöser Humanismus» das esoterische Weltverständnis.

Orientierung an einem einigenden Fluchtpunkt durch Einbindung in den Kreislauf zwischen Mensch, Natur und Kosmos glauben 37,9 % zu finden, 53,8 % zum Teil. Für 8,3 % kann eine solche Daseinsinterpretation nicht sinnhaftes Zentrum ihres Lebens sein oder umfassende Bedeutsamkeit beanspruchen. Katholiken denken diesbezüglich nicht anders als die Protestanten.

Als religiös kann diese Einstellungsdimension insofern bezeichnet werden, als Religion als immanente Thematisierung transzendenter Instanzen auftritt. «Sie beruft sich auf einen Sinn, der von aussen – was immer als dieses Aussen thematisiert wird – an die Welt herantritt und gerade dadurch der Immanenz einen Sinn zu verleihen sich zumutet, der sich aus der Immanenz der Welt selbst nicht gewinnen lässt» (Nassehi 1995, 121).

2.4. Allgemeiner Transzendenzglaube

Die Differenz von Transzendenz und Immanenz, von Diesseits und Jenseits charakterisiert diesen Faktor. Dem Glauben an eine höhere Macht, an übersinnliche Kräfte im Universum steht eine Haltung gegenüber, die allein auf die Gegenwart setzt: «Das eigene Leben ist das *Diesseits*-Leben, sein Ende ist *das* Ende. Es gibt ein Leben vor dem Tod. Man muss hinzufügen: nur eines. Das ist ein wesentlicher Grund für das (scheinbare) Gegenteil: die Flucht in die Esoterik und die neuen Religionsbewegungen aller Art» (Beck/Vossenkuhl/Erdmann Ziegler 1995, 14).

Die Dimension «Allgemeiner Transzendenzglaube» verkörpert ein abstraktes Prinzip der Transzendenz, das unterschiedliche Ausdeutungen erfahren kann: «Es gibt so etwas wie eine höhere Macht». Die Vorstellung von Gott verflüchtigt sich bei nicht wenigen zu einem diffusen Glauben an die Existenz einer höheren Wirklichkeit. Der allgemeine Transzendenzglaube versteht sich als «Lebensdeutung im Unbedingtheitshorizont, als Symbolisierung der transpragmatischen, unverfügbaren Sinnbedingungen menschlichen Lebens», der «dem Einbruch des Absurden, des Sinnwidrigen, den Erfahrungen von Endlichkeit, Sterben und Tod, der Angst vor dem Ungewissen» (Gräb 2002, 50 f.) standhalten lässt.

Die Faktorenanalyse offenbart den allgemeinen Transzendenzglauben als eigenständige religiöse Einstellung. Er verkörpert gleichsam den gemeinsamen Nenner einer jeden Art religiöser Überzeugung. Dies lässt sich daran ablesen, dass mit allen vorhergehenden religiösen Einstellungsmustern ein Zusammenhang besteht.

Fünf von zehn Einwohner(innen) in der Schweiz (Katholiken 49,4 %; Protestanten 50,1 %) nehmen an, dass es so etwas gibt wie eine höhere Macht, 46,3 % sind sich dessen nicht ganz sicher. Nur 4,7 % sagen von sich, auf Transzendenz verzichten zu können. Die Aussage: «Es gibt so etwas wie eine höhere Macht» verweist implizit auf eine Instanz, die das ganze Leben umfängt, die diese Ganzheit trotz aller Erfahrungen des Unabgeschlossenen, Fragmentarischen verbürgt.

Die Menschen in der Schweiz deuten demnach ihr Leben im Grossen und Ganzen religiös. Sie dokumentieren damit eine andauernde Bedeutung der Religion in unserer Gesellschaft. Sie machen die Erfahrung, dass die sinnlich erfahrbare Welt nicht die gesamte Wirklichkeit ausmacht, dass mit übersinnlichen Kräften und Ordnungen gerechnet werden muss, die in diese Welt hineinwirken. Der Glaube an eine höhere Macht ist für sie das «Netz, das wir auswerfen, um die Welt einzufangen, sie ... zu erklären und zu beherrschen» (Popper 1966, 31).

Religion wird damit zum integrativen Fluchtpunkt, der die widersprüchlichen Erfahrungen im Laufe des Lebens zu einem transzendenten Knoten zusammen bindet. Sie erschliesst den Menschen Sinn und Deutung der Welt und gestattet ihnen, sich in dieser Welt zu orientieren.

Wie unangemessen es ist, in der Schweiz von einer areligiösen Gesellschaft auszugehen, dokumentieren die Antworten auf die Frage nach der Existenz einer höheren Macht. Allen anders lautenden Aussagen zum Trotz ist es bei weitem nicht so, dass eine moderne Gesellschaft im Zuge der sogenannten Säkularisierung Religion aus dem Weg räumt. «Die moderne Sozialstruktur mag zwar mit Weber zutreffend als säkularisiert in ihrer Entstehung und Entfaltung beschrieben sein, das Individuum und seine Lebenswelt ist es nicht» (Mörth 1983, 561).

Es gilt unter den Menschen in unserer Gesellschaft weitgehend als normal, sein Leben religiös zu deuten. Religiöse Lebensdeutung gehört zu den gesellschaftlich akzeptierten und erwünschten Einstellungen. Religiös Sein stellt eine sozial-kulturelle Selbstverständlichkeit dar. Bedeutend stärker als für die christliche Lebensorientierung trifft dies für den allgemeinen Transzendenzglauben zu.

2.5. Zukunftsethos

Die Hoffnung auf eine bessere Zukunft durch Wissenschaft und Technik verbindet sich mit der Erwartung, die Menschheit würde in ein besseres Zeitalter eintreten, wenn man das Beste aus allen Religionen zusammenträgt. Die Aufmerksamkeit gilt einer Zukunft, die der Mensch verantwortlich gestaltet und bei der er sich an einer Wertordnung orientiert, die den Menschen seiner Menschlichkeit nicht entfremdet. In den Aussagen klingt an, was Küng in der Erklärung zum Weltethos anspricht: «Mit Weltethos meinen wir einen Grundkonsens bezüglich bestehender verbindlicher Werte, unverrückbarer Massstäbe und persönlicher Grundhaltungen» (1995, 28). «Wir vertrauen darauf, dass uns die uralte Weisheit unserer Religionen Wege auch für die Zukunft zu weisen vermag» (1995, 26).

Mit ihren Nebenladungen auf dem Faktor «Neureligiöser Humanismus» verweist die Faktorenanalyse auf eine inhaltliche Nähe zu diesem Verhaltensmuster.

Ihre Hoffnung auf eine bessere Zukunft mit Unterstützung der Wissenschaft, der Technik und der Religionen setzen 32,7 %, skeptisch geben sich 53,5 %, und 13,8 % teilen diese Zuversicht nicht. Katholiken (37,1 %) blicken etwas unverzagter in die Zukunft als die Protestanten (29,2 %).

Der zentrale Sinn des Lebens wird in der ständigen Fortbewegung gesucht. «Nicht Desorientierung», meint der Kultursoziologe Gerhard Schulze, «ist das Hauptmerkmal der Epoche, sondern geordnete Transformation» (2003, 18). Quer durch die Gesellschaft sei die Idee der Steigerung der kleinste gemeinsame Nenner. «Nichts prägt die Kultur des Westens so sehr wie die Vorstellung, die Beste aller Welten sei noch nicht verwirklicht» (2003, 11).

Die Frage nach der Zukunft stellt sich in einer Situation historisch beispielloser Gestaltungsoffenheit. Je umfangreicher der Möglichkeitsraum wird, desto weniger lässt sich die Antwort auf die Frage nach der Zukunft eindeutig beantworten. Die «Steigerungslogik» (Schulze 2003, 92 ff.) wird zur Universalgrammatik gesellschaftlichen Handelns. Charakteristisch für sie ist die Vorläufigkeit aller Zielvorstellungen.

3. Religiöse Kombinatorik

3.1. Komponenten-Religiosität als Normalfall

Mit der Auflösung des weltanschaulichen Konsenses durch die funktionale Differenzierung verliert die Religion ihre gesellschaftsuniverselle Geltung und verhaltenssteuernde Bedeutung für die Lebensführung der Menschen. Die alle Gesellschaftsmitglieder integrierende und übergreifende Gesamtorientierung löst sich auf. Religion verlagert sich in den Rezeptions- und Geltungsbereich der Individuen. Der Mensch wird «zum Manager seiner eigenen Subjektivität» (Schulze 1992, 40).

«Heutzutage scheint alles», schrieb Zygmunt Bauman 1993 in der Süddeutschen Zeitung, «sich gegen ferne Ziele, lebenslange Entwürfe, dauerhafte Bindungen, ewige Bündnisse, unwandelbare Identitäten zu verschwören. Ich kann nicht langfristig auf meinen Arbeitsplatz, meinen Beruf, ja nicht einmal auf meine eigenen Fähigkeiten bauen» (zitiert nach Keupp 1997, 25).

Die gesellschaftlichen Strukturbedingungen der entfalteten Moderne begünstigen eine multiperspektivische Religiosität. Die *Schaubilder 6* und *7* zeigen die Kombinationen der christlichen Weltsicht und Existenzdeutung mit anderen Weltanschauungselementen. Jede Verbindungslinie symbolisiert eine weltanschauliche Koppelung.

Das typische der religiösen Lage in der Schweiz ist eine Collage-Religiosität in vielfachen Variationen, eine «vielfältige, offene, pluralitätsbejahende ‹Differenz-Identität›» (Helsper 1995, 66). Als plurale Verbindung heterogener weltanschaulicher und religiöser Bezüge haben sich collageförmige Sinnmontagen zur dominanten kulturellen Form subjektiver Sinnkonstruktion entwickelt. Die/der einzelne «adaptiert nicht mehr ausschliesslich nur eine, sondern mehrere Kosmologien bzw. Existenzdeutungen und konfiguriert sie zu einem individuellen Arrangement, das nicht mehr der Maxime der Konsistenz zu folgen scheint. Genauer: der Massstab der Konsistenz ist die Einschätzung des einzelnen selbst. ... Weltanschauung wird flexibilisiert, multireferenziell und – nach der Logik traditioneller Religionen – widersprüchlich und inkonsequent» (Silbereisen/Vaskovic/Zinnecker 1996, 117 f.). Religiosität als Vielfalt weltanschaulicher und religiöser Bezüge wird «im Sinne eines offenen anschlussfähigen, mit disparaten religiösen Sinnelementen arbeitenden und mit Bezug auf das eigene Selbst gestalteten Sinnentwurfs flexibel gehalten» (Helsper 2000, 304).

Verbindungen zwischen den religiösen Dimensionen

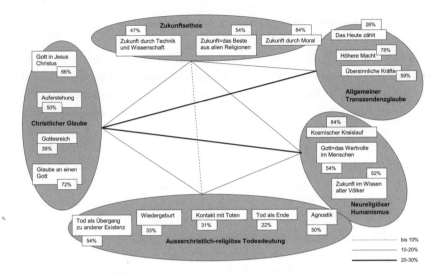

Verbindung zwischen christlichem Glauben und anderen religiösen Orientierungen 1999

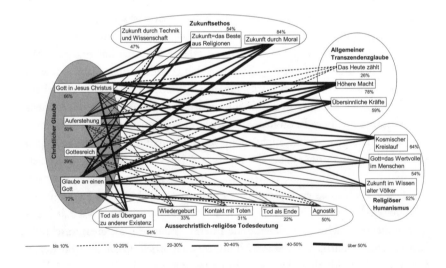

Das flexible Collagen-Selbst eröffnet Entwicklungs- und Veränderungsmöglichkeiten. Vor allem Wolfgang Welsch betont für den postmodernen Menschen den Gewinn an Vielfalt: «Unser Alltag ist aus inkommensurablen Bausteinen zusammengesetzt, und wir haben die Fähigkeit entwickelt, diese so zu verbinden, dass das Heterogene uns mehr belebt als anstrengt» (Welsch 1988, 194).

In der «Dezentrierung des modernen Subjekts» sieht Werner Helsper «die Konstituierung eines Selbst, welches das Fremde sucht, die Irritation begrüsst, die Differenz will, sich nicht nur Neues assimiliert, sondern sich diesem auch in Form von Auseinandersetzung akkommodiert. ... Dann muss das sich herausbildende Subjekt nicht zu Formen der Auslöschung des Anderen durch Ausgrenzung, Eingrenzung, Unterwerfung oder Liquidierung greifen und kann die Ambivalenzen und das Nicht-Identische des Selbst bewahren, ohne eine starre Abwehr aufzubauen und damit jenes ‹monumentale Selbst› zu erzeugen, das seine Einheit durch Ausstossung und Einschliessung sichern muss» (1997, 183 f.). Vielmehr wird Potenzialität für eine Generierung von Neuem in und durch Begegnungen mit dem krisenauslösenden Differenten und Fremden freigesetzt.

Der Mythos vom autonomen, unabhängigen, einzigartigen Individuum wird durch die Dezentrierung des modernen Selbst relativiert, von den Ansprüchen einer integralen Identität befreit und von einer linearen Progressions- und Höherentwicklung entlastet (vgl. Helsper 1995, 68). «Die Entzauberung des modernen Selbst ist auf das engste verbunden mit der Relativierung des modernen Weltverständnisses von Beherrschbarkeit, progressivem Fortschritt und der Domestizierung von Mensch und Natur» (Helsper 1997, 179).

Religiöse Pluralität führt fast zwangsläufig zu weltanschaulichen Collagen. Die Individuen durchforsten diverse Weltanschauungen nach brauchbaren Teilen und setzen diese neu modelliert zu einem Konstrukt zusammen. Weltanschauungsquellen werden selektiv und unkonventionell interpretiert, unsystematisch auf eigene Bedürfnisse hin adaptiert, Exklusivitätsansprüche werden unterlaufen. Man probiert Verschiedenes aus, bedient sich grosszügig bei allen möglichen Weltanschauungen «frei nach dem Motto, dass überall ein wenig Wahrheit sei, und dass es nur darauf ankomme, sich das richtige Körnchen herauszupicken. Das Wort ‹Gott› wird zu einem vieldeutigen Begriff, der von einer ‹höheren Macht› über ‹kosmische Energie› bis hin zur ‹Natur› mit unterschiedlichen Deutungen semantisch angereichert wird. Oberster Massstab ist immer die Individualität, bzw. das eigene Ich» (Kern 1997, 74).

Die entwickelte Moderne favorisiert einen «‹bricolage›-Typus von Identität» (Hettlage 2000, 25) in der Form der Collage unterschiedlicher Zugehörigkeiten, Einstellungen und Verhaltensweisen, ohne diese unter einen systematisierenden Lebensentwurf vereinheitlichen zu können. Das Erlebnis einer widersprüchlichen Alltagswelt lässt kaum mehr einen umfassenden Weltentwurf zu und erzwingt eine Haltung, die Widersprüchliches nebeneinander stehen lassen kann und nicht mehr vom Zwang zu einer kohärenten Identität beherrscht wird. Wer sich in wechselnden Sinnsystemen bewegt, sich unter divergierenden Lebensaspekten bewähren muss, der darf sich nicht mit zu viel eindeutiger Identität belasten. Er muss beweglich, offen und anpassungsfähig bleiben, misstrauisch gegenüber geschlossenen Weltbildern. Die gesellschaftlichen «Freiheitsprozesse bedeuten einen objektiven Zugewinn an individueller Gestaltungskompetenz … und erfordern vom Subjekt vermehrt die eigenwillige Verknüpfung und Kombination multipler Realitäten» (Keupp 1997, 20).

Die grossen religiösen, philosophischen, kulturellen und politischen Weltanschauungsentwürfe haben ihre Konstruktionskraft für die Ausbildung von Identität weitgehend verloren. Auf sie greift die/der einzelne in seiner Identitätsarbeit unter den Bedingungen der Gegenwartsgesellschaft immer weniger als ordnendem Rahmen zurück. «Traditionelle Modi der Aneignung von Sinn sind nur noch in Enklaven durchzuhalten, die sich als geschlossene, in sich abgeschottete Milieus darstellen» (Fischer/Schöll 1994, 47).

Die von Heiner Keupp diagnostizierte «Patchwork-Identität» (1997, 11) gilt offensichtlich auch für den Bereich der religiösen Weltanschauungen. Eine solche Patchwork-Identität widerspricht der gängigen Vorstellung einer gelungenen Identitätsbildung, die sich durch Klarheit, Eindeutigkeit und innere Kohärenz auszeichnet. Menschen mit einer bunt-kreativen Patchwork-Identität werden von einer solchen Identitätsvorstellung her als charakterlos, flatterhaft und ohne Rückgrat erlebt, den Moden des postmodernen Zeitgeistes unterworfen. Beklagt wird der Verlust einer geradlinigen Lebensführung, das Fehlen von Leitseilen, an denen Menschen sich festhalten und so die Ambivalenzen der gegenwärtigen Lebensverhältnisse in Richtung auf Klarheit und Eindeutigkeit überwinden können. Einer sich fragmentierenden, widersprüchlichen Welt, die nicht mehr als geordneter Rahmen für den individuellen Lebensentwurf gedacht werden kann, wird ein Persönlichkeitsideal entgegengestellt, das dem äusseren Chaos innere Festigkeit entgegensetzen soll.

Als Leitperspektive für eine gelungene Lebensführung dient hier ein Identitätsbegriff, für den Kohärenz und Eindeutigkeit als konstitutive Merkmale angesehen werden. Eine solche Vorstellung von Identität steht in der Tradition prominenter Identitätstheoretiker wie z. B. George H. Mead und Erik H. Erikson. Während Mead die gelungene Identitätsbildung durch Vollständigkeit und Ganzheit gekennzeichnet sieht, charakterisiert Erikson sie in seiner psychoanalytisch begründeten Identitätstheorie durch zeitübergreifende Merkmale der Einheitlichkeit und Kontinuität.

Ein Identitätskonzept, das die Entfaltung und Herausbildung einer starken, vollständigen und dauerhaften Ich-Identität für ein Merkmal einer gesunden, reifen Persönlichkeit hält und dementsprechend eine fragmentarische Ich-Identität als defizitär betrachtet, übersieht das Potenzial und die Dynamik, die eine Collage-Identität auszeichnen kann.

Eine multiperspektivische Identität birgt hoffnungsvolle Chancen für eine kritische Eigenständigkeit in kreativen Akten der Selbstorganisation in sich. «Der Zerfall von bis dato selbstverständlichen Lebens- und Denkstrukturen eröffnet ungeahnte und bislang unvorstellbare Möglichkeiten, die Möglichkeit zu glauben eingeschlossen. Man kann dies emphatischer ausdrücken, in dem man von der Transzendenz spricht, die im Zusammenbruch der Normalität sichtbar wird» (Berger 1994, 132).

Weil das Individuum nicht mehr Einheit und Konsistenz in seiner Identität anstrebt, leidet es nicht mehr unter multiplen, sich überschneidenden und gegensätzlichen Ansprüchen anderer. «Es gewinnt Freude an den vielfältigen und ihm nun erlaubten Ausdrucksformen des Selbst, für die es Identitäten aus verschiedenen Quellen fragmentarisch adaptiert, sie nach eigenen Wünschen und Zwecken situativ je neu konfiguriert und damit sich und sein Selbst je neu inszeniert und konstituiert» (Wippermann 1998, 81).

Mit der Erosion rigider Identitätsformen eröffnen sich einerseits «Entfaltungsmöglichkeiten für Lebenssouveränität» (Keupp 1994, 336), andererseits sehen sich die Individuen aber auch mit Unsicherheit und den Risiken des Scheiterns konfrontiert. In der Identitätsarbeit stecken gleichzeitig Chancen und Risiken des Misslingens. Der gesellschaftliche Sinn-Markt bietet genügend Fluchtmöglichkeiten, den unbehaglichen und unerträglichen Zumutungen moderner Lebensbedingungen zu entgehen, sich dem Sinnüberschuss und Sinnüberfluss stellen zu müssen und sich den Modernisierungsanforderungen zu verweigern. Die permanente Auseinandersetzung mit inneren und äusseren Ambivalenzen und Widersprüchen erleben viele Menschen als Überforderung.

Gegenüber einem statisch gedachten Identitätsbegriff, der auf Stimmigkeit und Geordnetheit beruht, plädiert Keupp für ein Persönlichkeitskonzept, das sich an immer neu zu leistenden Aushandlungsprozessen in wechselseitiger Interaktion orientiert, innere Kohärenz über einen kreativen Prozess der Selbstorganisation gewinnt und nicht darauf angewiesen ist, auf ein fixes Koordinationssystem von Normen und Sinnorientierungen zurückzugreifen. Ein solcher Prozess hat wenig mit einer subjektivistischen Selbstbedienungsmentalität zu tun, aber viel mit der Fähigkeit, in den vielfältigen Bezügen moderner Lebensformen bei sich selbst bleiben zu können. Dort, wo diese fragile Identitätsbildung gelingt, kann Abschied genommen werden von autoritätsgeleiteten Sinnentwürfen. Qualität und Ergebnis solcher Identitätsarbeit hängen von der individuellen Gestaltungskompetenz ab, von ökonomischen Ressourcen, vom Urvertrauen zum Leben, von der Fähigkeit, sich auf Menschen und Situationen einlassen zu können bis hin zur Anerkennungskultur in einer Gesellschaft.

«Möglicherweise ist die Rapidität des sozialen Wandels und die Komplexität der Sinnstrukturen, auf die der einzelne sich beziehen muss, zu gross, als dass eine Persönlichkeit oder ein Charakter als inhaltlich feste Struktur über längere Dauer noch anpassungsfähig wäre» (Hahn/Willems 1996a, 35). Die Menschen sind heute weit entfernt davon, nur in einen einzigen Interaktionskontext eingebunden zu sein, der den Spiegel für ein einheitliches Selbst abgibt. Sie können den gesamten Zeitstrom ihrer Biographie und die Partizipation an disparaten Erfahrungsfeldern nicht mehr integrieren, weil kein geschlossener Sozialraum sie ihrer Identität versichert. Sie gehen in keinem der verselbstständigten gesellschaftlichen Teilsysteme mehr auf. Das Ich als eine konsistente Grösse löst sich auf und existiert als ein komplexes Bündel von Teilidentifikationen. Der einzelne steht vor der Schwierigkeit, wie er «einerseits im Hinblick auf die verschiedenen gleichzeitigen Interaktionssysteme als ein- und derselbe auftreten kann, obwohl in je verschiedenen Interaktionssystemen je unterschiedliche Erwartungen herrschen, und wie er andererseits seine Biographie als eine Einheit deuten können soll, obwohl er zu verschiedenen Phasen seinen Lebens von sehr unterschiedlichen Zielvorstellungen, usw. beherrscht» (Hahn/Willems 1996b, 216) wird. Für den einzelnen stellt sich mit anderen Worten das Problem, wie eine Synchronisation disparater Erfahrungen und Bewusstseinsinhalte hergestellt werden kann.

Die Lösung dieses Problems sieht Lothar Krappmann ähnlich wie Jürgen Habermas in «balancierender Ich-Identität». Diese Identitäts-Balance wird von Krappmann so beschrieben: «Das Individuum akzeptiert Erwartungen und stösst sich zugleich von ihnen ab, und zwar jeweils im Hinblick auf andere divergente Erwartungen, die ebenfalls Anerkennung fordern. Rücksichtnahme auf andere Erwartungen, die eine vollständige Erfüllung der gerade aktuellen Erwartungen nicht erlauben, bedeutet aber zugleich, dass diese anderen Erwartungen in das Verhalten im augenblicklichen Interaktionszusammenhang eingebracht werden. Das Individuum vermag sich hier folglich auch mit dem zu repräsentieren, was es ausserhalb dieser Interaktion ist und war. Auf diese Weise wird ihm möglich, sich in seinem Streben nach Balance zwischen den verschiedenen Anforderungen darzustellen. Es zeigt sich, wie es Ich-Identität zu gewinnen und aufrechtzuerhalten trachtet. Die Besonderheit des Individuums, seine Individualität, bezieht das Individuum aus der Art, wie es balanciert» (Krappmann 1971, 79). Gegenüber der Haltung ‹Entweder-Oder› gilt das ‹Sowohl-Als-Auch› als postmoderne Tugend.

Die «Entlassung des Selbst aus traditionellen Bindungen, ganzheitlichen Lebenszusammenhängen und religiös überwölbten Verortungen» (Helsper 1995, 67) bewirkt, dass sich die Ich-Wir-Balance immer stärker von einer kollektiven Einbindung zu einer eigenverantworteten Subjektivität verschiebt.

Die Balance gelingt umso besser, je weniger jemand die an ihn gerichteten Erwartungen verinnerlicht. Die Möglichkeit solcher Distanzierung beruht darauf, dass er zugemutete vor dem Hintergrund anderer Orientierungen zu interpretieren und zu relativieren vermag. Die Balance zwischen Teilidentitäten wird dann schwierig, wenn sich allzu disparate Teilselbste nicht mehr vor sich selbst integrieren lassen.

Viele haben gar keine andere Chance, als ihre Erfahrungssplitter ungebunden nebeneinander stehen zu lassen. In der Uneinheitlichkeit des Selbst und der Selbst-Pluralisierung spiegelt sich die Disparität moderner Gesellschaften wider, was Alois Hahn im Blick auf die Biographie formulieren lässt: «Weil sich unser Lebenslauf in verschiedenen Welten abspielt, sind wir verschiedene Welten» (Hahn/Willems 1996b, 219).

3.2. Religionsproduktive Fragmentarität

Die *Schaubilder 6* und *7* machen deutlich, dass die Identitäten und Lebensentwürfe unter den Bedingungen postmoderner Lebensverhältnisse etwas Bruchstückhaftes und Fragmentarisches an sich haben.

Der Verlust einer umfassenden integrativen Sinnwelt und der dadurch erzeugte Zwang, sich in ständig wandelnden Referenzkontexten bewegen zu müssen, fördert die Erfahrung von Diskontinuität, Inkonsistenz, Fragmentarität. Je vielschichtiger die soziale und kulturelle Wirklichkeit wird, desto illusorischer und wirklichkeitsfremder wird die Berufung auf einen einzigen Gesichtspunkt, von dem her die Welt erklärt und gestaltet werden kann. «Nicht die Vorsehung und Güte eines Schöpfergottes, noch das Sein des Seienden, noch das Ziel der Geschichte bieten einen Rahmen, die Welt als Einheit zu begreifen, sondern wenn es noch etwas allem Gemeinsames gibt, so ist es die Bewegung, die Veränderlichkeit» (Kaufmann 1989b, 40).

Die Menschen müssen ihre Biographie in immer mehr Brüchen und Fragmentierungen vollziehen. Die kulturelle und soziale Pluralität wird vom Einzelnen nicht nur als etwas Äusseres erfahren, sondern auch als eine innere Realität, als ein in seinem Kopf vorhandenes Set von Teilidentitäten. «Das zerstückelte moderne Ich ist ein plurales Ich, in der Tat ein Variationenkreisel» (Berger 1994, 123). Unerfüllt bleiben die grossen Versprechen und Verheissungen der Moderne von einer geglückten, erfüllten, ganzheitlichen Selbstverwirklichung. Dazu gehört auch die «verzweifelte Sehnsucht nach Gewissheiten» (Berger 1994, 75), «nach zumindest einigen Gewissheiten, einigen festen Überzeugungen und Werten, die mehr oder weniger für selbstverständlich genommen werden können. Das gilt vor allem für Fragen der Religion und Moral» (Berger 1994, 74 f.).

Nicht nur die Erfahrung heterogener Lebensräume bestimmt das Bewusstsein, sondern darüber hinaus die damit verbundene «Erfahrung der Unbegreiflichkeit von Welt» (Kaufmann 1989b, 21). Unbegreiflich sind wesentliche Teile der alltäglichen Welt geworden. Dem Einzelnen fällt es immer schwerer, sich selbst in ein Verhältnis zur gesellschaftlichen Umwelt zu setzen, die Teilnahme an heterogenen sozialen Zusammenhängen in einen sinnhaften Zusammenhang zu bringen. Er sieht sich zunehmend einer Wirklichkeit gegenüber, die sich seinem Anspruch oder seiner Sehnsucht nach der einen Welt immer radikaler verweigert. Modernität beginnt dort, so könnte man sagen, wo das Ganze aufhört und sich der Einzelne «jenseits von Einheitsobsessionen der irreduktiblen Vielfalt der Sprach-, Denk- und Lebensformen bewusst ist und damit umzugehen weiss» (Welsch 1988, 35).

Von fragmentarischen Identitäten geht eine Bewegung der Unruhe aus. Sie weisen über sich hinaus. Fragmente lassen die Ganzheit erahnen, die sie selber nicht darstellen. Im Fragment herrscht insofern Mangel, als die vollendete Ganzheit fehlt. Die Differenz, die das Fragment von seiner möglichen Vollendung trennt, verweist positiv nach vorne. Aus ihm geht eine Bewegung hervor, die den Zustand als Fragment zu überschreiten sucht.

Dem fragmentierten Selbst inhärent ist eine ontologische Heimatlosigkeit. «Der moderne Mensch litt und leidet an einem sich dauernd vertiefenden Zustand der ‹Heimatlosigkeit›. Das Korrelat des Wandercharakters seiner Erfahrungen der Gesellschaft und des Selbst ist, was man einen metaphysischen ‹Heimatverlust› nennen könnte» (Berger 1987, 74). Diese Heimatlosigkeit erzeugt eine unstillbare Sehnsucht nach einem Zustand des ‹Zuhauseseins›, nach Ganzheit. Die Anerkennung eigener Fragmentarität begründet die Erkenntnis, ganzheitliche Subjektivität nicht aus eigener Kraft schaffen zu können.

«Insofern trifft auf die sich als Fragment begreifende Ich-Identität konstitutiv das Merkmal ‹Selbsttranszendenz› zu. … Selbsttranszendenz ist aber nur dann möglich, wenn die Ich-Identität nicht als vollständige und dauernde, sondern nur als fragmentarische verstanden ist» (Henning 1992, 169). Oder anders: Erst wenn sich die Menschen als Fragmente verstehen, erkennen sie ihr Angewiesensein auf Vollendung und Ergänzung.

Kennzeichnend für die Moderne ist, dass sie permanent Glücksverheissungen und ganzheitliche Identitätsansprüche und gleichzeitig fragmentierte Existenzen produziert. Zu einer recht verstandenen Moderne gehört die jeden ganzheitlichen Anspruch zunichte machende Fragmentarität menschlicher Existenz. Religion eröffnet einen Weg, mit diesem Widerspruch umzugehen. Demzufolge ist Religion Bestandteil dessen, was die französische Soziologin Danièle Hervieux-Léger «The very heart of modernity» (1990, 23) nennt. Die Moderne generiert aus ihrer Mitte nicht nur Phänomene der Distanzierung von hergebrachter, kirchlich verfasster Religiosität, sondern auch neue religiöse Ausdrucksformen. Religion gehört demnach zur Moderne wie die Moderne zur Religion. Wie sich dabei heute in der Schweiz die inhaltlichen Ausprägungen von Religion präsentieren, soll nun im folgenden Kapitel anhand empirischer Daten aufgezeigt werden.

4. Religiöse Topographie der Schweiz

Die/der einzelne steht der Vielfalt prinzipiell wählbarer Lebensmöglichkeiten nicht völlig unvermittelt gegenüber. Dies gilt auch für das sich ihm eröffnende Spektrum religiöser Optionen. Nicht nur kontextuelle und biographische Bedingungen prägen die Konstituierung persönlicher Religiosität. Sie bildet sich aus im kommunikativen Austausch mit anderen und den Mustern, die dabei im Blick auf den Umgang mit religiöser Pluralität entworfen werden. «Der Sinn, den meine Identität darstellt, ist also von Anfang an verwoben mit einem Sinn, der nicht von mir stammt» (Hahn 1995, 131).

Zu Recht warnt Richard Münch daher vor einer überzogenen, verzerrten Individualisierungsthese, die ausblendet, dass Überzeugungen und Lebenshaltungen sich in interaktiven Prozessen ausbilden und mit anderen geteilt werden. «Die Tatsache, dass wir aus traditionalen Strukturen herauswachsen und beweglicher werden, mehr Platz für Individualität vorhanden ist und über das richtige persönliche Leben unterschiedlichere Auffassungen vertreten werden als zuvor und heftiger über das gute Leben gestritten wird, impliziert noch lange nicht, dass wir ohne Massstäbe dastehen und alles möglich, damit auch beliebig ist» (1995, 24).

Das Bedürfnis nach Orientierungssicherheit stellt das Einfallstor für gemeinsam ausgehandelte und geteilte Lebenseinstellungen dar. Für die religiöse Selbstprogrammierung kann der einzelne auf kollektive ‹Entwurfsschablonen› und ‹Schnittmuster› zurückgreifen. Sie bilden die «Software» (Schulze 1992, 543) für die Ausbildung einer eigenen Weltanschauung.

In Bezug auf die im Folgenden dargestellten Religionstypen liesse sich im Sinne von Arnold Gehlen auch von «Systemen stereotypisierter und stabilisierter Gewohnheiten» (1986, 19) sprechen. Menschen handeln sehr oft «in habituell gewordenen, eingeschliffenen Verhaltensfiguren, die ‹von selbst› ablaufen» (Gehlen 1957, 104). Sie entlasten von eigenen Entscheidungen und ermöglichen in mehrdeutigen Situationen, die passende Strategie für das eigene Handeln zu finden. Als habituelle Verhaltensmuster steuern sie die religiöse Lebensführung.

Die Religionstypen stellen soziale Habitusformationen im Umgang mit Religion dar. Die Ausgestaltung persönlicher Religiosität erfolgt nicht in einem asozialen Vakuum. Die Menschen als soziale Akteure tendieren dazu, soziale Situationen in ähnlicher Weise wahrzunehmen und ähnlich zu handeln. Der Verlust traditioneller Einstellungen und Verhaltensweisen führt nicht notwendigerweise zu einer Situation, in der die Handelnden einem ständigen Zwang zur Selbstvergewisserung und des Entscheiden-Müssens unterliegen. Über Gemeinsamkeiten des biographischen Erlebens, in der Sozialisationsgeschichte, über geteilte Lebenslagen entfalten sich habituelle Übereinstimmungen in der Lebensführung. Sie verbinden Menschen untereinander, die sich nicht zu kennen brauchen und nicht in direkter Interaktion miteinander stehen. Als kollektive Orientierungsmuster verleihen solche habituellen Übereinstimmungen Sicherheit im Handeln und entlasten davon, ständig das eigene Verhalten überdenken und aus einer Vielzahl von Optionen wählen zu müssen. Solche habituellen Orientierungsmuster haben den Charakter vorreflexiven Wissens und übersteigen das individuelle Bewusstsein insofern, als «die Handelnden in ihnen existieren» (Bohnsack/Nohl 2001, 21).

Pierre Bourdieu bezeichnet mit dem Begriff Habitus eine «Handlungs-, Wahrnehmungs- und Denkmatrix» (1979, 169). Der Habitus steht «für ein Handlungs- und Haltungskonzept, das sich in allen Situationen durchhält und für soziale Zuordnung wie auch für soziale Abgrenzung sorgt – und zwar unterhalb der Schwelle des Bewusstseins» (Wegner 2002, 44); er wirkt als «gesellschaftlicher Orientierungssinn» (Bourdieu 1982, 728).

Bourdieu fasst den Habitus als verhaltensregulierende Gedankenwelt auf, als ein «einheitsstiftendes Erzeugungsprinzip der Praxis», als eine «ähnliche Handlungsmuster hervorbringende Disposition» (1982, 277), die ihren Kern in «gemeinsamen Denk-, Auffassungs-, Beurteilungs- und Handlungsschemata von sozialen Gruppierungen» (Bourdieu/Passeron 1971, 143) hat. Der Habitus stellt ein typisches Verhaltensmuster dar und erschliesst sich erst durch Abstraktion vom konkreten Denken und Handeln. In diesem Sinne steht er gewissermassen zwischen den strukturellen Bedingungen menschlichen Handelns und dem Alltagsverhalten.

Zu welchen Überzeugungskonfigurationen sich die eben geschilderten religiösen Basisdimensionen in der Schweizer Wohnbevölkerung bündeln, lässt sich mit Hilfe der Cluster-Analyse ermitteln. Sie zeigt uns, mit welchen Mischformen und typischen Ausgestaltungen von religiösen Selbstdeutungen wir es in der Schweiz zu tun haben und wie stark sie in der Bevölkerung verbreitet sind. Mit der Methode der Cluster-Analyse lassen sich jene Personen zusammenfassen, die in ihrer religiösen Lebensauffassung einander sehr ähnlich sind und geringe Überschneidungen mit anderen Religionstypen aufweisen. Sie bilden zusammen ein religiöses Bedeutungsfeld. Das Ziel dieses Verfahrens ist es, die clusterinterne Verschiedenheit minimal und den Unterschied zwischen den Clustern so gross wie möglich zu halten.

Die Cluster-Analyse stellt ein mögliches, datenanalytisches Instrumentarium dar, religiöse Gravitationszentren freizulegen, in denen sich die religiöse Kernstruktur der Schweizer Wohnbevölkerung abbildet. Die einzelnen Religionstypen grenzen sich nicht trennscharf voneinander ab. Bei den im Folgenden präsentierten Typen mag man eventuell den einen oder anderen vermissen. Entweder hat er nicht die Bedeutung eines Gravitationszentrums oder steht im Schatten eines anderen. Den Ausgangspunkt bildet das Set der Fragen zur religiösen Orientierung in der Befragung der Schweizer Wohnbevölkerung im Jahre 1999.

In der Cluster-Analyse haben sich 5 verschiedene religiöse Typen herausgebildet:
• Exklusive Christen
• Synkretistische Christen
• Neureligiöse
• Religiöse Humanisten
• Areligiöse

Schaubild 8 illustriert die charakteristischen Ausprägungen der fünf eruierten religiösen Überzeugungstypen in der Bevölkerung. Auf einer Skala von 1–5 lassen sich die Zustimmung und Ablehnung der fünf Religionstypen zu den einzelnen Glaubensaussagen in Form von Mittelwerten ablesen, wobei 1 «voll und ganz einverstanden» bedeutet, 5 «überhaupt nicht einverstanden».
Schaubild 9 zeigt die Anteile der religiösen Typen in der Schweizer Bevölkerung und nach Konfessionszugehörigkeit.

4.1. Exklusive Christen

Die stärkste Zustimmung finden die christlichen Glaubensaussagen beim Typ der exklusiven Christen (12 %). Sie grenzen sich nachdrücklich gegenüber dem esoterisch-neureligiösen Gedankengut ab. Das kultische Milieu des New Age ist ihnen fremd, und sie erweisen sich als immun gegenüber Einflüssen östlicher Religionen. Sie bevorzugen klare, verbindliche und eindeutige Aussagen zur Gottesfrage, zur Deutung des Todes und zur Zukunft der Menschheit aus dem christlichen Glauben. Im Christentum erkennen sie das unhinterfragbare Fundament ihrer Lebensführung. An der Existenz Gottes hegen sie keinen Zweifel. Ungewissheit über ein Leben nach dem Tode plagt sie nicht.

Profile der religiösen Typen
in der Schweizer Bevölkerung 1999

Schaubild 8

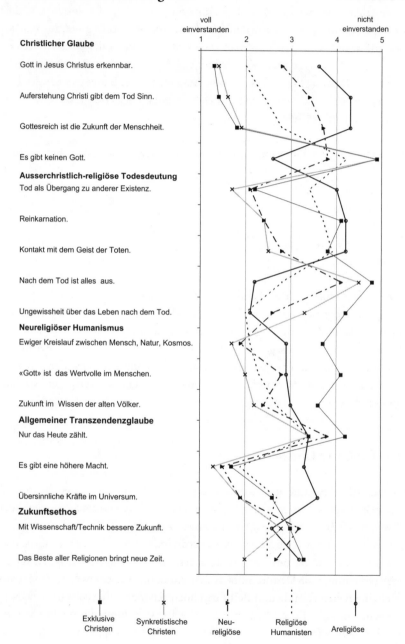

	voll einverstanden			nicht einverstanden
	1	2	3	4	5

Christlicher Glaube

Gott in Jesus Christus erkennbar.

Auferstehung Christi gibt dem Tod Sinn.

Gottesreich ist die Zukunft der Menschheit.

Es gibt keinen Gott.

Ausserchristlich-religiöse Todesdeutung
Tod als Übergang zu anderer Existenz.

Reinkarnation.

Kontakt mit dem Geist der Toten.

Nach dem Tod ist alles aus.

Ungewissheit über das Leben nach dem Tod.

Neureligiöser Humanismus
Ewiger Kreislauf zwischen Mensch, Natur, Kosmos.

«Gott» ist das Wertvolle im Menschen.

Zukunft im Wissen der alten Völker.

Allgemeiner Transzendenzglaube
Nur das Heute zählt.

Es gibt eine höhere Macht.

Übersinnliche Kräfte im Universum.

Zukunftsethos
Mit Wissenschaft/Technik bessere Zukunft.

Das Beste aller Religionen bringt neue Zeit.

Exklusive Christen
Synkretistische Christen
Neureligiöse
Religiöse Humanisten
Areligiöse

**Religiöse Typen in der Schweizer Bevölkerung
und nach Konfessionszugehörigkeit 1999**   Schaubild 9

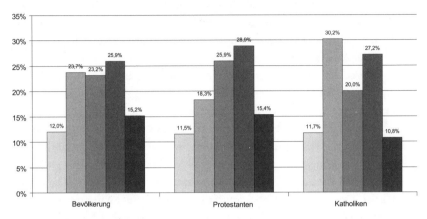

Ambivalent verhalten sie sich der Aussage gegenüber, im Universum gebe
es übersinnliche Kräfte, die das Leben der Menschen beeinflussen. Die Aussage spiegelt in ihren Augen eher die menschliche Erfahrung wider, sich un-
vorhersehbaren Ereignissen im Leben ausgesetzt zu sehen; sie verbinden damit
nicht die esoterische Überzeugung, das ganze Universum sei durchdrungen
von einer göttlichen Energie und es ginge darum, in persönlicher Transformation Teil in einem untrennbaren Gewebe von kosmischen Kräften zu werden.

Der christlichen Lebensauffassung messen die exklusiven Christen hohen
Stellenwert in ihrer Lebensführung bei. Sie machen ihre christliche Überzeugung zur conditio sine qua non ihrer Lebensbeschreibung und leiten daraus
die Regeln ihrer Lebensführung ab. Die christliche Glaubensüberzeugung erfüllt für sie die Suche nach etwas, wofür man leben und sterben kann. 64,7 %
der exklusiven Christen räumen der Religion in ihrem Leben eine hohe Priori-
tät ein *(Schaubild 14)* wie auch ihrer Kirche (50,6 %/*Schaubild 15)*. Im Vergleich zur Bevölkerung insgesamt, die Religion mit der Politik ans Ende ihrer
Wertehierarchie stellt, rückt bei den exklusiven Christen Religion auf die gleiche Ebene wie Beruf und Freunde. Höher bewertet im Leben wird lediglich
die Beziehung zum Partner und zu den Kindern. Auf der Werteskala nimmt
Religion neben Familie und Beruf den höchsten Platz ein, vor der Freizeit.

Mit den synkretistischen Christen heben sie sich durch die Wichtigkeit, die
sie der Religion in ihrem Leben einräumen, deutlich von allen anderen Welt-

anschauungsformen ab. Bei keinem anderen Religionstyp, ausser bei den exklusiven und synkretistischen Christen, kommt der Religion so grosse Bedeutung im Leben zu. Es ist tatsächlich so, dass in der Bevölkerung vornehmlich
dem Christentum Bedeutung für die Identität und Lebensführung beigemessen wird; bei allen anderen religiösen Weltanschauungsformen trifft dies allenfalls in Ausnahmefällen zu.

Dass die exklusiven Christen ihre Weltanschauung zum Kernbestand ihrer
Identität machen und aus ihr die Leitlinien für die Lebensführung ableiten,
gründet unter anderem wesentlich in ihrer engen Kirchenbindung *(Schaubilder
10 und 11)*. «Exklusive Identifikationen sind in hohem Masse angewiesen auf
stützende soziale Beziehungsgeflechte» (Schweitzer/Englert/Schwab/Zibertz
2002, 40). Die gemeinsam geteilte und gelebte Glaubensüberzeugung wird als
eine das ganze Leben umfassende und verwandelnde Kraft erfahren. Der exklusive Christ lernt sich als Gleichgesinnter im Spiegel seiner Mitchristen begreifen. Der Typ des exklusiven Christen liesse sich auch als «kirchlich-christlich»
bezeichnen, insofern er eine religiöse Orientierung repräsentiert, die sich eng
an den kirchlich verfassten Glauben und seine Ausdrucksformen anlehnt. Religiöses Erleben und Handeln bewegt sich in kirchlich vorgezeichneten Bahnen.

In der Kommunikation untereinander erfahren exklusive Christen gegenseitige
Bestätigung in ihrer Wirklichkeitsauffassung. Rund zwei Drittel besuchen
mindestens monatlich den Sonntagsgottesdienst. Zu 71,2 % haben sie in ihren
Pfarrgemeinden religiöse Beheimatung gefunden *(Schaubild 12)*. Sie sehen

Kirchgang nach religiösen Typen 1999   Schaubild 10

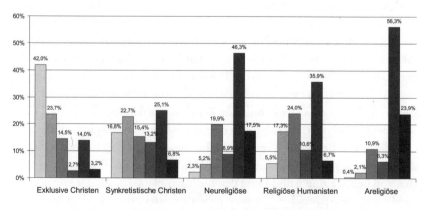

Religiöse Typen nach Kirchgang 1999

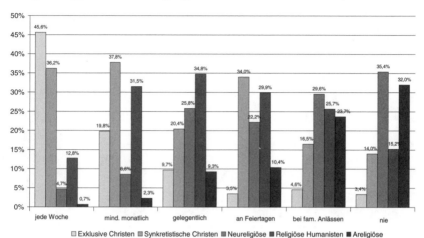

Verbundenheit mit einer Pfarrei nach religiösen Typen 1999

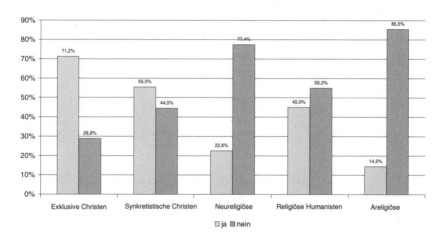

ihre religiösen Bedürfnisse durch das Angebot der christlichen Kirchen gut bedient. Der Grossteil (74,4 %) betet fast täglich *(Schaubild 13).*

Unter den Katholiken (11,7 %) und Protestanten (11,5 %) ist der Typ des exklusiven Christen gleichermassen vertreten. Bedeutend öfter findet er sich

Häufigkeit des Gebetes nach religiösen Typen 1999

Schaubild 13

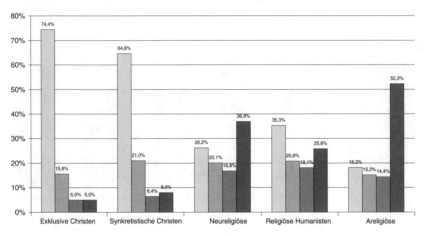

fast täglich ▦ mind. monatlich ■ 1x monatlich ■ seltener

Wichtigkeit von Religion im Leben nach religiösen Typen 1999

Schaubild 14

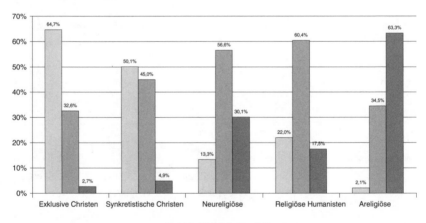

wichtig ▦ teils/teils ■ unwichtig

unter den regelmässigen Kirchgängern (mindestens einmal monatlich) mit 27,9 %, bei den Protestanten mit 43,0 % und bei den Katholiken mit 22,1 %. Exklusive Ausrichtung am christlichen Glauben kennzeichnet den protestantischen Kirchgänger ausgeprägter als den katholischen. 10 Jahre später bestätigt sich, was sich bereits in der Befragung von 1989 beobachten liess. Der konfes-

Wichtigkeit der Kirche im Leben nach religiösen Typen
1999 Schaubild 15

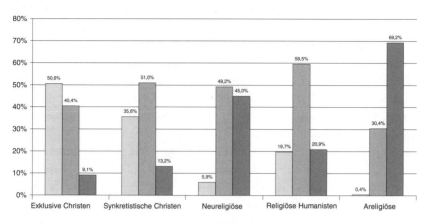

sionelle Unterschied im Umgang mit der Volksreligiosität macht sich bis auf den heutigen Tag im Kernsegment der beiden Konfessionen bemerkbar. «Die Frömmigkeitsformen der Katholiken waren und sind stärker von Eklektizismus traditioneller Volksreligiosität geprägt als der doktrinal und rituell purifizierte, insbesondere calvinistische Protestantismus» (Krüggeler 1993, 118).

In der Übernahme des kirchlich verfassten Christentums geschieht eine vorbehaltlose Identifikation mit der christlichen Glaubensüberzeugung. Die unaufhebbare Vielfalt gegenwärtiger Lebensverhältnisse wird in Richtung auf Klarheit und Eindeutigkeit überwunden. Die/der einzelne greift auf einen ordnenden Rahmen seiner Lebensführung zurück, auf ein fixiertes Koordinationssystem von Normen und Sinnorientierungen. Die Regeln, Normen, Ziele und Wege der Lebensführung müssen nicht ständig neu ausgehandelt werden. Das Leben erhält ein tragendes Fundament. Die exklusiven Christen lassen sich von einem normativen Modell gelungener Identitätsbildung leiten. Das Leben ist in einer positiven Konzeption von Sinn fundiert, in einer ganz bestimmten Vorstellung davon, wie das Leben von Menschen generell verfasst sein muss, um als sinnhaft erfahren werden zu können.

Die exklusiven Christen leben ein dezidiertes Christsein, eingebettet und verankert in einer festgefügten Weltanschauung. Gefolgschaft prägt das Verhalten. Der Beurteilung der Menschen entzogen, gibt der Glaube ihnen vor, was im Leben zu tun ist. Die religiöse Welt des Christentums erscheint als verpflichtende Vorgabe und nicht als unverbindliche Offerte zur Deutung des eigenen Lebens. Lediglich jeder Zehnte erachtet seine Konfession bzw. Religion als gleichviel wert wie alle anderen. Wie kein anderer Religionstyp ziehen die exklusiven Christen die eigene Konfession bzw. Religion allen anderen vor (51,3 %) oder halten sie allein für wahr (21,7 %).

Ein ausgesprochen exklusivistisches Glaubensverständnis, das beansprucht, allein wahre Aussagen über Gott und über den Sinn des Lebens machen zu können, vertreten rund ein Fünftel der exklusiven Christen. Sie verstehen den christlichen Glauben als allein gültige von Gott offenbarte Wahrheit. Sie machen weit häufiger als die anderen exklusiven Christen aktiv in einer religiösen Gruppe mit. Die Vermutung liegt nahe, dass vorab Mitglieder geistlicher Gemeinschaften evangelikaler, traditionalistisch-katholischer und charismatischer Prägung zu einer exklusivistischen Glaubenshaltung neigen. Sie bieten Sicherheit und Orientierung in absoluten und nicht hinterfragbaren Fundamenten. «Sie stellen der Vielfalt des Denkens, des Handelns, der Lebensformen absolute Gewissheit, festen Halt, verlässliche Geborgenheit und unzweifelbare Orientierung gegenüber. Sie wollen einen Damm bilden gegen den Bazillus des verunsichernden religiösen Selbstdenkertums» (Dubach 2000, 28). Die christliche Weltanschauung bildet ein konsistenz- und kontinuitätssicherndes und somit bewahrendes Muster der Lebensführung. Charakteristisch für ein exklusivistisches Denkverhalten sind die Betonung der Unterschiede zwischen akzeptierten und abgelehnten Meinungen, pauschale Ablehnung anderer Meinungen, Abschottung der eigenen Überzeugungen gegen Erfahrungen, die diese in Frage stellen könnten, Kompromisslosigkeit, Abgrenzung gegenüber gängigen gesellschaftlichen Einstellungsmustern, Erfahrung der Umwelt als bedrohlich, Vertrauen auf Autoritäten.

Zu den exklusiven Christen zählen sich Frauen (12,7 %) und Männer (11,2 %) gleichermassen. Der leicht höhere Anteil von exklusiven Christen unter den Hausfrauen (15,8 %) begründet wesentlich den bescheidenen Unterschied zwischen den Geschlechtern *(Schaubild 17)*.

Keinen grossen Schwankungen unterworfen ist der Typ des exklusiven Christen nach Bildungsgrad *(Schaubild 18)*. Die höchsten Anteile erreicht er unter Personen, die lediglich die Primarschule besucht haben (14,4 %), und unter Absolventen von Hochschulen (21,1 %). Kaum häufiger als in Grossstädten (10,2 %) begegnet man exklusiven Christen in kleinen Orten mit weniger als 1000 Einwohnern (14,0 %), wie *Schaubild 19* zeigt. Leben nur sehr wenige Konfessionslose am Ort, trifft man etwas öfter auf Personen mit exklusiv christlicher Glaubenshaltung (17,1 %).

Kirchenmitgliedschaftstypen nach religiösen Typen
in den Grosskirchen 1999

Schaubild 16

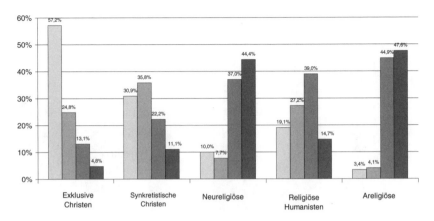

□ Institutioneller Typ ▥ Ritueller Typ mit hoher Kirchlichkeit ▤ Ritueller Typ mit loser Kirchlichkeit ■ generalisierter Typ

Religiöse Typen nach Geschlecht 1999

Schaubild 17

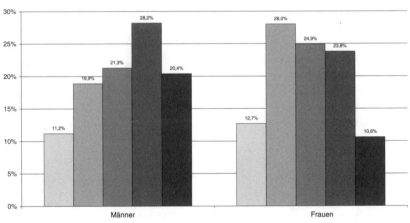

□ Exklusive Christen ▥ Synkretistische Christen ▤ Neureligiöse ■ Religiöse Humanisten ■ Areligiöse

Geschiedene (5,6 %) und Ledige (9,6 %) vermögen bedeutend weniger einem exklusiven Christsein etwas abzugewinnen als Verheiratete (14,7 %), erst recht, wenn sie kirchlich getraut sind (15,9 %).

69

Religiöse Typen nach abgeschlossener Schulbildung 1999   Schaubild 18

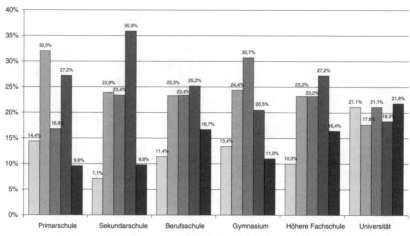

Religiöse Typen nach Ortsgrösse 1999   Schaubild 19

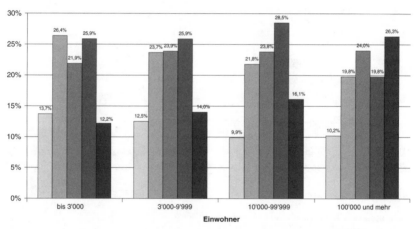

4.2. Synkretistische Christen

Der zweite Typ (23,7 %), der sich in der Cluster-Analyse herausgebildet hat, zeichnet sich durch ebenso hohe Zustimmung zu den christlichen Glaubensinhalten aus wie die exklusiven Christen. Im Unterschied zeigt er sich darüber hinaus empfänglich für Orientierungsangebote neureligiös-esoterischer Art. Ihn zeichnet eine ausgesprochene Sensibilität für religiöse Interpretationen jedweder Art aus. Wir haben es hier mit Wanderern zwischen unterschiedlichen religiösen Welten zu tun. Die Suche nach einem zumindest halbwegs sinnhaften Leben treibt sie um.

Eine wichtige Quelle religiöser Orientierung bleibt nach wie vor das Christentum. Die Verwendung religiöser Deutungsmuster verschiebt sich indessen von exklusiv kirchlicher hin zu individuell gewählter, aus unterschiedlichen Quellen zusammengesetzter Religiosität. Aus dem Angebot bereitstehender Sinndeutungsmuster wird übernommen, was für die Lebensführung aufgrund der eigenen individuellen Situation persönlich als hilfreich erachtet wird. Gegenüber den exklusiven Christen favorisieren synkretistische Christen eine Patchwork-Identität.

Nicht die Entscheidung für eine bestimmte Weltanschauung wie bei den exklusiven Christen charakterisiert die synkretistischen Christen in ihrem Umgang mit religiöser Pluralität, sondern die gleichzeitige Übernahme unterschiedlicher Überzeugungen, wenn es darum geht, dem eigenen Leben einen letzten Sinnzusammenhang zu geben.

Dies hat eine labile Mischung von religiösen Meinungen zur Folge, die teilweise durchaus der traditionell-christlichen Überlieferung entsprechen, daneben aber auch Teile anderer Weltanschauungen enthalten. Synkretismus bezeichnet die Verbindung, Verflechtung und auch Vermischung von ursprünglich nicht zusammenhängenden weltanschaulich-religiösen Ideen und Vorstellungen. Die religiöse Vielfalt wird gewissermassen in das Individuum hineinverlagert.

Den synkretistischen Christen prägt die Zustimmung zu den Aussagen:
- Es gibt so etwas wie eine höhere Macht.
- Es gibt einen Gott, der sich in Jesus Christus zu erkennen gegeben hat.
- Die Auferstehung von Jesus Christus gibt dem Tod einen Sinn.
- Der Tod ist der Übergang zu einer anderen Existenz.
- Die höhere Macht – das ist der Kreislauf zwischen Mensch, Natur und Kosmos.

71

- Es gibt übersinnliche Kräfte im Universum, die das Leben der Menschen beeinflussen.

Religiöse Aussagen jeder Art finden durchwegs hohe Akzeptanz. Neureligiöse Lebensdeutungsmuster charakterisieren sein Erscheinungsbild stärker als den Religionstyp des Neureligiösen. Im Denken der synkretistischen Christen erfährt die christliche Heilslehre keine Relativierung durch den Rekurs auf andere religiöse Weltbilder.

Offensichtlich wird das kirchlich verfasste Christentum nicht mehr als ausreichend für die Lebensbewältigung erachtet. Es wird aufgrund eines Deutungsdefizits oder für unsaturierte Bedürfnisse durch Elemente anderer Weltanschauungen ergänzt. Näher fühlt man sich dabei dem Hinduismus (17,8 %) und dem Buddhismus (30,1 %) als dem New Age (5,7 %) und dem Islam (6,1 %). Dominant und zentral bleibt der christliche Glaube (95,6 %). Carsten Wippermann spricht im Blick auf den synkretistischen Christen von «Ergänzungssynchretismus» (1998, 234).

In einer anderen Lesart liesse sich der synkretistische Christ entwicklungstheoretisch als «Übergangsphase zwischen zwei religiösen Positionen» (Wippermann 1998, 238) interpretieren, an deren Ende die eine Religionsform durch eine andere ersetzt wird.

Die religiöse Sinnverortung der synkretistischen Christen geschieht in deutlicher Kontinuität mit der christlichen Lebensdeutung und gleichzeitiger Auseinandersetzung mit alternativen religiösen und spirituellen Formen. Bei den synkretistischen Christen lassen sich Züge einer religiösen Suchbewegung erkennen als Ausdruck einer kreativen Auseinandersetzung mit der Vielfalt religiöser Sinnhorizonte im Kontext einer Gesellschaft, in der sich der einzelne divergierenden und widersprüchlichen Anforderungen ausgesetzt sieht. Synkretistische Christen bleiben nicht bei der Übernahme konventioneller Religiosität stehen. Sie begeben sich auf die Suche nach einer neuen, minder festgelegten, flexibleren, den religiösen Bedürfnissen angemesseneren Form von Religiosität. Christliche und esoterische Komponenten der Welt- und Selbstdeutung werden als «Sinn-Bricolage» (Helsper 1994, 214) zusammengefügt.

Die Konfiguration der eigenen Weltanschauung wandelt sich von einer monoreferenziellen Exklusivität zu einer multireferenziellen Collage, die nicht mehr der Maxime der Konsistenz folgt. Die Hälfte der synkretistischen Christen stimmt gleichzeitig der christlichen Erlösungshoffnung zu, die Auferstehung Jesu Christi gebe dem eigenen Leben Sinn, und es gebe eine Wiedergeburt der Seele in einem späteren Leben. Eine synkretistische Glaubenshaltung vertreten weit mehr Katholiken (30,2 %) als Protestanten (18,3 %).

Die soziale Verbundenheit mit der Kirche lockert sich im Vergleich zu den exklusiven Christen. Nicht nur sind synkretistische Christen markant seltener im Sonntagsgottesdienst anzutreffen, ihr Interesse an einer Kirchenmitgliedschaft orientiert sich stärker an der rituellen Begleitung an Lebenswenden durch die Institution Kirche *(Schaubild 16)*. Der generelle Druck zu religiöser Selbstthematisierung unter den Bedingungen einer fortgeschrittenen Modernisierung veranlasst die synkretistischen Christen, sich in der Reflexion ihrer eigenen Biographie unterschiedlicher religiöser und spiritueller Quellen zu bedienen. Im Unterschied zur lebensgeschichtlich-ordnenden Funktion von Religion im institutionalisierten Kontext der Kirchen gewinnen reflexive Formen der Religiosität ausserhalb der Kirchen an Attraktivität.

Monika Wohlrab-Sahr glaubt, beobachten zu können, dass sich heute stillschweigend eine Art Arbeitsteilung vollzieht. «Während die Kirchen den äusseren Rahmen für religiös inszenierte Übergangsriten bieten, zeigt sich die reflexiv-biographische Dimension der Religion – sofern sie nicht gänzlich in der Psychokultur oder einer säkularisierten Leistungsethik aufgegangen ist – eher in den verschiedenen Formen von Esoterik und neuer Spiritualität oder auch in den Anleihen aus Religionen fremder Kulturen» (1995, 15). Beim Typ des synkretistischen Christen verstärken sich die Bezüge zu ausserchristlicher Spiritualität, die eine solche These nahelegen könnten.

Eine andere Interpretation synkretistischer Religiosität favorisiert Detlef Pollack. Er nimmt an, «dass eine solche Haltung fliessende Übergänge zur religiösen Indifferenz aufweist» (2003, 13). Nach seiner Meinung handelt es sich bei der synkretistischen Religiosität «weniger um einen Ausdruck individueller Selbstbestimmung und subjektiver Wahl als um eine Konsequenz religiöser Unentschiedenheit, Indifferenz und Konvention» (2003, 180). Die Wahl einer bestimmten Welthaltung bleibt aus. Das Verhältnis zur Religion wird im Unbestimmten gelassen. «Im Gegensatz zu Fragen der schulischen Ausbildung, der beruflichen Laufbahn, der Partnerwahl oder Familiengründung muss der einzelne in religiösen Fragen keine Entscheidung fällen. … Religiöser Synkretismus ist vor allem eine Folge individueller Unentschiedenheit» (2003, 127, 138).

Die Interpretation von Pollack dürfte meines Erachtens eher auf den nachfolgenden Typ des Neureligiösen zutreffen, der sich im Gegensatz zu den synkretistischen Christen am Rande der Kirchen oder ausserhalb bewegt und der Religion deutlich weniger Wichtigkeit im Leben einräumt.

Der synkretistisch-christlichen Weltanschauung wird zwar weniger Bedeutung im Leben beigemessen als einer ausschliesslichen Orientierung am Christentum *(Schaubild 14)*. Die Verankerung im christlichen Glauben schätzen immerhin 50,1 % der synkretistischen Christen (exklusive Christen: 64,7 %) als wichtig in ihrem Leben ein. Rund die Hälfte der synkretistischen Christen betrachtet ihren Glauben nicht nur als Weltanschauung, als etwas, mit dem man die Wirklichkeit bloss deutet, sondern als «wirklichkeitssetzende Kraft» (Fuchs 2001, 21) im eigenen Leben.

Wie für die expliziten ist auch für die synkretistischen Christen ein Elternhaus bedeutsam, das sie mit dem Sinnhorizont christlicher Transzendenz vertraut machte. Für beide Typen von Religiosität ist ein Elternhaus konstitutiv, das sich um eine identifizierende Übernahme christlicher Glaubensinhalte bemühte. Schwindet die kulturelle Vermittlung christlicher Haltungen in der sozialen Breite, so findet sich bei den exklusiven und synkretistischen Christen ein starkes Bemühen von Seiten der Eltern, die eigene, bewusst gewählte und gepflegte religiöse Überzeugung, dem breiten Trend zum Trotz, an die Kinder weiter zu geben. Synkretistische Christen erlebten Eltern, die überdurchschnittlich häufig mindestens monatlich ein Mal einen Sonntagsgottesdienst besuchten (Mutter: 64,1 %; Vater: 49,5 %). Acht von zehn gingen selbst, als sie 12 bis 15 Jahre alt waren, mindestens monatlich einmal sonntags in die Kirche. 37,6 % waren im Alter zwischen 16 und 20 Jahren Mitglied einer kirchlichen Jugendgruppe (vgl. dazu ferner Kapitel 10).

Öfter als Männer (18,9 %) ordnen sich Frauen (28,0 %) dem Typ des synkretistischen Christen zu; öfter als Hochschulabsolventen (17,6 %) Primarschulabgänger (32,0 %); Städter (19,8 %) weniger als Personen in ländlichen Gegenden (26,4 %).

4.3. Neureligiöse

Die Neureligiösen (23,7 %) markieren Distanz sowohl zum ersten wie zum zweiten Religionstyp mit seiner Mischung aus Christentum und religiöser Identitätsbildung im weiten Kontext des New Age. Den christlichen Glaubensaussagen begegnet der neureligiöse Religionstyp skeptisch bis ablehnend. Er neigt wie die synkretistischen Christen einer ausserchristlich-religiösen Todesdeutung und einem neureligiösen Humanismus zu.

Neureligiöse suchen Konsistenz und Eindeutigkeit nicht in der Konturiertheit des traditionell-christlichen Religionsverständnisses mit seinen dogmatisierten, allgemein verbindlichen Inhalten und pendeln nicht wie der zweite Typ zwischen unterschiedlichen Religionsformen hin und her, sondern sie optieren für einen Religionstyp der Bewusstseinserweiterung und der Suche nach Ganzheit in einer widersprüchlichen Welt: die Transzendierung des Ego hin zu einer Einheit mit dem Göttlichen im Kosmos. Die Idee von der Einheit des Universums kommt dem Wunsch nach Konsistenz in einer gespaltenen Welt entgegen. Die Unverbindlichkeit der esoterischen Angebote ermöglicht eine ungebundene Suche nach Ganzheit in der Persönlichkeitsentwicklung. Die New-Age-Religiosität scheint deshalb so erfolgreich, weil über esoterische Inhalte ein Programm der Selbstentdeckung und Selbstthematisierung angeboten wird.

Paul Heelas interpretiert die New-Age-Religiosität als Antwort auf die kulturellen Unsicherheiten der Moderne. Sie will einen «better way of life» (1996, 15) aufzeigen und empfiehlt eine Wende «to the authority of the self» (164). New Age hat nach seiner Interpretation zu tun «with the culturally stimulated interest in the self, its values, capacities and problems» (173). New Age «shows what ‹religion› looks like when it is organized in terms of what is taken to be the authority of the Self» (221). «To experience the ‹Self› itself is to experience ‹God›, the ‹Goddess›, the ‹Source›, ‹Christ Consciousness›, the ‹inner child›, the ‹way of the heart›, or, most simply and, I think, most frequently, ‹inner spirituality›» (19). New Age gehört insofern zur Moderne, als es deren tiefste Aspirationen zu erfüllen verspricht: «The New Age is a spirituality ‹of› modernity in the sense that it (variously) provides a sacralized rendering of widely-held values (freedom, authenticity, self-responsibility, self-reliance, self-determination, equality, dignity, tranquillity, harmony, love, peace, creative expressivity, being positive and, above all, ‹the self› as a value in and of itself) and associated assumptions (concerning the inner self and the intrinsic goodness of human nature, the idea that it is possible to change for the better, the importance of being true to oneself and exercising expressive ethicality, the person as the primary locus of authority, the importance of taking responsibility for one's own life, the distrust of traditions and the importance of liberating oneself from the restrictions imposed by the past, the community of all that is human, the value of nature, the efficacy of positive thinking)» (169).

Das praktische Programm der Esoterik zielt auf Selbstverwirklichung, den Weg zum ‹höheren Selbst›, zum Wesenskern des Selbst, zum inneren Göttlichen. Die Thematisierung des eigenen Ich als Zentrum religiöser Erfahrung und Verantwortung ist dann der Versuch, seiner selbst habhaft zu werden.

Die eigene Erfahrung, das Hineinhorchen in die Transzendenz des eigenen Selbst, bekommt religiösen Charakter. Die «Individualität ohne Ende» als Charakteristikum radikaler Modernität erweist sich als religionsproduktiv im Sinne des Suchens nach Transzendenz und Sicherheiten im eigenen Selbst.

Der Typ des Neureligiösen verkörpert einen Perspektivenwechsel von einer geoffenbarten, in einer Lehre verfassten Religion hin zu einer subjektivistischen Grundstruktur der Wirklichkeitsauffassung (vgl. Mörth 1989, 301). Den Typ des Neureligiösen charakterisieren die Aussagen in der Reihenfolge:

- Es gibt so etwas wie eine höhere Macht.
- Die höhere Macht ist der Kreislauf zwischen Mensch, Natur und Kosmos.
- Es gibt übersinnliche Kräfte im Universum, die das Leben der Menschen beeinflussen.
- Der Tod ist ein Übergang zu einer anderen Existenz.
- Es gibt eine Reinkarnation der Seele in einem anderen Leben.

Mit den Christen nimmt der neureligiöse Typ an, dass nach dem Tod nicht alles aus ist. Der unmissverständlichen Aussage: «Es gibt keinen Gott» widerspricht er eher zögerlich. Die Frage: «Man weiss nicht, ob es nach dem Tode etwas gibt», bejaht noch verneint er ausdrücklich.

Neureligiöse repräsentieren eine religiöse Haltung, nach der die persönliche Existenz durch Wiedergeburt in einen Kreislauf des Lebens eingespannt ist und das Leben seinen Sinn in sich selbst trägt. Die Gottesfrage bleibt tendenziell latent. Der Deutungshorizont ist, anders als beim Christentum, nicht explizit ausserweltlich, sondern eher innerweltlich, indem er sich auf einen ewigen Kreislauf und Wiedergeburt bezieht.

Die Neureligiösen grenzen sich deutlich gegen das traditionell-kirchliche, konfessionelle Christentum ab, aber auch gegen den Typ des Areligiösen, und verbinden die Vorstellung von einer allgemein gefassten transzendenten höheren Macht mit der Annahme übersinnlicher Kräfte im Universum und dem Bild eines ewigen Kreislaufs zwischen Mensch, Natur und Kosmos.

Man kann sagen, «dass die Esoterik in Gestalt dessen, was auch als New Age bezeichnet wird, zu einer der verbreitetsten öffentlich zugänglichen Formen der Religion geworden ist» (Knoblauch 1999, 212). Ihre Lehren und Praktiken sind Teil des kollektiven Bewusstseins geworden. Auch ohne ausdrücklichen Bezug zum New Age verdichten sich beim Typ des Neureligiösen Grundzüge des New-Age-Weltbildes. Die Esoterik kann als Reaktion zum einen auf das «Unbehagen an der Moderne» (Berger/Berger/Kellner, 1975) angesehen werden, zum anderen auf die Notwendigkeit der Subjektivierung in der modernen Gesellschaftsentwicklung. Sie bezeichnet die Überzeugung, dass die sichtbare Welt nicht die einzige und ganze Wirklichkeit ist, sondern von einer grösseren, den Sinnesorganen unzugänglichen Welt umschlossen wird. Der Zugang zu dieser Welt führt nach innen in das eigene Selbst. Der Schlüssel zur anderen Realität heisst Veränderung des Bewusstseins. Eine unabsehbare Vielfalt von Praktiken steht zur Verfügung, um den Weg der inneren Erkenntnis gehen zu können, von Kartenlegen über östliche Meditationen, Runen-Magie, naturreligiöse Riten, keltische Kulte bis hin zu Bioenergetik, Bachblütentherapie, Kristalltherapie usw.

Die Entlassung des Selbst aus einem gesamtgesellschaftlichen Sinnhorizont bürdet dem Individuum die Frage des eigenen «Wie-Seins» auf. Identität wird gewissermassen zur Entwicklungsaufgabe. Die Innenwelt wird dem Subjekt realer als seine Aussenwelt. In der Esoterik wird das moderne Selbst angeleitet, das Unwandelbare in sich durch alle möglichen Veränderungen hindurch zu suchen und zu erkennen. Der Zugang zu den Energien des Universums verspricht einen Zuwachs an Kraft, Erkenntnisgewinn und Stärkung des Selbst. Die Reinkarnation eröffnet die Möglichkeit, das prozessuale Geschehen der Identitätskonstruktion in unbestimmte Zeit auszudehnen.

In zahlreichen Berichten über Nahtoderfahrungen kommt nach Hubert Knoblauch die New-Age-Geisteshaltung in exemplarischer Weise zur Darstellung. So sieht zum Beispiel Kenneth Ring in solchen Schilderungen eine «direkte persönliche Vergegenwärtigung einer höheren geistigen Realität. Es sind Menschen, deren Bewusstsein mit einer höheren Art von Wahrnehmung erfüllt wurde, einer höheren spirituellen Erleuchtung; sie sehen die Dinge von einer anderen Ebene als wir. Und es gibt mehr und mehr dieser Menschen. Nach meiner Auffassung weisst die Entstehung dieser neuen Art des Menschseins möglicherweise darauf hin, dass heute auf der Erde tatsächlich ein neues Zeitalter anbricht» (zitiert nach Knoblauch 1999, 214).

Eine Richtung in den neureligiösen Ausdrucksgestalten versucht, «Sinn und Orientierung durch eine ‹ontologische Beheimatung›» (Helsper 1997, 186) zu gewinnen. Grundlegende Ambivalenzen und Uneindeutigkeiten der Moderne werden in Eindeutigkeit transformiert, grundlegende Ungewissheit in Gewissheit gewendet, widerstreitende Weltdeutungen und religiöse Entwürfe in Einheit überführt. «In der Regel bedeutet eine derartige neoreligiöse Gewissheits- und Ganzheitssuche ein Ausweichen vor den Anforderungen moderner Lebenspraxis und selbstverantworteter Identitätssuche, mit ihrer ständigen Vorläufigkeit, Offenheit, Unabschliessbarkeit, Reflexivität und grundlegenden

Kontingenz» (Helsper 1994, 203). Gesucht wird eine mythologische Wiedereinbindung.

In der Regel wird im esoterischen Kontext des New Age keine übergreifende totalisierende Sinnverortung angestrebt. «Unter dem Dach des New Age hat – im Dreieck von Religion – Psychologie – Sozialutopie – sehr Unterschiedliches Platz» (Helsper 1997, 188). Hier steht sehr Unterschiedliches nebeneinander im Sinne eines flexiblen Baukastensystems, in dem verschiedene Elemente zusammengesetzt und untereinander ausgetauscht werden können. Diese Art religiöser Sinn-Bricolage «bildet die Entsprechung zu einer Form von Selbstidentität, die beweglich, offen und unabgeschlossen bleibt, für die plurale Inkonsistenz konstitutiv ist und die in einheitlichen und geschlossenen Sinnentwürfen ‹aus einem Guss› – etwa der Religiosität der Kirchen oder geschlossener neoreligiöser Gruppierungen – eher Freiheitsverlust sowie eine imaginäre Form des modernisierten Selbstzwanges vermutet» (Helsper 1997, 188).

Der Typ des Neureligiösen lebt seine Religiosität in der Regel ausserhalb der grossen religiösen Organisationen, ihrer Lehren und Praktiken. Die Bezeichnung New Age wird oft auch als «Sammelbegriff für den nicht-kirchlichen Teil der gegenwärtigen religiösen Szenerie» (Bochinger 1994, 103) verwendet. In der festgefügten, hoch institutionalisierten christlichen Tradition mit ihren exklusiven normativen Ansprüchen, wie sie sich insbesondere im 19. Jahrhundert herausbildete (Tyrell 1993), fühlt sich der Neureligiöse ausserstande, seiner subjektbezogenen Spiritualität nachzuleben. Die Beziehung zu den Kirchen beschränkt sich auf gelegentliche Kontakte an kirchlichen Feiertagen und bei familiären Anlässen *(Schaubild 10)*. Mit den Areligiösen gehören die Neureligiösen mehrheitlich den Personen ohne nennenswerte Bindung an eine örtliche Pfarrei an *(Schaubild 12)*. Ihre Motivation für die Kirchenmitgliedschaft erschöpft sich fast ausnahmslos in der Anerkennung der kulturellen und sozialen Leistungen der Kirche, ohne der kirchlichen Lehre Bedeutung für die eigene Lebensführung beizumessen, und in der Wertschätzung ihrer rituellen Begleitung bei Lebenswenden *(Schaubild 16)*.

Im Vergleich zu den exklusiven und synkretistischen Christen verliert Religion markant an Bedeutung in der Lebensführung und rangiert mit der Wertschätzung der Kirchen hinter der Politik an letzter Stelle in der Wertehierarchie *(Schaubild 14* und *15)*. Das Potential, Alltagshandeln zu steuern und zu bewerten, ist bei neureligiösen Formen der Welt- und Existenzdeutung deutlich geringer als bei der christlichen Weltanschauung.

Wird der Religion wie bei den Neureligiösen geringe Wichtigkeit im Vergleich zu anderen Lebenswerten beigemessen, könnte im Blick auf sie von «religiöser Indifferenz» (Kaufmann 1989b, 157 ff.) gesprochen werden. Wenn von den Neureligiösen Distanz gegenüber der Religion markiert wird, handelt es sich wohl eher um Indifferenz gegenüber kollektiven Bedeutungshierarchien, «um die Ablehnung jeglicher kollektiver Ordnungsprinzipien der Wirklichkeit im Sinne einer eindeutig übergeordneten Instanz» (Kaufmann 1989b, 159). Man ist nicht mehr bereit, der Religion eine überwölbende Ordnungsfunktion zuzusprechen, sondern man entscheidet sich kontextbezogen in Bezug auf Wertorientierungen und «beruft sich als Kriterium für diese Entscheidung auf das eigene Gewissen» (Kaufmann 1989b, 160). Empirische Untersuchungen belegen, dass Religion im gängigen Religionsverständnis vorzugsweise mit ordnender Macht in Verbindung gebracht wird (Fürst/Wittrahm 2002, 29).

Nach der Einschätzung von Carsten Wippermann hat die geringe Wertschätzung von Religion unter Personen, die zu einem neureligiösen Synkretismus neigen, nicht nur mit ihrer Skepsis gegenüber totalisierenden Weltanschauungen zu tun. Er konstatiert unter jungen Erwachsenen, unter denen eine Collage-Religiosität vorherrscht, insgesamt einen Relevanzverlust religiös begründeter Welterklärungen für die persönliche Lebensführung: «Für die meisten hat ihre Weltanschauung (subjektiv) nicht mehr die Funktion der Bewältigung von Kontingenzen, der Beantwortung existenzieller Fragen oder der Quelle für die Regel ihrer Lebensführung. Sie setzen sich mit ihrer Weltanschauung nicht bewusst auseinander, kommunizieren sie nicht und identifizieren sich nicht mit ihr. Sie hat (subjektiv) keine Bedeutung für die Lebensführung und ist allenfalls l'art pour l'art, ein Glasperlenspiel» (1998, 360).

Die Religiosität der Neureligiösen, durch individuelles Such- und Probierverhalten geprägt, orientiert sich an der privaten Befindlichkeit und bedient sich auf dem Markt der Sinndeutungsangebote, der sich durch Niederschwelligkeit auszeichnet. Es bedarf geringer Anstrengung, in Kontakt mit dieser religiösen Kulturform zu gelangen; ein verbindliches Engagement wird bestenfalls auf Zeit gefordert. Religiöse Orientierungen und Praktiken haben den Charakter von fakultativen Angeboten.

Nicht nur partizipieren die Neureligiösen kaum mehr an der religiösen Kommunikation in den grossen Volkskirchen wie die exklusiven und synkretistischen Christen; sie sprechen eher selten oder überhaupt nicht über ihre persönliche Religiosität mit Personen in ihrem Nahbereich, im familialen Kontext oder mit Freunden. Thematisieren 76,7 % der exklusiven Christen

Religion im Gespräch mit ihrem Lebenspartner und 65,9 % im Freundeskreis, sprechen weniger als die Hälfte der Neureligiösen ihre Religiosität in
der Kommunikation mit ihrem (Ehe-)Partner oder im Freundeskreis an
(46,1 % mit dem (Ehe-)Partner; 44,9 % mit Freunden).

Je schwächer die kirchliche Einbindung in der Kinder- und Jugendzeit,
desto seltener wird auch Religion im Gespräch mit den eigenen Eltern zum
Thema gemacht. Verzichten 70 % unter den Neureligiösen darauf, sind es unter den exklusiven Christen bloss 37,4 %. Über Bücher, Massenmedien und
neuerdings multimediale Kommunikation sind heute religiöse Sinnstiftungsangebote in einem Masse verfügbar, dass sich für Neureligiöse eine religiöse
Selbstthematisierung im persönlichen Umfeld weitgehend erübrigt.

Wer der eigenen Weltanschauung wenig Bedeutung in seinem Leben beimisst, den drängt es auch nicht, sie zur Sprache zu bringen. Fehlt das Gespräch über religiös-existenzielle Fragen, vergibt man die Chance, seine Weltanschauung auf ihre Alltagstauglichkeit hin zu überprüfen, Täuschungen und
Verwirrungen durch den religiösen Markt zu durchschauen und Gewissheit
zu erlangen, auf dem richtigen Weg zu sein.

Markant öfter neigen Geschiedene (32,5 %) und Sympathisanten der Grünen (33, 3 %) wie auch Personen in überwiegend protestantischen Gegenden
(30,1 %) einer neureligiösen Weltsicht zu.

Am stärksten variiert der neureligiöse Religionstyp zwischen den Altersgruppen (vgl. dazu Kapitel 6). Deutlicher als auf alle anderen Religionstypen
wirkt sich das Alter auf die neureligiöse Lebensorientierung aus. Am meisten
Jugendliche im Alter zwischen 16 bis 25 Jahren, nämlich 36,3 % ordnen sich
diesem Religionstyp zu. Ihr Anteil sinkt bis zu den über 65-Jährigen auf
9,3 % *(Schaubild 23)*.

4.4. Religiöse Humanisten

Den anteilmässig grössten Typ bilden mit rund einem Viertel (25,9 %) jene
Personen, die eine übernatürliche Wirklichkeit anerkennen, ohne aber an ein
Weiterleben nach dem Tod zu glauben. Als religiöse Humanisten werden sie
bezeichnet, weil sie ein Menschenbild in der kulturellen Tradition des Christentums vertreten und gleichzeitig einem Weltbild im Horizont des New Age
als Kreislauf zwischen Mensch, Natur und Kosmos zuneigen. Höchst unge-
wiss ist ihnen, ob der Tod als Übergang zu einer anderen Existenz gedeutet
werden kann und nicht doch einiges dafür spricht, dass nach dem Tode alles

aus ist. Eine vielfache Wiedergeburt im Prozess der persönlich-spirituellen Transformation lehnen sie in Abgrenzung zum neureligiösen Religionstyp ab. Von allen bisherigen Religionstypen halten sie am stärksten, in unmittelbarer Nähe zu den Areligiösen, ein Leben nach dem Tod in der Schwebe.

Die religiösen Humanisten fühlen sich lose in die christliche Tradition eingebunden, ohne aber mit den exklusiven und synkretistischen Christen die Überzeugung zu teilen, dass der Tod als Übergang zu einer anderen Existenz verstanden werden kann. Das Christentum wirkt als kulturprägende Herkunftsbindung auch da noch nach, wo es nicht mehr explizit gelebt und anerkannt wird.

Gott ist für die religiösen Humanisten das Wertvolle im Menschen, das seinerseits als Teil eines kosmischen Wirkungsgefüges betrachtet wird. Bestandteil eines solchen Weltbildes ist eine personale Gottesvorstellung nicht, es schliesst aber eine solche Gottesauffassung auch nicht kategorisch aus. Stärker als die religiösen Humanisten neigt der neureligiös-esoterische Glaubenstyp zu einer Interpretation Gottes als kosmische Kraft oder Energie.

Zur Bezeichnung einer solchen religiösen Position wird gelegentlich der Begriff «Deist» verwendet. Die deistische Haltung lässt sich als ein «Ahnen um Gott» beschreiben, weniger als «Glauben an ihn» (Kanik u. a. 1990). Man erkennt an, dass es einen für das Dasein der Welt letztlich verantwortlichen Gott gibt, aber bestreitet, dass Gott nennenswert in die Geschichte oder in das einzelne Leben eingreift. Im Wesentlichen wird Gott als Schöpfer einer ihrer eigenen Naturgesetzlichkeit überlassenen Welt begriffen, in der der Mensch sein Leben ohne Erwartung eines göttlichen Eingriffs zu gestalten hat. Das Leben ändert unwiderruflich mit dem Tod.

Die Verwendung dieses Begriffs für den Typ des religiösen Humanisten muss insofern als problematisch bezeichnet werden, weil bestenfalls nur eine sehr eingeschränkte oberflächliche Ähnlichkeit mit dem historischen Deismus im 17. und 18. Jahrhundert besteht, der das Verhältnis von Glaube und Wissen auf vielfältige Art im Horizont des neuzeitlichen Denkens reflektierte und den Menschen als autonomes Subjekt seiner Geschichte verstand.

Das Erscheinungsbild des religiösen Humanisten bestimmen Aussagen wie:
• Es gibt so etwas wie eine höhere Macht.
• Es gibt einen Gott, der sich in Jesus Christus zu erkennen gegeben hat.
• Man weiss nicht, ob es nach dem Tode etwas gibt.

- Die höhere Macht, das ist der ewige Kreislauf zwischen Mensch, Natur und Kosmos.
- Was man «Gott» nennt, ist nichts anderes als das Wertvolle im Menschen.

Der Deutungshorizont ist tendenziell innerweltlich orientiert, eingebettet in eine Mischung christlicher und neureligiöser Weltanschauungselemente, ohne deren Interpretation von einem Leben nach dem Tode zu übernehmen. Durch Vertiefung in die Welt des Kosmos erkennt der religiöse Humanist eine übernatürliche Macht am Werk und die dem Menschen eigenen humanen Werte.

Ein absoluter Geltungsanspruch wird von den religiösen Humanisten keiner Religion bzw. christlichen Konfession mehr zugesprochen. Alle religiösen Orientierungsmuster stehen gleichberechtigt nebeneinander, und jeder Absolutheitsanspruch wird als illegitim erachtet. Im Zuge einer Zeit, die zu einem Dispositiv der Multiplizität und Diversität, der Vielfalt und Konkurrenz der Paradigmen und der Koexistenz der Heterogenität (vgl. Welsch 1988, 33) übergegangen ist, wird die religiöse Daseinsinterpretation als kontingent, als «auch anders möglich» (Luhmann 1977, 82) erfahren und bewusst. Deutungsmuster, Wertmassstäbe, Lebensmuster verlieren in einer Gesellschaft, in der alles auch anders möglich ist, ihre unhinterfragbare Geltung. Wahrheit steht im Plural.

Konvention und Interesse an den kirchlichen Riten bei Lebenswenden dominieren die Beziehung zu den Kirchen, weniger die Inhalte ihrer Botschaft *(Schaubild 16)*. Die Kirchen werden als die offiziellen Repräsentanten von Religion in der Schweiz wahrgenommen. Sie repräsentieren die Transzendenz- und Unbedingtheitsdimension im Leben, umfassenden Lebenssinn. In ihren Riten, offen für subjektive Daseinsinterpretationen, soll das Leben durch seine Transzendenzverankerung Bedeutung und Würde über den Alltag hinaus haben. Religiöse Humanisten legitimieren am stärksten unter allen Religionstypen ihre Kirchenmitgliedschaft mit der Begründung: «Ich bin Mitglied dieser Kirche, weil ich so aufgewachsen bin» (87,4 %); «An der Kirche sind vor allem Taufe, Trauung und Beerdigung wichtig» (65,9 %); «Ich bin Mitglied der Kirche, weil man nie sagen kann, ob man die Kirche nicht einmal nötig haben wird» (57,0 %). Im Blickpunkt steht nicht so sehr die persönliche Übereinstimmung mit den kirchlichen Überzeugungen, sondern das persönliche Eigeninteresse. Kontakt zu den Kirchen wird insbesondere bei familiären Anlässen gesucht.

Die stärkste Affinität zum Religionstyp des religiösen Humanisten zeigen die Durchschnittschristen, die ungefähr jeden Monat (39,4 %) oder gelegentlich während des Jahres (36,3 %) in die Kirche gehen *(Schaubild 10).* Weder zeichnen sie sich durch eine deutliche Ablehnung von Kirche und christlichem Glauben aus, noch bestehen engere Beziehungen zu Religion und Kirche.

Religiöse Humanisten haben ein weniger kirchlich geprägtes Elternhaus erlebt als die exklusiven und synkretistischen Christen, ausgeprägter aber als die Neureligiösen. Sowohl der Typ des Neureligiösen wie der Typ des religiösen Humanisten lassen sich als Ausdruck schwindender Kraft der familialen christlichen Sozialisation und insgesamt von religiös-konfessionell geschlossenen Milieus begreifen. Die kirchlich-institutionelle Verbundenheit tritt hinter ein eigengestaltetes Leben zurück.

Anklang findet die Religionsform des religiösen Humanisten überdurchschnittlich bei Männern (28,2 %), kirchlich Verheirateten (31,1 %) in Kleinstädten zwischen 10'000 bis 20'000 Einwohnern (31,4 %), in Gemeinden mit wenig Konfessionslosen (32,4 %) und Pensionierten (31,2 %), unter den Sympathisanten der bürgerlichen Parteien (Freisinnig-demokratische Partei 30,8 %, Schweizerische Volkspartei 29,6 %, Christlich-demokratische Volkspartei 29,3 %), unter Personen, die mit der Sekundarschule ihre Ausbildung abgeschlossen haben (35,9 %). Unter den Hochschulabsolventen rechnen sich lediglich 18,3 % diesem Religionstyp zu.

4.5. Areligiöse

15,2 % sympathisieren mit einer religionsfreien Lebensführung. Dieser Religionstyp erfasst alle jene Personen, die eine christliche Glaubenshaltung wie auch eine ausserchristlich-religiöse Todesdeutung ablehnen, einer religiös-humanistischen Weltsicht wenig abgewinnen können und die Meinung vertreten, dass es eine höhere Macht nicht gibt. Als einziger unter allen Religionstypen verwirft er den Glauben an eine höhere Wirklichkeit. Areligiöse lehnen alle Formen von Religiosität ab, sowohl den christlichen Glauben als auch ausserkirchliche Religiosität.

Im Rahmen des verwendeten Fragerasters artikuliert sich der Atheismus als Negation der abgefragten religiösen Weltanschauungen. Ihn kennzeichnet auch nicht eine ausgeprägtere Hoffnung auf eine bessere Zukunft durch Wissenschaft und Technik. Eine neue Zeit erwartet er nicht, wenn man das Beste aus allen Religionen nimmt. Das Leben bedarf für ihn keiner extramundanen Sinnquelle, noch der mystischen Vorstellung einer kosmischen All-Einheit, an deren Wirklichkeit der Mensch durch spirituelle Transformation teilhaftig wird. Er definiert sich nicht über eine religiöse Überzeugung und macht sie nicht zum Bezugspunkt seiner Identitätsfindung.

Die stärkste Ablehnung erfahren die Aussagen:
- Das von Jesus Christus verkündete Gottesreich ist die Zukunft der Menschheit.
- Die Auferstehung von Jesus Christus gibt dem Tod einen Sinn.
- Es gibt eine Reinkarnation (Wiedergeburt) der Seele in einem anderen Leben.
- Man kann mit dem Geist der Toten im Kontakt bleiben.
- Der Tod ist der Übergang zu einem anderen Leben.

Der areligiöse Typ verwirft als einziger jede Fremdreferenz auf eine höhere Macht als letztem Massstab seiner Selbstvergewisserung. Er bezieht sich zur Bewältigung seiner Kontingenzerfahrungen ausschliesslich auf sich selbst. Sein weltanschauliches Konzept ist die konsequente Umsetzung einer innerweltlichen und selbstreferenziellen Form der Identitätsbildung. Im areligiösen Diskurs wird das Subjekt als Souverän des eigenen Lebens, als mit sich identisches Selbst thematisiert, das an die leergewordene Stelle ‹Gottes› tritt.

Der areligiöse Typ eignet sich eine Identitätsform des konsequenten «reflexiven Subjektivismus» an (Schimank 1988, 68). Er konstituiert sich nicht durch eine ihm externe Instanz, sondern begründet Identität als Selbstherstellung selbstreferenziell aus der je einzigartigen und selbstbestimmten Biographie seiner Person. Die biographisch produzierte und reproduzierte Identität entsteht in Eigenkonstruktion: «Entsprechend ist die Biographie einer Person stets ihre eigene autonome Konstruktion» (Schimank 1988, 60).

Der areligiöse Typ bildet seine Identität in Selbstreferenz aus, ohne Bezug zu einer offen gehaltenen Transzendenz. Er sucht Halt in seinem Selbst. Die Abkehr von einem offenen Transzendenzbezug nährt das Bestreben, «dass das Selbst in einem immer ‹tieferen› Selbstbezug seinen authentischen Kern und seine genuine Wahrheit finden könne» (Helsper 1997, 180) und so in die Lage versetzt wird, über eine säkularisierte Heilsprogression innerweltlicher Vervollkommnung Kontingenz bewältigen zu können.

Die Gruppe der Areligiösen macht weniger als ein Siebtel der Schweizer Wohnbevölkerung aus. Von einem Ende der Religion als Zielzustand der religiösen Entwicklung, wie manche Zeitinterpreten in der Tradition der Aufklärung prognostizierten, kann bei der Gruppengrösse der Areligiösen keine Rede sein.

Für Max Weber war Rationalität das durchgehende Merkmal der Moderne. Die Entzauberung der Welt lässt nach ihm Religion längerfristig obsolet werden. Die empirischen Befunde sowohl der ersten wie der zweiten Sonderfall-Studie machen nun aber eines deutlich: Die Religion ist unter den Strukturbedingungen der entfalteten Moderne weder bedroht noch in Auflösung. Religion und Moderne schliessen einander nicht aus. Die Areligiösen nehmen quantitativ eine marginale Position ein. «Die Ansicht, die Moderne habe einen steilen Niedergang der Religion sowohl im öffentlichen Leben im allgemeinen als auch in den Köpfen und Herzen der je einzelnen Menschen verursacht» (Berger 1994, 37), bestätigen weder die erste noch die zweite Sonderfall-Studie. De facto ist die Welt «so glühend religiös wie eh und je, vielleicht sogar noch glühender» (Berger 1994, 37).

An der Beziehung zu den grossen Volkskirchen entscheidet sich ganz wesentlich, welches Verhältnis der einzelne zur Religion in allen ihren Formen einnimmt. Geht die Bereitschaft zur Partizipation am kirchlichen Leben zurück, verliert die traditionell-christliche Religionsform an Stellenwert und Akzeptanz. An deren Stelle treten neue ausserkirchliche Formen von Religiosität, die sich teilweise mit den überkommenen, kirchlich verfassten Glaubensüberzeugungen mischen. Zum anderen beinhaltet die zunehmende Distanz von den Kirchen auch eine stärkere Abwendung von der Religion ganz allgemein *(Schaubilder 10, 12 und 16)*.

Der Anteil der exklusiven Christen reduziert sich von 45,6 % unter den sonntäglichen Kirchenbesuchern auf 3,4 % unter den Kirchenmitgliedern, die nie einen Gottesdienst besuchen, der Anteil der synkretistischen Christen von 36,2 % auf 14,0 %. Deutlich zu nimmt hingegen der Anteil der Neureligiösen von 4,7 % auf 35,4 % unter den Nicht-Kirchgängern und der Areligiösen von 0,7 % auf 32,0 % *(Schaubild 11)*.

Immerhin gehören mehr als zwei Drittel der Areligiösen (71,8 %) einer der beiden grossen christlichen Kirchen an. Areligiosität ist folglich nicht in erster Linie ein Phänomen ausserhalb der Kirchen, sondern in den Kirchen. Schon einmal daran gedacht, aus der Kirche auszutreten, haben 42,0 % der Areligiösen. 42,6 % machen die Areligiösen unter den Konfessionslosen aus, 29,4 % die Neureligiösen.

In den Grossstädten erreicht die Gruppe der Areligiösen 26,3 % *(Schaubild 19)*. Stadt- und Landbewohner unterscheiden sich in ihrer Lebensform und Kultur und damit in der Art, wie sie ihre Religion leben.

Befindet sich unter Personen mit niedrigem Bildungsniveau die Religiosität mehrheitlich in einer Schwebelage zwischen christlicher und ausserchristlicher

Religiosität, ist der Klärungsprozess in Richtung Nähe und Distanz zur Religion in den bildungsstarken Schichten stärker vollzogen. 21,8 % der Hochschulabsolventen gegenüber 9,6 % der Primarschulabgänger lassen sich der Gruppe der Areligiösen zuordnen *(Schaubild 18)*.

Doppelt so viele Männer (20,4 %) wie Frauen (10,6 %) bevorzugen eine areligiöse Lebenseinstellung. Gemeinden mit höherem Konfessionslosenanteil begünstigen eine Daseinsinterpretation ohne Bezug auf eine Religion (25,2 %) wie auch protestantische Wohnregionen (29,9 %).

Am wenigsten unter allen Religionsformen kommen Areligiöse im Gespräch mit ihrem Lebenspartner (63,8 %) oder mit Freunden (75,2 %) auf ihre religiöse Einstellung zu sprechen. Sie messen ihr mit Abstand die geringste Bedeutung im Leben zu *(Schaubild 14)*. Religion ist für sie kein Thema, über das es sich lohnt, Worte zu verlieren.

5. Religiöse Orientierungen zehn Jahre nach der ersten Sonderfall-Studie

5.1. Tendenz zu synkretistisch-christlicher und esoterisch-neureligiöser Daseinsdeutung

Die zentrale Anfrage an die empirischen Befunde der ersten Sonderfall-Studie im Jahre 1989 lautete: Ist es tatsächlich so, wie immer behauptet wird, dass ein ganzheitliches, alles umfassendes, geschlossenes Wirklichkeitsverständnis, wie es das Christentum vertritt, auf Schwierigkeiten stösst in einer Gesellschaft, die ungeheuer differenziert und kompliziert geworden ist und nicht nach der Logik einer allumfassenden Wirklichkeitsauffassung funktioniert? Bestätigt sich in der vorliegenden zweiten Sonderfall-Studie der damals diagnostizierte Sachverhalt eines «Formwandels der Religion» (Ferchhoff 1999, 252) unter den Bedingungen der neuzeitlichen Gesellschaftsverhältnisse? Erhärten die neuen Befunde die Einsicht vor 10 Jahren, dass das Phänomen der strukturellen Individualisierung institutionelle Verbindlichkeiten zugunsten subjektbezogener Identitätsformationen auflöst und kirchlich institutionalisierte Religiosität durch eine Tendenz zum religiösen Synkretismus ersetzt wird?

Die Quintessenz ihrer empirischen Beobachtungen fasste die erste Sonderfall-Studie in der Kurzformel zusammen: «Von institutionell festgelegter und vorgegebener, kollektiv-verbindlicher, konfessionell-kirchlich verfasster zu individualisierter, entscheidungsoffener, selbstreflexiver, pluriformer Religiosität» (Dubach 1993, 313). Aufs Ganze gehender Sinn wird immer weniger als mit der gesellschaftlichen Wirklichkeit vereinbar angesehen, die ohne letzten Sinn und tiefere Bedeutung aus der Balance autonomer, selbstreferenzieller Teilsysteme funktioniert. Die grossen Deutungsentwürfe haben an gesellschaftsintegrativer Kraft eingebüsst und vermögen bestenfalls noch für eine bescheidene Minderheit sinnkonstitutiv zu wirken. Aufgrund des andauernden sozialen und kulturellen Wandels erhöht sich die Wahrscheinlichkeit für individuell verschiedene Resultate der Suche nach religiöser Orientierung. Religion präsentiert sich immer weniger als kollektiv geteilte, in den Kirchen institutionalisierte Sinn- und Wirklichkeitsdeutung. Stattdessen zeigt sich eine zunehmende Diversität religiöser Perspektiven als lebensweltliches Faktum.

Mit dem Differenzierungsgrad der Gesellschaft nehmen kulturelle Lebensformen, die alle teilen, ab. Dies trifft auch auf die religiöse Lebensführung zu.

Der Umbau der Gesellschaft, in dessen Verlauf sich einzelne Bereiche wie z. B. Politik, Wirtschaft, Wissenschaft, Familienleben usw. als eigenständige Funktionssysteme ausdifferenziert haben, bleibt nicht ohne Rückwirkungen auf die Form und Relevanz gelebter Religiosität.

In der funktional ausdifferenzierten Gesellschaft ist weder die Religion noch ein anderes Teilsystem «in der Lage, fürs Ganze zu sprechen oder zumindest die Einheit der Gesellschaft zu konditionieren. Jedes Funktionssystem ist zugleich die Gesellschaft, und es ist sie zugleich nicht» (Nassehi 1995, 110). Einen allen gemeinsamen Sinn gibt es nicht mehr. Für die moderne Gesellschaft charakteristisch ist «die Offenheit des Sinnhorizonts, die Fülle der Optionen» (Bolz 1997, 57). Modernität schafft Differenz und nicht Einheit.

Daraus ergibt sich «die Konsequenz, dass die moderne Gesellschaft nicht mehr durch einen überwölbenden Gesamtsinn, durch normative Ordnungen oder durch das moralische Gesetz interpretiert werden kann» (Nassehi 1995, 110). Man könnte auch sagen: Die funktionaldifferenzierte Gesellschaft erzeugt eine «metaphysische Marktlücke für ‹Selbstverwirklichung› … Unter dem Titel Selbstverwirklichung wird die Sinnfrage als Problem des Ich-Seins formuliert» (Bolz 1997, 68). Mit anderen Worten: «Das Thema der Themen ist der Hunger nach Selbstverwirklichung – der intensive Wunsch, die Lebensmöglichkeiten über die erdenschwere Routine des Alltagslebens auszudehnen. Dies führt zu einem andauernden Bemühen, diejenigen Lebensweisen zu wählen, die dem Individuum ermöglichen, all das zu sein, was es zu sein wünscht» (Yankelovich 1992, 23). Das Leben inszeniert sich selbst und erfindet seine Identität.

Religion lässt sich immer schwerer in ein eindeutiges Schema einpassen. Sie lässt sich immer weniger als ein fest umrissener Komplex von Einstellungen und Verhaltensweisen erfassen. Religion verliert ihre gewohnte Ausformung und Sichtbarkeit in den christlichen Kirchen, die dem Religiösen bis anhin scharf gezogene, klare und sichtbare Grenzen gaben. Was Religion ist oder nicht ist, wurde lange Zeit in unseren Breitengraden durch das Christentum in den grossen Kirchen vorgegeben. In der Zwischenzeit hat sich das religiöse Feld ausgeweitet und verliert seine festen und klar umrissenen Konturen. Die Lösung von Sinnfragen wird den Menschen selbst aufgebürdet.

Bei der Auswertung der ersten Sonderfall-Studie 1989 standen noch keine empirisch flächendeckenden Daten aus früheren Jahren zur Religiosität der Schweizer Wohnbevölkerung zur Verfügung. Sie konfrontierte ihre empirischen Befunde mit der historischen Gestalt der katholischen Sondergesellschaft (Altermatt 1980). Die Rekonstruktion des sozialen Wandels mit seinen

Auswirkungen auf das religiöse Selbstverständnis der Bevölkerung bezog sich auf die historische Beschreibung des Katholizismus in der Zeit vor 1960, in der es den kirchlichen Eliten gelang, eine einmalige religiöse Geschlossenheit und institutionelle Einbindung der Gesellschaftsmitglieder zu erreichen. Mit der Begründung, dass bis heute «eine systematische, theoriegeleitete Rekonstruktion der Geschichte des Protestantismus fehlt» (Krüggeler/Voll 1993, 34), liess sich die reformierte Kirchengeschichte nicht in gleichem Masse als Kontrastfolie zur Gegenwart heranziehen.

Mit den beiden Sonderfall-Studien verfügen wir nun erstmals über Zahlenmaterial, mit dem sich der religiöse Wandel innerhalb von 10 Jahren empirisch aus der religiösen Selbsteinschätzung der Bevölkerung analysieren und beschreiben lässt.

Ein flüchtiger Blick auf *Schaubilder 20* und *21* macht deutlich, dass der Rückgang der sogenannten exklusiven Christen und die Tendenz zu einer synkretistisch-christlichen und esoterisch-neureligiösen Daseinsauffassung am markantesten den religiösen Wandel in den Jahren vor der Jahrtausendwende kennzeichnet. Höhere Wertschätzung finden religiöse Deutungsmuster mit einem weiten Interpretationsspielraum für eigene Vorstellungen von einer transzendenten Wirklichkeit. Man gewinnt den Eindruck einer zunehmenden Scheu vor Festlegungen in religiöser Hinsicht und eines offensichtlichen Anspruches, eine eigene religiöse Standortbestimmung vorzunehmen. Die Veränderungen der religiösen Typen in *Schaubild 20* und *21* signalisieren ein Bedürfnis, religiöse Eindeutigkeiten zu vermeiden, was – positiv gefasst – als Neigung zu einer offenen religiösen Wahrnehmungshaltung verstanden werden kann. Religiösen Ausschliesslichkeitsansprüchen wird mit Skepsis begegnet. Mit einer solchen Haltung fällt es leichter, sich eigene Zugänge zum Glauben zu erschliessen.

Die Verschiebungen zwischen den Religionstypen fallen nicht zugunsten einer areligiösen Lebenshaltung aus. Die Präferenz für offenere religiöse Interpretationsspielräume drückt sich in der wachsenden Attraktivität von Erscheinungsformen der sogenannten neuen Religiosität aus. In der «Diffusität der Religion», der «Diffusität des religiösen Lebens und Erlebens» erkennt Winfried Gebhardt das wichtigste Kennzeichen der religiösen Gegenwartskultur (2002, 10).

Ohne eine Vorstellung von Transzendenz glauben nur wenige Menschen in der Schweiz auskommen zu können. Ihre Zahl hat sich in den Jahren zwischen 1989 und 1999 kaum erhöht. Weder kann von einem Ende des Christentums noch von einer areligiösen Gesellschaft in der Schweiz gesprochen

Anteile der religiösen Typen
in der Schweizer Bevölkerung 1989/1999

Schaubild 20

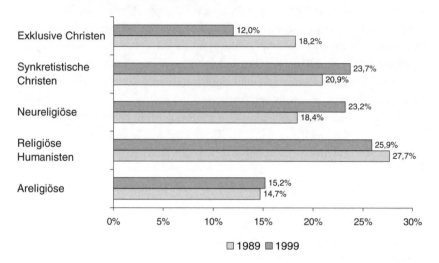

Zunahme/Abnahme der Religionstypen 1989/1999

Schaubild 21

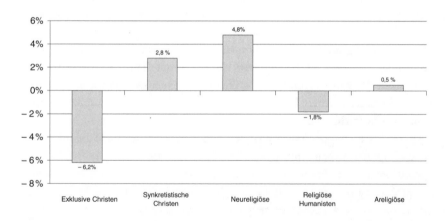

werden. Eine Tendenz der Abkehr von ‹Gott› lässt sich im Vergleich der beiden Sonderfall-Studien nicht erkennen.

Während noch in den 70er und 80er Jahren danach gefragt wurde, ob Religion überhaupt eine Zukunft hat und ein Verschwinden von Religion gewis-

90

sermassen als Fluchtpunkt des Prozesses gesellschaftlicher Rationalisierung und Differenzierung prognostiziert wurde, stellt sich in der Zwischenzeit nicht mehr die Frage, ob Religion Zukunft hat, sondern welche Zukunft sie hat. Gegen alle Voraussagen hat die moderne Kultur Religion nicht aufgelöst oder zersetzt. Wenn es um Lebenssinn geht, ist die Gesellschaft voller Religion. Die hartnäckige Beharrungskraft der Religion in unserer schweizerischen Gesellschaft dokumentiert sich auch in der zweiten Sonderfall-Studie. Sie ist allerdings aus dem «Zusammenspiel von strukturellen, kulturellen und individuellen Pluralisierungsprozessen» in Bewegung geraten. «Nicht mehr Verfall, sondern Fortbestand in Verwandlung des ‹Religiösen› lautet die neue hermeneutische Perspektive» (Ebertz 1998, 71).

Bis weit in die zweite Hälfte des letzten Jahrhunderts rechneten viele im Geiste der Aufklärung mit einem Verschwinden von Religion. «Seit Beginn der Aufklärung hat es nicht an Stimmen gefehlt, welche die Religion als Ausdruck eines Mangels an Wissen, als Relikt archaischen Unwissens oder – schlimmer noch – als Vorspiegelung betrügerischer Priester» (Hahn 1974, 11) ansahen. Religion und Modernität wurden als einander entgegengesetzte Kräfte angesehen. Als Folge des Modernisierungsprozesses meinte man, dass Ende der Religion bzw. ihren steten Bedeutungsverlust für das Leben des modernen Menschen prophezeien zu können. «Je nach ideologischer Couleur war dann mit Säkularisierung die gefeierte oder ersehnte Aufklärung des Menschen über den ‹irrationalen› Charakter der Religion, sein Mündigwerden gegenüber klerikaler Bevormundung gemeint oder aber der beklagenswerte Verfall des Christentums, der Rückfall ins Heidentum, in die Gottferne» (Hahn, 1974, 24).

Entgegen den Erwartungen der aufgeklärten Intelligenz verflüchtigte sich die Religion in den westlichen Gesellschaften nicht. Im Gegenteil. Seit etwa Mitte der 80er Jahre lässt sich eine zunehmende Beschäftigung von Radio und Fernsehen mit Religion beobachten. Unterhaltungsserien und Talkshows greifen ebenso selbstverständlich religiöse Inhalte auf wie Magazinbeiträge und Video-Clips. Neue religiöse Gruppierungen, religiöse Symbolik in der Werbung, Pfarrer und Nonnen als Rollenträger in Fernsehsendungen, Shows mit Themen wie Versöhnung und Bewältigung von Krisenerfahrungen, all das spiegelt ein wiedererwachtes religiöses Interesse in unserer Gesellschaft wider. Dass auch Unterhaltungsredaktionen, private Radio- und Fernsehsender, Popmusik-Gruppen und die Werbung das Thema ‹Religion› neu entdeckt haben und es nach ihren Vorstellungen gestalten, war für viele eher überraschend. Die Medien bringen ins Gespräch, was die Menschen beschäftigt, nämlich die einfache Frage: «Was macht denn ein gutes Leben aus?» Diese Frage zu beantworten ist in der heutigen Zeit bedeutend schwieriger geworden. Dazu hält unsere Gesellschaft keine allgemein gültige und anerkannte Antwort mehr bereit.

Anzeichen einer Trendwende hin zur Religion glauben Michael Zulehner und Regina Pollak in den Resultaten der «Europäischen Wertestudien» zu erkennen. Ein solcher Trend deute sich schon länger an. «Die Bedeutung Gottes – wie auch immer dieser näher beschrieben wird – ist gewachsen, die Zahl der Personen, die sich als unreligiös bezeichnet, hat abgenommen» (Pollak 2002, 27). Vorsichtig «könne man im Blick auf Europa sagen, dass sich das Christentum derzeit erholt» (Pollak 2002, 40).

Für die Schweiz lässt sich ein «Megatrend zur Respiritualisierung», wie ihn Paul M. Zulehner für Europa auszumachen glaubt, empirisch nicht belegen: «Zur Zeit läuft als Folge der Säkularisierung ein Megatrend zur Spiritualisierung. Das führt den Kultursoziologen zu einem überraschenden Befund: Je moderner eine Kultur ist, desto säkularer und daher spiritualitätsproduktiver ist sie. Hatte bisher die Meinung geherrscht, Säkularität führe zur Gottlosigkeit, so zeigt sich nun: Säkularität führt zu einer neuen Gottessuche» (Zulehner 2003a, 4). Im Blick auf die Schweiz meint Zulehner: «Die Schweizer sind religiös. Und noch dazu: Sie werden immer spiritueller» (Zulehner 2003a, 4). Für eine verlässliche Aussage, in der Schweiz lasse sich eine Respiritualisierung der Bevölkerung feststellen, reichen weder die Daten der beiden Sonderfall-Studien noch anderer Bevölkerungsbefragungen aus.

Zur Vorsicht, im Blick auf die Schweiz von einem Megatrend zur Respiritualisierung zu sprechen, mahnen die Aussagen der Bevölkerung zur Wichtigkeit von Religion und Kirche im Leben. In der ersten Sonderfall-Studie 1989 wurde damals gefragt, wie wichtig man ‹Religion und Kirche› für sich persönlich einschätzt. Auf einer Antwortskala von 1 «bedeutungslos» bis 7 «sehr wichtig» kreuzten 50,1 % der Bevölkerung die Positionen 5 bis 7 an. 1999 wurde getrennt nach der Bedeutung von Religion und Kirche im eigenen Leben gefragt. Weder Religion (45,1 %) noch die Kirche (35,5 %) erreichten die Werte wie vor zehn Jahren. *Schaubild 22* zeigt die Skalenwerte 5 bis 7 nach Altersklassen im Jahre 1999.

Die Daten der zweiten Sonderfall-Studie im Vergleich zur ersten Befragung lassen sich weder als Belege der Säkularisierungsthese noch als Wiederkehr der Religion oder gar der christlichen Glaubensüberzeugung lesen. Sie zeigen eine anhaltende Transzendenzoffenheit der Schweizer Bevölkerung. Religion verschwindet nicht, löst sich aber zusehends von ihren Festlegungen durch die Kirchen.

**Wertschätzung der Religion nach Alter 1999
(Positionen 5 – 8 auf einer Skala von 1 – 8)**   Schaubild 22

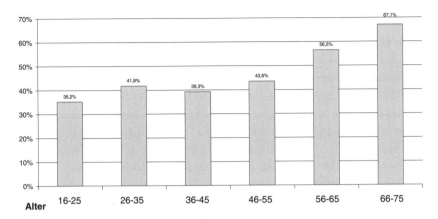

Verändert hat sich allerdings die öffentliche Sensibilität für Fragen nach dem Sinn des Lebens. Individuelle und gesellschaftliche Gefährdungen lassen das Leben brüchiger und risikoreicher erscheinen und haben Religion wieder zu einem öffentlichen Thema gemacht. Religion wird nicht mehr in den Privatbereich abgedrängt. Über sie kann und darf man wieder nach jahrelanger Tabuisierung öffentlich sprechen, ohne für einen Hinterwäldler oder Zurückgebliebenen gehalten zu werden.

5.2. Existenzdeutung zwischen Transzendenzbezug und selbstreferenzieller Subjektivität

Mit der Erfahrung einer sich ständig wandelnden Lebenswelt wächst die Neigung, Verankerung im eigenen Selbst zu suchen. Im Vordergrund steht dabei «das Gelingen des persönlichen Lebens im Hier und Jetzt; primärer Referenzpunkt der Wahl ist ... das Ego und seine Selbstverwirklichung» (Fuchs 2001, 206).

Das Individuum verfügt unter den Bedingungen der gegenwärtigen Gesellschaft über keine allgemeingültigen Kriterien mehr, mit deren Hilfe es sich orientieren kann. Seine Empfindungen und Erfahrungen sollen nun seine Überzeugungen und Lebensorientierungen begründen. Es verliert alle objektiven Anhaltspunkte der Identitätsbildung und -stabilisierung. Individualität

93

wird in einem prinzipiell unabschliessbaren Prozess entfaltet. Das Individuum, das in der Gesellschaft und durch die Gesellschaft keine Identität und Orientierung mehr gewinnen kann, erhält sie im Prozess, in dem es sein Inneres erkennt.

Im Prozess der eigenen Selbstvergewisserung verabschiedet man sich von der Idee einer ausdefinierten und ein für allemal stimmigen Identität. «Was mehr und mehr zählt, ist eine Flexibilisierung des Selbst» (Willems/Willems 1999, 348). Für ein lebenspraktisches Handeln in Gesellschaften mit einem sprunghaften Anstieg funktionaler Differenzierungen und der dadurch hervorgerufenen Komplexitätssteigerung und Vervielfältigung der Lebensperspektiven und der Unvereinbarkeit der Sinnlogiken gibt es keinen festen Rahmen mehr, der das Ganze zusammenhält, ist Lebenssinn nicht einfach vorfindlich und kann nicht als vorgegeben übernommen werden. «Man kann sich zunehmend weniger an allgemein gültigen ‹Weltsichten› und den ihnen adäquaten ‹Lebenskonzepten› orientieren, weil der gesellschaftliche Zusammenhang, insbesondere im privaten Lebensbereich, nicht (mehr) über umfassende, vorgegebene Interpretationsansprüche hergestellt wird» (Fischer/Schöll 1994, 273).

Die Konstruktion von Lebenssinn ist nicht an andere delegierbar. Lebenssinn lässt sich nur in Auseinandersetzung mit der eigenen Biographie und den konkreten lebenspraktischen Bezügen gewinnen. Es muss eine Stimmigkeit zwischen dem Streben nach Selbstverwirklichung und den von jeweiligen Lebenssituationen her möglichen Handlungsoptionen gefunden werden. Eine solche Konstruktion von Identität ist weder beliebig im Sinne des modernen «anything goes», noch lässt sich Sinn aus überkommenen Orientierungskulturen ableiten. Lebenssinn wird situativ in Auseinandersetzungsprozessen mit anderen und in Bezug zu sinnvollen Anschlüssen an mögliche Handlungsoptionen in einem pluralen Handlungsfeld generiert. «Das bedeutet: Entscheidungen für konkrete Handlungsoptionen und deren Begründungen können weder solipsistisch-individuell getroffen werden, noch können verpflichtende Vorgaben, mit einer klaren Bedeutungshierarchie versehen, den Individuen die Entscheidungen für konkrete Handlungsoptionen oder für die Entwicklung von langfristigen Lebensperspektiven abnehmen» (Fischer/Schöll 1994, 274).

Die Menschen sehen sich gezwungen, in kommunikativen Aushandlungsprozessen ständig Brücken zu schlagen zwischen oft widersprüchlichen Interaktionskontexten mit den ihnen eigenen Sinnlogiken und Türen zu öffnen, hinter denen sich Unbekanntes und Neues verbirgt. «Religiöse Deutungsmuster haben die Funktion, Lebenspraxis über deren Transzendierung prinzipiell offen zu halten und selbst offen zu bleiben für Neues» (Fischer/Schöll 1994, 273). Die Identitätsfindung wird perspektivisch auf Transzendenz hin offen gehalten vor dem Hintergrund, fragile Teilidentitäten in unterschiedlichen Situationen ausbalancieren zu müssen. Transzendenz beinhaltet eine inhaltlich nicht zu bestimmende Hoffnung auf Selbstverwirklichung. Identitätsfindung geschieht in einem strukturell offenen Sinnzusammenhang. Offenheit bedeutet Entgrenzung, die bejaht wird, birgt aber in sich immer gleichzeitig die Gefahr, durch mythologische Wiedereinbindungen imaginäre Gewissheiten zu suchen.

Neben die Bindung einer Minderheit an eine Sinngebung, die «das menschliche Dasein insgesamt, von seinem Anfang bis zu seinem Ende und gar darüber hinaus und über alle Verrichtungen, Verflechtungen und Verstrickungen hinweg, in seiner Individualität und in seiner Sozialität also, sinnhaft überwölbt bzw. integriert» (Hitzler 1999, 351), tritt ein Streben nach Selbstverwirklichung, Entfaltung und Manifestation des Selbst im Horizont eines göttlich-universalen Geistes. Das Anliegen ist nicht die Sorge um das jenseitige Heil der Seele, um Erlösung durch Gott in Jesus Christus in der Tradition des Christentums, sondern besteht darin, durch Einstimmung in ein allumfassendes kosmisch-göttliches Kraftfeld Übereinstimmung mit sich selbst zu finden. Durch Vertiefung in den eigenen göttlichen Seinsgrund versichert sich das Individuum seiner Eigenart und wird in seinen individuellen Möglichkeiten und Kräften bestätigt und bestärkt. Die Begegnung mit dem Göttlichen bedeutet nun Begegnung mit dem eigenen Selbst.

Die Menschen verkörpern in dieser Weltsicht das Göttliche in sich selbst. In seiner Besonderheit, in seiner sinnlich-irdischen Existenz repräsentiert das Individuum das Allgemeine und Göttliche. Eine solche Existenzdeutung impliziert bei immer mehr Menschen eine Transformation des religiösen Musters der Erlösung, wie es der christlichen Glaubenstradition zugrunde liegt. Das wahre Sein des Selbst erkennt das Individuum in der eigenen Bewusstseinserweiterung. Das Individuum, gerade in seiner Einzigartigkeit, wird in der Vereinigung mit dem Göttlichen seiner Übereinstimmung mit sich selbst versichert, selbst als göttlich begründet und damit auch autonom gesetzt. Hierdurch erhält das Individuelle seine Legitimation und seinen Stellenwert. «Das Individuum erklärt sich selbst und seine Individualität zum Heiligtum. Autonomie wird damit zur Sakralisierung des Individuums übersteigert» (Wippermann 1998, 362).

Wird das Individuum als einzigartige Repräsentation des allgemein Göttlichen bestimmt, dann setzt die Erkenntnis der Wahrheit letztendlich nicht mehr ein Überschreiten der Individualität voraus. Alles Überindividuelle und Transsubjektive gilt als Fremdbestimmung und Eingrenzung selbstreferenzieller Identität. Die Innenwelt des Selbst wird zum einzigen Wahrheitsgaranten. Jenseits der individuellen Erfahrung gibt es keine Wahrheit. Das Individuum, das in der Vereinigung mit dem Göttlichen sich seiner Übereinstimmung mit sich selbst versichert, ist nie der Wahrheit näher, als wenn es dem eigenen Herzen folgt. Das in der Tradition des Christentum vorgegebene Ziel allen Strebens, die letztendliche Zusage des Heils durch Gott in Jesus Christus, wird umgedeutet zur Verwirklichung seiner Selbst durch Entdeckung des Göttlichen im eigenen Innern.

Nach den Ergebnissen der Sonderfallstudie ist nur noch eine Minderheit der Schweizer Bevölkerung bereit, einen in der Lehre der Kirchen gleichsam objektiv vorgegebenen Sinnzusammenhang explizit für das eigene Leben anzuerkennen. Religiöse Deutungen in Form objektiver Wirklichkeitsbehauptungen und in dogmatisch festgeschriebener Fassung haben offenbar für viele ihre sinnorientierende Kraft verloren. Sinnvorstellungen, die wirklich zu orientieren vermögen, lassen sich für die Mehrheit nicht mehr normativ vorschreiben. Sinn wächst von innen her. Was die Menschen brauchen, ist die Vergewisserung, dass ihnen unverlierbare Würde und vorbehaltlose Anerkennung zukommen und die Tatsachen dieser Welt nicht das Letzte sind. Die Motive für das Interesse an der Religion entspringen dem Bedürfnis der Menschen an einer Sinndeutung ihrer individuellen, durch gesellschaftliche Veränderungen zur eigenen Gestaltung freigesetzten und gleichzeitig in ihrer Eigenart bedrohten Individualität.

Unter den Bedingungen einer Gesellschaft, in der die Menschen durch Subjektivierung ihre Lebenserfüllung zu finden hoffen, hat das Christentum nur dann eine Chance, als lebensdienliches Sinnangebot gehört zu werden, «wenn sich die Auslegung der Überlieferung mit der Wahrnehmung und Interpretation der Gegenwart, also der Gefühle und Bedürftigkeiten, Lebensansichten und Interessen der Zeitgenossen verschränkt» (Gräb 2002, 256).

Den christlichen Glauben in der Gegenwart zu leben, ihn auf das neuzeitliche Subjektdenken hin zu öffnen und nach dem Göttlichen im Menschen zu fragen, bewegte Karl Rahner Zeit seines Lebens. Er fragte nach der transzendentalen Bedingung der Möglichkeit, wie sich Gottes Selbstmitteilung im Menschen ereignen kann.

Rahner verstand den Menschen immer schon unter dem umgreifenden Heilswillen Gottes, in der Dynamik der göttlichen Heilsgnade. Sein «übernatürliches Existential» lässt ihn Gottes Selbstoffenbarung erahnen. Gott berührt den Menschen so, dass er ihn berühren kann. Damit stellt Rahner in den Erfahrungen der Menschen eine Dimension heraus, die ihn auf Gott in ihm verweist. Durch die Menschwerdung Gottes in Jesus Christus ist dieses übernatürliche Existential im Menschen begründet und befähigt ihn in der Begegnung mit sich selbst zu einem möglichen Hörer des Wortes Gottes. Diese Gabe wird den Menschen von Gott als übernatürliches Existential verliehen. «Die innere Gnade als Glaubenslicht und innere Konnaturalität mit Gott gibt erst dem Menschen die Möglichkeit, das Wort Gottes, das von aussen geschichtlich kommt, wirklich streng als Wort Gottes zu hören, ohne es dem Apriori seiner eigenen menschlichen Geistigkeit zu unterwerfen» (Rahner 1960, 320). Das geschichtliche Wort im Evangelium legt die im Menschen wohnhafte Selbstmitteilung Gottes aus und zwingt ihn in einer eindeutigeren Weise zu einer Stellungnahme.

Rahner sieht das innere Gnadenwort und das äussere geschichtliche Offenbarungswort als sich «gegenseitig bedingende Momente des einen Wortes Gottes an den Menschen» (1960, 321). So sagt er in seinem Beitrag zum Thema «Offenbarung» im theologischen Lexikon «Sacramentum Mundi»: «Man braucht nur anzunehmen, was durch die Daten der heutigen Theologie bezeugt wird, dass jeder Mensch durch die Gnade in seiner transzendentalen Geistigkeit unreflex erhoben, diese ‹entitative› Vergöttlichung (die der Freiheit vorgegeben ist, auch wenn sie von ihr nicht im Glauben angenommen ist) eine transzendentale Vergöttlichung der Grundbefindlichkeit, des letzten Erkenntnis- und Freiheitshorizontes des Menschen bedeutet, unter dem der Mensch sein Dasein vollzieht, dann ist durch dieses übernatürliche Existential des Menschen, jedes Menschen überhaupt, schon eine Geoffenbartheit Gottes durch gnadenhafte Selbstmitteilung gegeben. Und diese gnadenhafte Grundbefindlichkeit des Menschen, der auf den Gott des dreifaltigen Lebens ausgerichtet ist, kann durchaus auch schon als Wortoffenbarung verstanden werden, vorausgesetzt, dass man einerseits diesen Begriff des Wortes nicht auf eine phonetische Verlautbarung einschränkt und andererseits nicht vergisst, dass diese transzendentale Offenbarung immer geschichtlich vermittelt ist» (Rahner 1969, 836).

6. Selbst-Design als neues kulturelles Modell von Religion unter Jugendlichen

Deutlichere Konturen gewinnen die bisherigen Befunde zur religiösen Befindlichkeit der Schweizer Wohnbevölkerung und deren Entwicklung in den 10 Jahren vor der Jahrtausendwende im Blick auf die junge Generation. Ihre Religiosität spiegelt in besonderem Masse die Strukturen moderner Lebenswelt wider – Religiosität als «Reflex auf eine verändert erlebte Gesellschaftsstruktur» (Schwab 1997, 139).

Religiosität entwickelt sich aus dem Leben heraus. Um den Mustern in der Ausbildung von Religiosität im Lebenszusammenhang nachspüren zu können, ist es vordringlich, genau hinzusehen und hinzuhören, welche Erfahrungen Jugendliche im Umgang mit den Anforderungen der Zeit machen, wie sie diese Erfahrungen verarbeiten und in ihren Lebensentwurf integrieren.

Wir können uns mit religiösen Daseinsinterpretationen nur auseinandersetzen, wenn wir sie unter den Bedingungen des jeweiligen sozialen und kulturellen Kontextes betrachten. Religiosität ist von den Lebensumständen, in denen sie sich ereignet, nicht zu trennen. Sie ist engstens mit dem alltäglichen Leben verwoben. Auch wenn sie in den gesellschaftlichen Verhältnissen nicht aufgeht, bleiben ihre Heilsvorstellungen an sie gebunden. «Religiöse Identitätsbildung als Teil der Identitätsbildung von Individuen in einer bestimmten Gesellschaft folgt den Strukturen gesellschaftlicher Identitätsbildung» (Fuchs 2001, 214).

Bei Jugendlichen, die sich den strukturellen, kulturellen und sozialen Veränderungsprozessen der Gesellschaft in besonderer Weise ausgesetzt sehen, lässt sich vorzugsweise beobachten, welche Ausformungen die Religion im gegenwärtigen lebenspraktischen Zusammenhang annimmt.

6.1. Ein verändertes Verhältnis der Jugendlichen zu sich selbst

Nach Rainer Zoll setzt sich heute in der jungen Generation ein neues kulturelles Modell durch, das durch ein verändertes Verhältnis der Individuen zu sich selbst charakterisiert ist, «jenseits der überlieferten und in einem Auflösungsprozess befindlichen Normen, jenseits der traditionellen Normalität eine eigene Identität zu finden» (1989, 8). Den sozialen Zusammenhang stiftenden

Kern des neuen kulturellen Modells sieht Zoll in der Selbstverwirklichung als strukturierendes Prinzip der Lebensführung. «Als grundlegendes Motiv für das Handeln der Jugendlichen heute kann die Selbstverwirklichung bezeichnet werden» (1989, 80).

Werte oder Ordnungen an sich gibt es nicht mehr. Das Leben hat nicht den Sinn, den ihm gesellschaftliche Institutionen geben, es hat nur den Sinn, den ihm jede und jeder gibt.

Die Erosion bestehender sozialer Sinnstrukturen und verbindlicher kultureller Traditionen hat dafür gesorgt, dass es so etwas wie ‹Normalität› nicht mehr gibt, ein gesellschaftlich gültiges Modell vom richtigen Leben, nach dem die einzelnen sich mehr oder weniger orientieren. Normalität beinhaltet eine selbstverständliche, selbstevidente Wirklichkeit, an der sich das Leben ausrichtet.

Gelingendes Leben im alten Kulturmodell war eines, das sich in die vorgegebene soziale Welt einpasste. Typisch war der Zwang zur Ausbildung einer bestimmten Identität. Kollektiv gültige normative Vorstellungen gaben die Regeln für den individuellen Lebensentwurf vor. Das Leben strukturierte sich in sozial legitimierten Handlungsvollzügen von grösserer oder geringerer Verbindlichkeit.

Die säkulare Form der protestantischen Ethik, wie sie von Max Weber als ‹Normalbewusstsein› der kapitalistischen Gesellschaft beschrieben wurde, bestimmte das Verhalten mehr oder weniger in allen Lebensbereichen. Die Arbeit als Selbstzweck und ethische Pflicht, die dem einzelnen ein hohes Mass an Askese und Selbstverleugnung abverlangte, wirkte als übergreifendes Deutungsmuster der gesamten Lebensführung. Das Bewusstsein eigener Leistungsfähigkeit und Leistungsbereitschaft dominierte die Biographie.

Das neue kulturelle Modell kennt keine Geradlinigkeit der Zeitperspektive mehr. «Zukunft ist nun keine lineare Projektion mehr, der die Gegenwart geopfert wird. Das jetzige Handeln soll Zukunft offen halten, soll die Gegenwart nicht abschliessen. Zukunft muss daher als mögliches Handeln in die Gegenwart integriert werden» (Zoll 1989, 176). Zukunft offen zu halten bedeutet, sich nicht festzulegen und bereit zu sein, neue berufliche, familiäre und persönliche Entwicklungen zuzulassen. «Leitbild für den eigenen Lebensentwurf ist das Ideal eines ständigen Persönlichkeitswachstums und einer Identität, die sich durch Offenheit und Nichtabgeschlossenheit auszeichnet» (Zoll 1989, 222).

Die gesamte Lebensführung, mit eingeschlossen seine transzendentale Verortung, muss ohne Eindeutigkeit, ohne Absicherung, ohne verbindlichen

Konsens und ohne verlässliche Rezepte ständig und situativ ausgehandelt werden.

Eine solche Zukunftsoffenheit kann nur heissen, sich bietende Lebensoptionen ‹auszuprobieren› und sich vor Festlegungen zu hüten. «Sich die eigene Biographie ein Stück weit offen zu halten, sich nicht (zu weitgehend) festzulegen, verschiedene Lebensformen erst einmal auszuprobieren» (Zoll 1989, 222) – dies ist die Antwort auf die Umbrüche im beruflichen, familiären und privaten Lebensbereich. Aus dieser Perspektive erscheinen vorzeitige Festlegungen als Behinderung der persönlichen Entwicklungsmöglichkeit und der Suche nach der eigenen Identität. Berufliche Karrieren und Partnerschaften werden nicht mehr von vornherein als unabänderliche, das Leben als Ganzes bestimmende Entscheidungen begriffen. Man legt sich fest, aber nicht mehr auf ewig, sondern für eine gewisse Zeit.

Die Aktualität des Augenblicks gewinnt Übergewicht gegenüber einer ungewissen Zukunft. Viele Jugendliche leben heute betont gegenwartsbezogen, «um sich Optionen offen zu halten, um flexibel auf ungewisse, nicht kalkulierbare diffuse Lebenssituationen zu reagieren» (Ferchhoff 1999, 201).

Für das Individuum der Gegenwart ist das flexible Handeln in unterschiedlichen sozialen Kontexten die Normalitätsbedingung geworden. «Ein im Zentrum der Welt stehendes Subjekt und ein stabil gedachtes Ich oder ‹Selbst› (mit sich selbst identisch sein) werden so gesehen kontingent und dezentralisiert und sind in postmodernen Vorstellungen keine zusammenhängende Entität (etwa als Identität) mehr – weder im transzendenten noch im empirischen Sinn» (Ferchhoff/Neubauer 1997, 84).

Mit dem differenzierten und reichhaltigen Arsenal an Lebensoptionen und dem jeweiligen Supermarkt der Stile mit allen Lebensmöglichkeiten kommt es bei der Mehrheit der Jugendlichen und jungen Erwachsenen «jenseits vorgefertigter, korsetthafter Identitätspakete» zu Identitäten der Multiperspektivität, zu «Augenblicks-Identitäten», zu «Identitäten für heute», «Identitäten bis auf weiteres». «Identität als Ich-zentrierte Vergewisserung des eigenen Selbst und als Entwicklung zu einer abgeschlossenen und reifen Persönlichkeit scheint nicht auf Dauer angelegt zu sein» (Ferchhoff 1999, 108).

Identitäten sind «heute mehr denn je jenseits eines Synthesezwangs prinzipiell unabgeschlossen, höchst prekär konstituiert, werden kontextrelativ montiert und auch wieder abmontiert» (Ferchhoff 1999, 273). Das Leben «jenseits der Verbindlichkeiten der grossen sinnstiftenden Wertsysteme, Ideologien und universellen Moral- und Gerechtigkeitsvorstellungen, jenseits von Heilsgewissheiten, jenseits von institutionell unhinterfragbaren, festgelegten und vorgefertigten Weltbildern und jenseits von strukturell vorgegebenen und begrenzten Handlungs- und Beziehungsmustern» (Ferchhoff/Neubauer 1997, 35) erzeugt in der Regel ein patchworkartiges Lebensmuster. Wie das Design die Mode ausmacht, so gilt auch für die moderne Identitätsbildung: «Es ist kein Sich-Festlegen auf etwas Ganzes, auf eine authentische Identität, sondern ein Umhüllen, sich Verlieren und Verwandeln in immer neue ‹patch-work-Identifikationen›» (Ferchhoff/Neubauer 1997, 101). Das Patchwork der Lebensstilisierung wird weitgehend als Freiheitsgewinn gewertet, und nicht als ‹Verlust der Mitte›, als Verlust eines übergreifenden Ganzen empfunden.

Zur Kennzeichnung des neuen kulturellen Modells wählte Yankelovich den Begriff «Expressivität», weil er die expressiven Seiten der persönlichen Selbstentfaltung hervorhebt (1992). Hauptthemen dieser Selbstexpressivität sind der Hunger nach Selbstverwirklichung, Lebensqualität, Entwicklung der eigenen Fähigkeiten, Übereinstimmung mit sich selbst, Ablehnung von Opfern um ihrer selbst willen, eine neue Ethik im Sinne von Pflichten gegenüber sich selbst, wozu auch der Umgang mit der Natur und Umwelt zählt, Gleichberechtigung der Geschlechter, Körperkultur, Leben im Hier und Jetzt, Betonung der persönlichen Beziehungen in der Ehe, Anerkennung von Pluralität.

Die moderne digitale Kommunikationskultur verlangt, sich selbst in Szene setzen zu können. «Wer sich nicht präsentieren kann, verliert seine Anschlussfähigkeit» (Trendbüro 2003, 130). Die eigene Homepage gehört zum guten Ton. Über die eigene Selbstpräsentation wird man für andere einschätzbar und damit auch ansprechbar.

Nicht mehr die Erfüllung einer Lebensaufgabe, die Ausrichtung an fremdgesetzten Zielen, eine Ethik des Sich-Opferns, Wertschätzung der Arbeit um ihrer selbst willen wie im alten Kulturmodell charakterisieren die Aspirationen der jungen Generation. Es ist «die Gestaltungsidee eines schönen, interessanten, subjektiv als lohnend empfundenen Lebens» (Schulze 1992, 37). Die Aussenorientierung des alten Kulturmodells richtete sich auf eine Wirklichkeit aus, die sich der Mensch ausserhalb seiner selbst vorstellte. Die Innenorientierung des neuen Kulturmodells verweist auf das Subjekt und seine Selbstverwirklichung. Mit der Innenorientierung ist gemeint, «dass sich ein Mensch vornimmt, Prozesse auszulösen, die sich in ihm selbst vollziehen ... Innenorientierung ist Erlebnisorientierung». Lebensverwirklichung wird zum «Projekt, etwas zu erleben» (Schulze 1992, 38).

Innenorientierte Komponenten prägen zusehends auch den Bereich der religiösen Selbstfindung. «Nicht mehr Gewissheit und damit die fixierbare Standpunkthaftigkeit, sondern Empfindung, Bewusstwerdung und Erlebnisintensität bezeichnen die religiöse Suchbewegung» (Kunstmann 1997, 107). Hans-Joachim Höhn spricht von «erlebnisorientierter Religiosität» (1998, 78). Religion interessiert nicht mehr so sehr als «Auskunft auf die Frage, was es mit dem Leben eigentlich auf sich hat, worauf man es gründen kann, um Stand und Stehvermögen im Dasein zu gewinnen» (Höhn 1998, 21), als Lehre, Welterklärung und vorgefertigte Daseinsinterpretation. Von Bedeutung ist vielmehr ihr Erlebniswert, wieweit sie innere Wirkungen erzeugt, Betroffenheit, Erbauung und Lebenshoffnung, Trost und Kraft verleiht. «Gefragt sind Wege und Formen einer unmittelbaren Erfahrung des Religiösen, des Mythischen, des Göttlichen» (1998, 70), «angesagt ist Existenzvergewisserung ‹aus› der Transzendenz» (1998, 75).

Das neue kulturelle Modell kennzeichnet «eine besonders intensive Art der Selbstbezüglichkeit – eine neue Form dessen, was Michel Foucault die Sorge um sich selbst nennt» (Zoll 1992, 14). Einerseits eröffnet sich Jugendlichen und jungen Erwachsenen ein grösserer Spielraum an Gestaltungsmöglichkeiten, andererseits sehen sie sich enormen kollektiven Zwängen, Entfremdungen, sozialen Benachteiligungen, Einengungen ausgesetzt, den eigenlogischen Systemen der Ökonomie und Politik ausgeliefert. «Die moderne Gesellschaft produziert Zuwächse und Ansprüche auf Autonomie, Freiheit, Selbstentfaltung, Sinnerfüllung usw. und erschwert gleichzeitig ihre Verwirklichung» (Ferchhoff 1999, 10; 49 ff.). Mit der Aufweichung von Ligaturen, Traditionsbezügen, Gemeinschaften, Werten und Normen werden gleichzeitig «Risiken sichtbar, die Verunsicherungs-, Überforderungs- und Ohnmachtserfahrungen nach sich ziehen können» (Ferchhoff/Neubauer 1997, 7).

Jugendliche erleben zuweilen eine erhebliche Diskrepanz zwischen den Wünschen und den selbstgestellten Ansprüchen an ihre eigene Lebensführung und den ihnen gesellschaftlich eingeräumten Möglichkeiten. Drohende Arbeitslosigkeit, Bindungsverluste, Armut, Konkurrenzdruck, fehlende Zukunftsperspektiven usw. werden als Belastung empfunden. Die dialektische Spannung zwischen individueller Lebenserfüllung und sozialer Integration macht die aufgewühlte, tastende, rastlose und nervöse Energie moderner Lebenskunst aus.

Die Zuwächse an Handlungsalternativen werden ebenfalls nicht nur als Befreiung, sondern auch als Belastung und Bedrohung erlebt. Viele haben mit erheblichen Verunsicherungen, Irritationen, Biographiebrüchen zu kämpfen und stürzen in den Strudel diffuser Ängste, wenn vieles nicht mehr eindeutig geregelt, sondern offen ist und zur Disposition steht, wenn kaum Routinehandlungen vom Zwang eigener Orientierungsleistungen entlasten.

Hohe Ansprüche an die biographische Selbststeuerung und nicht selten eine enorme biographische Flexibilisierung der Lebensweise sind gefordert, mit denen nicht alle Gesellschaftsmitglieder zurecht kommen, zumal sie nicht über die erforderlichen kulturellen und ökonomischen Ressourcen verfügen.

6.2. Kommunikative Selbstvergewisserung

Weil es Normalität nicht mehr gibt, ist alles zum Gegenstand der Kommunikation geworden. In unserer vieldeutigen Zeit und ihren unterschiedlichen Lebensformen und –varianten, in der eingefahrene und zugleich Sicherheit gewährende Verhaltenskonventionen verblassen, ehemals gültige Lebensregeln und Alltagsroutinen nachhaltig in Frage gestellt und Normalitätsmassstäbe ‹aus einem Guss› aufgeweicht werden, muss die Lebensführung ständig situativ in Kommunikation mit anderen ausgehandelt werden.

Kommunikation wird zur Form, in der die Jugendlichen ihre Welt erfahren. «Alles ist zum Gegenstand der Kommunikation geworden, weil nichts mehr sicher ist. Alles muss sich in und durch Kommunikation legitimieren – ob es sich nun um ein Treffen am Abend oder den Beitritt zur Gewerkschaft, um eine berufliche Entscheidung oder den Glauben an Gott handelt» (Zoll 1992, 16). In der Kommunikation geschieht die Kreation des eigenen Ich. Sie ist über weite Teile Identitätsrhetorik, «Rhetorik einer Identität, die sich ausprobiert, die sich herausbildet. Selbstverwirklichung über Kommunikation» (Zoll 1992, 21).

Die Jugendlichen eignen sich ihre «Identität in einem intersubjektiven Zusammenhang in eigener Kompetenz» (Zoll 1989, 78) an. In einer Zeit, in der es immer weniger lebensweltliche Selbstverständlichkeiten gibt, sind die Jugendlichen und jungen Erwachsenen gezwungen, in Kommunikation mit anderen ihre eigenen Lebensoptionen zu gewinnen. Alles muss erst kommunikativ verhandelt werden, bevor Weiteres angegangen wird. Das Bedürfnis nach Kommunikation ist so grundlegend, dass von einer kommunikativen Grundhaltung gesprochen werden kann. «Die kommunikative Vergewisserung schliesst alle Inhalte ein, auch Gott» (Zoll 1989, 200).

Sogenannte «Daily Soaps» im Fernsehen werden von Jugendlichen oft und gerne gesehen. In ihnen wird viel gesprochen, alles wird «ausdiskutiert». Jugendliche verstehen sie als Lernprogramme, mit sozialen Problemen umzugehen. Sie lernen, wie Beziehungen ablaufen oder Konflikte gelöst werden. Das grosse Handlungsspektrum erlaubt jeder und jedem, sich irgendwo wiederzufinden. Hier lässt sich abschauen, wie man seine Wohnung einrichtet, sich kleidet, mit dem Chef am Arbeitsplatz umgeht, eigene Ängste und Unsicherheiten thematisiert, welche Frisuren in Mode sind usw. In den Chaträumen wird das Dauerpalaver fortgesetzt.

Die Freiheit, das für sich Richtige auszusuchen, das Wichtige vom Unwichtigen zu unterscheiden – das heisst, die eigene Identität zu finden und abzugrenzen – wird als problematische Anforderung erlebt. Sie wird über den ständigen Diskurs mit anderen zu bewältigen versucht. Die Vielfalt der individuellen Wahlmöglichkeiten und der Zwang, ohne verlässliche Orientierungen Entscheidungen fällen und Diskrepanzen zwischen der denkbaren Vielfalt von biographischen Entwürfen und der beschränkten Realität verarbeiten zu müssen, lässt keine andere Wahl, als über ständige Kommunikation mit anderen valable Optionen zu finden.

Die Kommunikation dient den Jugendlichen «der intersubjektiven Koordination von Handlungen, wo sozial selbstverständliche Geltungsansprüche nicht oder nicht mehr vorhanden sind und daher intersubjektiv erst hergestellt werden müssen» (Zoll 1989, 236). In ihr werden darüber hinaus Entscheidungsgründe für das individuelle Verhalten verhandelt, um «Entscheidungshilfen für das eigene Handeln zu gewinnen. Gespräche z. B. mit Freunden und Freundinnen über Berufsvorstellungen, das alltägliche Zusammenleben usw. dienen dazu, eigene Handlungsentwürfe, die sich eben nicht mehr von selbst verstehen, auf für einen selbst überzeugende Gründe zu stützen. Gerade für Jugendliche, die Probleme damit haben, sich selbst zu verstehen, dient das alltägliche Klönen auch dazu, sich im Prozess ihrer eigenen Identitätsfindung zwischen den Polen der Stabilisierung und des Ausprobierens zu bewegen» (Zoll 1989, 237).

Die Kommunikation hat eine neue Qualität in der alltäglichen Vergesellschaftung erhalten. Mit den neuen Kommunikationstechnologien übernehmen die Jugendlichen die Hoheit über ihre Kommunikation. Auf dem digitalen Wunschzettel steht an erster Stelle das Handy, dicht gefolgt vom Computer mit dem dazugehörigen Internetzugang. Aus einst passiven Rezipienten werden aktive Gestalter von Informationen und Teilnehmer oft mehrerer virtueller Gemeinschaften. Sie werden von ihnen nicht als geschlossen begriffen, sondern als offene Netzwerke, in denen ein ständiges Kommen und Gehen herrscht. Diese Netzwerkkultur steht im klaren Gegensatz zur Mitgliedschaft und Dauereinbindung in sozialen Verbänden jedweder Art. In der virtuellen Welt des Netzes haben die Jugendlichen selbst das Sagen und nicht soziale Autoritäten.

Ein Leben ohne Handy können sich Jugendliche kaum mehr vorstellen. «Die Lust an der Kommunikation ist der jetzigen Jugendgeneration in die Wiege gelegt worden» (Trendbüro 2003, 128). Sie halten den Kommunikationsfluss aufrecht. Indem sie sich ständig mitteilen und dadurch ihren Standpunkt überprüfen, finden sie heraus, was für sie wichtig und was falsch ist. Um aus der Unzahl von Möglichkeiten, die das Leben bietet, die besten für sich herauszufinden, muss man ständig Rat einholen. Denn «die heutige Jugend wächst in einer Zeit auf, in der es keine allgemein gültigen Glaubenssysteme oder Vorstellungen davon gibt, wie man leben sollte» (Trendbüro 2003, 114).

Vor diesem Hintergrund haben herkömmliche Kommunikationskontexte, wie zum Beispiel die Kirchen, als identitätsbildende Instanzen enorm an Bedeutung eingebüsst. Institutionalisierte Gemeinschaftsformen wie Parteien, Verbände, Vereine, Kirchen lehnen Jugendliche zunehmend ab, weil sie den Prinzipien der Netzwerk-Kultur zuwiderlaufen.

6.3. Kommunikative Distanz zu den Grosskirchen

Für die Jugendlichen muss die Kommunikation offen und wechselseitig sein. Nur das kann intersubjektiv Geltung beanspruchen, worüber man sich konsensuell geeinigt hat. Man ist wenig bereit, Dinge zu akzeptieren, die man nicht einsieht. Kommunikation ist für die Jugendlichen ein elementares Medium der «Selbstkultur», die sich durch je wechselseitige Anerkennung der Beteiligten auszeichnet. Das eigene unsichere Leben wird mit anderen Lebensentwürfen abgestimmt durch «In-Beziehung-Setzen meiner Überzeugungen zum Geltungsanspruch anderer Überzeugungen» (Drehsen 1994, 86). Die Kommunikation beruht auf der «Anerkennung (und nicht auf der Verteufelung) der Ansprüche des ‹ich lebe› in einer kosmopolitischen Welt» und ist damit «unvereinbar mit dem Pochen auf Pflichten und dem Einklagen von vorgegebenen Rollen» (Beck 1997, 188).

Die christliche Lebensdeutung begegnet den Jugendlichen in der Gestalt der konfessionellen Grosskirchen. Die von ihnen vertretene Lehre und die von ihnen propagierte Lebensführung hat unter den Jugendlichen in den zehn Jahren zwischen der ersten und zweiten Sonderfallstudie markant an Akzeptanz, Plausibilität und Resonanz im Alltagshandeln eingebüsst. Die Kirchen spielen im praktischen Alltag von immer mehr Jugendlichen eine immer geringere oder gar keine Rolle mehr. Orientierung für ihr Leben glauben sie immer weniger in den Kirchen zu finden.

In der Haltung der Jugendlichen und jungen Erwachsenen den Kirchen gegenüber dokumentiert sich ausdrücklicher als in der älteren Generation die Aufweichung fester Lebensordnungen. Die ehemals festgefügte und gemeinschaftsbildende christlich-konfessionelle Weltdeutung ist in den Sog der allgemein gesellschaftlichen Enttraditionalisierung geraten. Ihre Religiosität löst sich immer stärker aus der kirchlich-konfessionellen Lebensdeutungshoheit. Sie wird «immer unbestimmter, immer unsichtbarer, immer hintergründiger, vor allem aber auch immer vielfältiger, widersprüchlicher und individueller» (Ferchhoff 1999, 252). Das Band von kirchenbezogener und individueller Religiosität scheint angerissen, wenn nicht gar gerissen zu sein (Ferchoff 1999, 181 f., 252; Ferchhoff/Neubauer 1997, 12; Kunstmann 1997, 87 ff.; Helsper 2000, 285 ff.; Gerhardt 2002, 12).

Nachgelassen hat insbesondere auch die christlich-sozialisatorische Kraft des Elternhauses. «Der Zusammenbruch oder Plausibilitätsverlust der Familienreligiosität erscheint als wichtigste Ursache für den derzeitigen manifesten Verlust an Christlichkeit und Kirchenbindung unter der nachwachsenden Generation» (Kaufmann 2003, 28). Besuchten 1989 44,3 % der Eltern der bis 35-jährigen mindestens monatlich einmal den Sonntagsgottesdienst, waren es 1999 noch 38,2 %. Im selben Zeitraum reduzierte sich auch der mindestens monatliche Gottesdienstbesuch im Alter zwischen 12–15 Jahren von 81,1 % auf 71,4 %, die Mitgliedschaft in einer kirchlichen Jugendgruppe im Alter zwischen 16–20 Jahren von 30,9 % auf 25,8 %.

Der Rückgang institutionell-kirchlicher Einbindung muss im Zusammenhang eines allgemeinen Abrückens Jugendlicher und junger Erwachsener von engen, vorgegebenen, institutionellen Formen gesehen werden. Es ist ein seit längerer Zeit bekanntes Phänomen, «dass im Lichte von Enttraditionalisierungsprozessen viele Jugendliche sich zusehends von den herkömmlichen Organisationen und Institutionen distanzieren, vor allem von denen, die – in welchem Funktionalisierungsansinnen auch immer – auf der Grundlage enggeführter Normverfestigungen und inflexibler vorgefertigter Normalitätsentwürfe verbindliche Mitgliedschaft und institutionalisiertes Dauerengagement verlangen» (Ferchoff 1999, 299).

Joachim Kunstmann sieht die Institutionsverweigerung gegenwärtiger Religiosität in engem Zusammenhang mit der ‹postmodernen› Denkkultur. «Die christliche Religion ist durch die postmoderne Doppelfigur von Absolutheits-Verzicht und Pluralisierungs-Bejahung sowie durch die mit dieser verbundenen Ästhetisierung und gesteigerten Reflexivität in hohem Masse und in allen Bereichen betroffen» (1997, 86). Deshalb würden die Kirchen «als sperrig erfahren, ja geradezu hinderlich für die eigene Entscheidung und Entfaltung» (Kunstmann 1997, 87). Postmodernes Selbstverständnis reagiere geradezu allergisch auf jede Art von Normierung, übergeordneter Ganzheit und Vorgabe. In der Postmoderne hätten Absolutheitsansprüche keinen geistigen Boden mehr: «Monozentrisches Denken, normative Vorgaben und allgemeingültige Interpretationsansprüche haben ihren gesellschaftlichen und kulturellen Kurswert weitgehend verloren» (Kunstmann 1997, 234 f.).

Distanzierte Kirchlichkeit lässt sich nur im Zusammenhang der Verschiebung von Heteronomie zur Autonomie angemessen begreifen. Die Kirche wird als religiöse Ordnungsmacht identifiziert, die «sich … selbst zum Thema macht und ihre institutionelle Existenz inszeniert» (Feige 1982, 335). So produziert sie eher Widerstand, als offene Ohren und Herzen zu finden. «Wo Kirche dagegen für das eigene Leben und die jeweilige Situation als passend und hilfreich erlebt wird, wird sie durchaus anerkannt und stösst auf Interesse» (Kunstmann 1997, 125).

Jugendliche und junge Erwachsene beanspruchen einen Kommunikationsraum für die Entwicklung der eigenen Persönlichkeit, den nur noch wenige in den Kirchen zu finden glauben. Der Mehrheit von ihnen behagt offensichtlich von ihren alltäglichen Kommunikationsgewohnheiten her die institutionelle Form kirchlicher Kommunikation nicht. Ihre Lebenssituation empfinden viele Jugendliche nicht mehr verträglich «mit dem Fortbestand übergreifender und allgemein verbindlicher Sinn- und Wertordnungen» (Berger/Luckmann 1995, 66). Sinnhaftigkeit des Lebens kann von ihnen «nur noch in einem eigenverantwortlichen und selbstdefinierten Umgang mit dem Leben erfahren werden» (Höhn 1998, 121). Attraktiv empfinden die Kirchen jene Jugendliche, die ein Bedürfnis nach einer übergeordneten Wert- und Sinnordnung verspüren.

Institutionell festgeschriebene Überzeugungen und Handlungsmuster lassen sich immer schwerer an die jüngere Generation vermitteln. Im Vergleich der beiden Sonderfall-Studien aus den Jahren 1989 und 1999 zeigt sich eine deutliche Tendenz der «Abkehr von kirchlich geprägten religiösen Orientierungen» (Kaufmann 2003, 29). Es kommt zu einer Differenzierung und einer grösseren Distanz zwischen individuellen Religionsstilen und der institutionell verfassten Religion in den Kirchen.

Religion – institutionalisiert in den grossen Volkskirchen – und Religiosität als Disposition des Individuums stehen in einem permanenten Spannungsverhältnis. Die Ergebnisse der Sonderfall-Studie weisen auf eine deutliche Bevorzugung der individuell erlebten und gelebten Religiosität hin. Bereits vor knapp hundert Jahren schrieb Ernst Troeltsch in seinen religionssoziologischen Überlegungen zur Gestalt von Religion unter den Bedingungen der Moderne: «Wenn dann noch etwas Abneigung der empfindlichen Gemütsart unserer Zeit gegen die enge und steife dogmatische Form des kirchlichen Wesens und die apologetischen Künste der Theologie dazukommt, dann pflegt man sich in das Reich des Mystischen zurückzuziehen» (1981/1910, 115). Unter Mystik im weitesten Sinne des Wortes verstand Troeltsch «nichts anderes als das Drängen auf Unmittelbarkeit, Innerlichkeit und Gegenwärtigkeit des religiösen Erlebens» (1994/1912, 850).

Etwa zur gleichen Zeit wie Troeltsch sah Georg Simmel insbesondere in der Moderne die Gefahr, dass die christlichen Kirchen «eine in sich geschlossene, nach eigenen Gesetzen gebaute Welt» werden, «in ihrem Sinn und Wert ganz gleichgültig gegen das Individuum, das sie nur hinnehmen, nur zu ihr aufschauen kann» (1917, 141), und dass so die Kirchen ihren Bezug zum Leben verlieren. Eine nur auf die Überlieferung von Inhalten, Lehren und Wahrheiten ausgerichtete Religion verkennt die Dimension der Religiosität als eine Funktion des Lebens und provoziert zur Adoption von fremden Erlebnisformen von Religion. Finden religiöse Bedürfnisse keine angemessene Form in den Kirchen, schaffen sie sich eigene neue Ausdrucksmöglichkeiten. Beide, Troeltsch wie Simmel, gaben sich indessen davon überzeugt, dass Mystik, die «eine unbestimmte Weite des religiösen Gefühls» (Simmel 1987, 168) zum Ausdruck bringt und nicht dogmatisch gebunden ist, die institutionalisierte Form von Religion für ihr Überleben braucht. Die religiösen Bedürfnisse der Individuen unterhöhlen jedoch immer wieder die Strukturen der Kirchen und ihre Lehre. Insofern kann der Trend zu einem synkretistischen Christentum und esoterischen Religionsformen als Suche nach neuen, nicht verkrusteten, den religiösen Bedürfnissen angemesseneren Formen verstanden werden.

Der Kirchenabstinenz muss keineswegs eine gleiche Distanzierung gegenüber einem transzendenzoffenen Lebensentwurf entsprechen. Eine eindimensionale These des Bedeutungsverlustes der Religion unter Jugendlichen wird von den Ergebnissen der beiden Sonderfall-Studien nicht gestützt. Es findet sich unter ihnen durchaus ein breites Spektrum religiöser Haltungen und Orientierungen, «das sich – zum Grossteil noch formal kirchlich gebunden – aus dem kirchlich-institutionellen Verständnis löst und auch ausserhalb der kirchlichen Religion seinen Ausdruck findet» (Helsper 2000, 291). Es kann festgehalten werden, «dass dem deutlichen Trend eines Bedeutungsverlustes der institutionalisierten, kirchlich gebundenen und alltäglich gelebten Religion nicht in gleichem Masse ein Bedeutungsverlust religiöser oder transzendenzbezogener Haltungen bei Jugendlichen und jungen Erwachsenen entspricht» (Helsper 2000, 291 f.).

Die von Karl Gabriel vertretene These der De-Institutionalisierung der christlichen Religion, nach der «es der institutionell verfassten christlichen Religion nicht mehr in gleicher Weise gelingt, religiöse Orientierungen, Empfindungen und Verhaltensweisen in ein institutionell festgelegtes und vorgegebenes Muster zu binden wie bisher» (Gabriel 1992, 146), findet in den Ergebnissen der beiden Sonderfallstudien ihre Bestätigung. Der Anspruch des Christentums, dem Ganzen des Lebens einen einheitlichen und plausiblen, verbindlichen und verpflichtenden Sinn zu verleihen, findet nur noch bei einer Minderheit der jungen Generation Zuspruch.

Die *Schaubilder 23 und 24* signalisieren von Seiten der jungen Generation Distanz und Skepsis, sich auf die von den Kirchen praktizierte Kommunikation einzulassen. Die von den Kirchen symbolisierte und repräsentierte Daseinsdeutung wird von den Jugendlichen mehrheitlich, «kritisch als ‹Vereinnahmung› bzw. als Ausdruck von Fremdbestimmung begriffen und entsprechend abgelehnt» (Feige 2002, 809). Reduziert hat sich insbesondere der Religionstyp des exklusiven Christen zwischen 1989 und 1999 in der Altersklasse der 16- bis 25- und 36- bis 55-jährigen.

Den wenigsten Jugendlichen behagt die Kommunikationskultur in den Kirchen, in deren Zentrum der Sonntagsgottesdienst steht. Kirchliche Kom-

Typen religiöser Orientierung nach Alter 1999   Schaubild 23

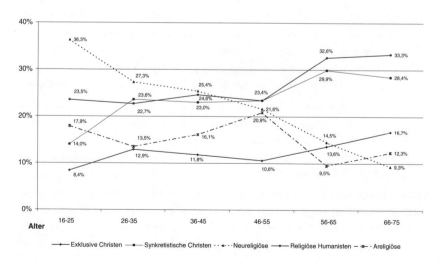

Gewinne/Verluste der Religionstypen 1989/1999 nach Alter — Schaubild 24

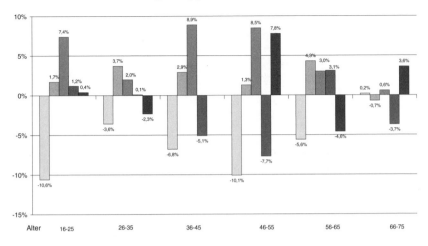

☐ Exklusive Christen ☐ Synkretistische Christen ■ Neureligiöse ■ Religiöse Humanisten ■ Areligiöse

Kirchgang nach Alter 1999 — Schaubild 25

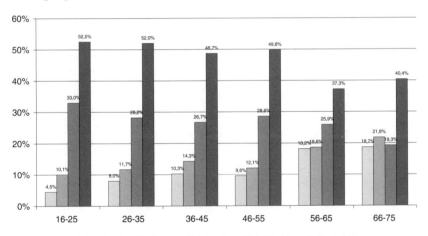

☐ jeden Sonntag ■ min. monatlich ■ gelegentlich ■ bei fam. Anlässen/nie

munikation ist bis heute heimlich oder ausdrücklich vom sonntäglichen Gemeindegottesdienst her und auf ihn hin strukturiert. Die Kirchen haben es mehrheitlich mit Jugendlichen und jungen Erwachsenen zu tun, die keinen Zugang mehr weder zum ortskirchlichen Kommunikationsnetz noch zum Gottesdienst im Zentrum dieses Netzes suchen und finden *(vgl. dazu die*

111

Verbundenheit mit der Pfarrei nach Alter 1999

Schaubild 26

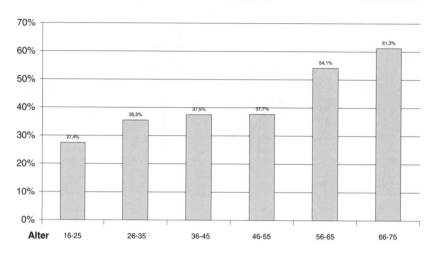

Religionstypen nach Kirchgang
unter den 16 – 35-jährigen 1999

Schaubild 27

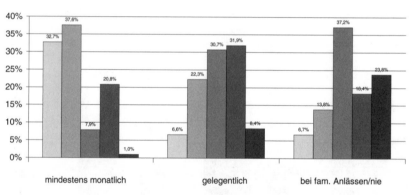

☐ Exklusive Christen ☐ Synkretistische Christen ■ Neureligiöse ■ Religiöse Humanisten ■ Areligiöse

Schaubilder 25 und 26). Je schwächer die Einbindung in die kirchliche Kommunikation, desto weniger nehmen sie in ihren Lebensinterpretationen Bezug auf christliche Deutungen *(vgl. dazu Schaubild 27).*

Die Aussage: «Die Kirchen leeren sich, aber Religion boomt» lässt sich weder im Blick auf Erwachsene noch Jugendliche in der geäusserten plakativen Art mit Zahlen belegen. Die *Schaubilder 10, 27, 30* sprechen eher eine andere Sprache. Kirchlichkeit und die Bedeutung von Religion im eigenen Leben stehen in einem engen Zusammenhang. Schätzen 83,6 % der wöchentlichen Sonntagsgottesdienstbesucher Religion als wichtig in ihrem Leben ein, sind es unter jenen, die bei Familienanlässen oder überhaupt nie zur Kirche gehen, lediglich 12,8 %. Distanzierung von den Kirchen geht mit Prozessen einher, in denen die Menschen das Interesse an Religion verlieren und sich weniger verbindliche neureligiöse Einstellungen herausbilden (vgl. Pollack 2003, 12). Insofern kann man sagen, dass sich neben der Tendenz zu einer atheistischen Weltanschauung bei schwächerer Kirchenbindung eine Gegentendenz hin zu ausserkirchlich-religiösen Praktiken und Vorstellungen entwickelt (vgl. Pollack 2003, 180).

Auf Transzendenz ausgerichtete Bedürfnisse der Verarbeitung von Kontingenz «suchen heute zunehmend nach Ausdrucksgestalten auch jenseits der kirchlichen Formen und Deutungsfiguren» (Feige 2002, 805). Bei der nach wie vor vorhandenen, nur schwieriger gewordenen Suche nach verlässlicher Lebenssinnstiftung erhoffen sich zahlreiche Jugendliche und junge Erwachsene – öfter als die ältere Generation – die Erfüllung ihrer Sehnsüchte in neureligiös-esoterischen Selbstfindungsangeboten durch persönliche Transformation und inneres Wachstum.

Charakteristisch für die ausserkirchliche, neureligiös-esoterische Religiosität ist nach Christoph Bochinger «die Auflösung traditionaler religiöser Strukturmerkmale ... Es gibt keine Kirche, keine Lehre, kein ‹Ritual›, keine festgefügte religiöse Lebensordnung; sondern gerade die Beliebigkeit der Formen, das Schillern zwischen Kommerz und persönlicher Hingabe, zwischen modischen Accessoires und existenzieller Erfahrung ist ein wesentliches Merkmal der Szenerie» (1994, 104). Esoterische Sinnangebote enthalten «weder einen generalisierten Anspruch auf Verpflichtung, noch bieten sie Anlass zu einer kollektiven Auseinandersetzung mit einem bestimmten Weltbild» (Söffner 1994, 296).

Weil sich die segmentierte und zersplitterte Alltagswelt, die ein flexibles Verhalten und Reagieren auf unterschiedliche Herausforderungen erfordert, kaum mehr in einen umfassenden und in sich geschlossenen Identitätsentwurf integrieren lässt, neigen Jugendliche und junge Erwachsene mehrheitlich zu einem experimentellen Umgang mit unterschiedlichen Lebensdeutungsmustern und pflegen eine offene, multiple, bewegliche, stets modifizierbare und vorläufige Interpretationspraxis der Sinnsuche. «Das fragmentierte widersprüchliche Recherche-Ich oder hoch komplexe Zufalls-Ich, das sich stets neu suchen muss, geht nicht mehr in einer festgefügten, endgültigen und abgeschlossenen biographischen Struktur oder Ganzheit auf» (Ferchhoff 1999, 238).

In der Religiosität von Jugendlichen und jungen Erwachsenen spiegelt sich offensichtlicher als in der älteren Generation – wie Peter Sloterdijk es formuliert – die «polyperspektivisch zerbrochene Welt» (1983, 156) wider. Religiöse Identität entsteht nicht mehr durch die Reproduktion von in sich selbst gefügten und vorgezeichneten Lebensentwürfen, sondern «aus dem kreativen Patchwork einer nach vorne offenen Identitätsarbeit» (Keupp 1992, 115).

Der Identitätsentwurf wird von Jugendlichen und jungen Erwachsenen unter den gegenwärtigen Existenzbedingungen vergänglicher, verletzlicher, zerstörbarer, segmentierter und widersprüchlicher erfahren als zu Zeiten kollektiv verbindlicher und abgestützter Lebensregelungen. Ständige Selbstsuche und unbeschwerte Entlehnung weltanschaulicher Komponenten aus verschiedenen Religionstraditionen charakterisieren mehr oder weniger jugendliche Religiosität. «Jugendliche werden heute von früh auf mit einer Vielzahl von durchaus unsteten und vergänglichen Selbstdarstellungsmustern konfrontiert und übernehmen diese gleichsam zusammengesetzt als Arsenal in ihre eigenen Lebensentwürfe» (Ferchhoff 1999, 280). Wer sich nicht festlegen kann und beweglich bleiben will, verhält sich auch flexibel im Blick auf seine letzten Lebensrelevanzen.

Die Kirchen würden sich selber täuschen, sollten sie glauben, ihre schwache Resonanz unter Jugendlichen und jungen Erwachsenen sei in erster Linie altersbedingt. Als Lebensstil ist Jugend quasi altersübergreifend fast so etwas wie ein Markenzeichen von moderner Identität geworden. Grenzziehungen zwischen Jugend und Erwachsensein werden immer uneindeutiger. Jugendliche Leitbilder strahlen mittlerweile in alle Altersklassen (Ferchhoff 1999, 176 f., 202 ff.). Das Bemühen, sich die eigene Biographie ein Stück weit offen zu halten und sich als Antwort auf die Umbrüche in der Arbeitswelt wie im privaten Bereich nicht allzu sehr festzulegen, reicht heute weit in die Erwachsenenwelt hinein und führt zusehends zu einer Flexibilisierung der Identitätsstrukturen auch in späteren Lebensphasen.

7. Religiöses Leben in Szenen

Können Lebenssinn und Handlungsorientierungen nicht mehr aus ehernen Prinzipien und geschlossenen Sinnsystemen abgeleitet werden, geschehen intensivere religiöse Vergewisserung und Stabilisierung unter den Bedingungen der Gegenwart vorab in kommunikativer Verknüpfung mit Gleichgesinnten in Form religiöser Gemeinschaften oder religiöser Szenenbildungen. Unter Szenen versteht Roland Hitzler «thematisch fokussierte kulturelle Netzwerke von Personen, die bestimmte materiale und/oder mentale Formen der kollektiven Selbststilisierung teilen und Gemeinsamkeiten an typischen Orten und zu typischen Zeiten interaktiv stabilisieren und weiterentwickeln» (Hitzler/Bucher/Niederbacher 2001, 20; ferner Hitzler 1999b, 226 ff.). Szenen spannen kulturelle Räume auf, die vor allem von jungen Menschen getragen werden. Sie stellen «ein festes Repertoire an Relevanzen, Regeln und Routinen zur Verfügung, die vom Mitglied zumindest in dem Masse, wie es sich auf die Gemeinschaft bezieht, mehr oder weniger geteilt und befolgt werden» (Hitzler/Pfadenhauer 1998b, 91).

Szenen treten nicht mit den herkömmlichen Verbindlichkeitsansprüchen auf, wie sie aus dem Rekurs auf Traditionen resultieren. In ihnen finden sich Gleichgesinnte zusammen, die miteinander Interessen teilen. Das kann ein bestimmter Musikstil sein, eine Sportart, eine politische Idee, eine Weltanschauung, ein spezielles Konsumbedürfnis. Szenen lassen sich als Netzwerke von Personen verstehen, die «diese Gemeinsamkeiten kommunikativ stabilisieren, modifizieren oder transformieren» (Hitzler/Bucher/Niederbacher 2001, 21). Die Zugehörigkeit basiert auf freiwilliger Selbstbindung. Volle Teilnahme wird erst erreicht durch Aneignung und Anwendung der szenetypischen Denkweisen, Attitüden, Relevanzen und ästhetischen Vorlieben.

Aktive Szenenmitglieder sind «in eine oder mehrere Gruppierungen eingebunden, die als solche Teil der Szene sind» (Hitzler/Bucher/Niederbacher 2001, 25). Eine formale Mitgliedschaft kennen sie nicht; die Grenzen nach innen wie nach aussen sind fliessend, variabel und instabil (vgl. Hitzler/Pfadenhauer 1998b, 96). Die Mitgliedschaft in Szenen besteht im Wesentlichen in der Übernahme und im Nachvollzug von bzw. im Bekenntnis zu den szenetypischen Zeichen, Symbolen und Ritualen (vgl. Hitzler 1998a, 86). Szenen zeichnen sich als jene sozialen Vergesellschaftungsformen aus, in «denen Identitäten, Kompetenzen und Relevanzhierarchien aufgebaut und interaktiv stabilisiert werden, welche die Chancen zur gelingenden Bewältigung des je eigenen Lebens über die Dauer der Szene-Vergemeinschaftung hinaus (also relativ dauerhaft) erhöhen» (Hitzler/Bucher/Niederbacher 2001, 30).

Neben die verdichtete Kommunikation in Kerngruppen, die eine Art ‹Szenenmotor› bilden, gehören auch sporadische Szenengänger. Szenen sind von einem mehr oder weniger grossen Publikum umgeben, das auf unterschiedliche Weise und mit unterschiedlicher Intensität am Szenegeschehen teilnimmt. «Je regelmässiger und intensiver solche Teilnahmen stattfinden, desto näher rückt die jeweilige Person typischerweise an den Szenenkern. In diesem finden sich in erster Linie ‹Szenengänger›, die die Szene samt den je typischen Aktivitäten, Einstellungen, Motiven und Lebensstilen massgeblich repräsentieren» (Hitzler/Bucher/Niederbacher 2001, 212 f.). Die Eintrittskarte zum Szenenkern ist die erkennbare Identifikation mit der szenischen Kultur.

Szenen brauchen nicht nur Treffpunkte, in denen man Gleichgesinnte trifft, um in Interaktion und Kommunikation mit ihnen ein Wir-Gefühl zu entwickeln, zu aktivieren oder zu restaurieren. Eine herausragende Rolle spielen für das Szene-Bewusstsein Events. Sie sind «ganz und gar aus dem Alltag herausragende, raumzeitlich verdichtete, interaktive Performance-Ereignisse mit hoher Anziehungskraft für relativ viele Menschen. Events bieten den Teilnehmern die aussergewöhnliche Chance, sich sozusagen in einem Kollektiv-Vehikel aus den Lebens-Routinen heraustransportieren zu lassen und in verdichteter Weise am symbolisch vermittelten Sinn-Ganzen der Szene zu partizipieren» (Hitzler/Bucher/Niederbacher 2001, 217).

Die Differenzierung und Vervielfältigung der Lebenslagen, -weisen und –stile haben in der Zwischenzeit in- und ausserhalb der Kirchen eine breite Palette von Szenen auch im religiösen Feld hervorgebracht. Seit den 80er Jahren ist es insbesondere unter Jugendlichen «zu einem alltagsästhetisch bemerkenswerten, hoch differenzierten Geschmacks-, Ausgestaltungs- und Stilpluralismus gekommen» (Ferchhoff 1999, 250). In der Folge haben sich viele höchst unterschiedliche christliche, para-, pseudo- und kryptoreligiöse szenenartige Suchbewegungen nicht nur unter Jugendlichen herausgebildet.

Gemeinsame Religiosität wird kommunikativ und interaktiv ‹in Szene gesetzt›. Von herausragender Bedeutung sind dabei Erlebnis-Elemente, in denen die jeweils typischen Inhalte der Kommunikation und Interaktion erfahren werden.

Religiösen Szenen liegt nichts weiter zugrunde als persönliche Interessen und die Orientierung an den in der Szene vorfindlichen Lebensführungsmustern, Symbolen, Zeichen, Zeremonien, Relevanzen, szenekonsensuellen Verhaltensweisen. Teilnahme geschieht durch deren Aneignung und Übernahme,

116

durch Identifikation mit der szenetypischen Lebenskultur. Sie setzen auf «emotionale Vergemeinschaftung, auf Übereinstimmung in Wertvorstellungen, auf eine gemeinsame Sinngebung, gemeinsam geteilte Konzeptionen geglückten Lebens» (Dubach 2004a, 96). Religiöse Szenen reproduzieren sich durch die wechselseitige Inszenierung von Zugehörigkeit.

Die Vielfalt religiöser Szenen speist sich aus einer kaum mehr erfassbaren Vielfalt an religiösen Ausdrucksformen. Die Pluralität der Sinnstiftungsangebote führt «zu vielfältigen Ausformungen von Religiosität in unterschiedlicher Intensität und Ausrichtung in kaum überschaubarer Fülle» (Gebhardt 2002, 14). Die Sinnstiftungsangebote reichen von Rückgriffen auf den reichen Bestand der christlichen Tradition und der Revitalisierung traditionalchristlicher Glaubensmodelle über nichteuropäische Weltreligionen, magische Praktiken sogenannter Naturvölker bis hin zu den New-Age-Weisheiten.

Besondere Anziehungskraft übt die facettenreiche, neureligiös-esoterisch-spirituelle Szene aus, in der sich nicht nur Spurenelemente christlicher Mystik und östlich-religiöser Kulttraditionen mischen. Beobachten lässt sich auch «eine neoromantische Sehnsucht nach einer kosmisch-mystischen Weltharmonie» (Ferchhoff 1999, 253). Die neureligiös-esoterische Religiosität stellt sich als mannigfach differenzierte Szene mit fliessenden Formen und unscharfen Rändern dar. «Es handelt sich insgesamt um eine sinnsuchende, para-psychologische, psycho-transzendentale, spirituell erweckende, gnostisch-mythische und okkult-magische Bewegungswelle» (Ferchhoff 1999, 254), in der Meditation und Versenkungsprozesse, Ausdrucksformen und Daseinsdeutungsmuster von Naturreligionen, Ufologie, christliche Naherwartungen, Schamanismus usw. ebenso ihren Platz haben wie erlebnisintensive Beschäftigung mit Nahtoderfahrungen, Kontakt mit Verstorbenen und Geistern, Kristallsehen, Horoskopdeutungen, Tischerücken, Zahlenmagien, Tarotkartenlegen, Mysterienkulte usw.

Innerhalb des christlichen Lebenszusammenhanges entstanden in den letzten Jahrzehnten über die Konfessionsgrenzen hinweg wirksame, lose strukturierte Szenen, «die um einen ganz bestimmten theologischen, spirituellen oder ethisch-praktischen Kristallisationskern herum ein Geflecht von Überzeugungen, Erfahrungen und Aktivitäten entwickeln, das eine eigene Ausprägung des Christlichen darstellt» (Rüegger 2004, 240). Das Profil christlichen Glaubens und Lebens ist für diese christlich-religiösen Szenengänger meist entscheidender und identitätsprägender als ihre Mitgliedschaft in einer bestimmten Kirche. Wichtige Beispiele solch christlich-religiöser Vergemeinschaftungen sind die evangelikale, die charismatische, die traditionalistische, die religiös-soziale, befreiungstheologisch inspirierte, auf die Anliegen von Gerechtigkeit, Frieden und Bewahrung der Schöpfung ausgerichtete und die an feministischer Theologie orientierte Bewegung. Nach Heinz Rüegger ist davon auszugehen, dass transkonfessionelle Ausprägungen christlicher Identität in Zukunft immer wichtiger werden und die Mitgliedschaft in einer Kirche eine starke Relativierung erfährt.

Die stärkste Abstützung und Stabilisierung erfährt explizite Christlichkeit bis heute durch die regelmässige Teilnahme am kirchlichen Interaktionsgefüge in den örtlichen Pfarreien. Weit überdurchschnittlich zählen sich explizite und synkretistische Christen zu den örtlichen Gottesdienstgemeinden – 65,7 % der expliziten und 39,5 % der synkretistischen Christen besuchen zumindest monatlich einen Sonntagsgottesdienst –, in bescheidener Zahl zu pfarreilichen oder sonstigen religiösen Gruppierungen (34,2 %). Ausschlaggebend dabei ist, dass sie der Religion hohe Wertschätzung in ihrer Lebensführung beimessen. 81,3 % der expliziten und 71,8 % der synkretistischen Christen sagen von sich, dass ihnen Religion im Leben wichtig ist, im Gegensatz zu den ‹Neureligiösen› mit 25,7 % und den Areligiösen mit 6,7 %.

Wie überall, wo Menschen sich zusammenschliessen, neigen auch die traditionalen, pfarreilichen Kerngemeinden dazu, Gleichgesinnte zusammenzuführen, die eine gemeinsame Lebenskultur, gemeinsame Interessen und Bedürfnisse miteinander teilen. Sie nehmen zusehends szenenartige Züge an.

Die örtliche Pfarrei erreicht gut Menschen mit einem ausgesprochenen Bedürfnis nach Orientierung, Sicherheit und Stabilisierung ihres Lebens durch übergeordnete Werte. Die Pfarrei ist für sie ein Ort von vertrauten Ritualen, Gewohnheiten, Wert- und Moralvorstellungen. Von der Kirche erwarten diese Menschen Anleitung im Alltag, einen orientierungsgebenden Rahmen, der als sicherheitsstiftend, schützend und entlastend empfunden wird. Sie fordern klare Aussagen und Lebensvorgaben von Seiten der Kirche und hoffen auf einen Gott, «der das Leben beschützt, der Ordnung stiftet, Halt geben und der die Lebensgeschichte letztendlich zu einem guten Ende führen wird» (Engelhardt 1997, 168). Hinter den auf die Pfarrei projizierten Bedürfnissen nach Harmonie und heiler Welt steht der Wunsch nach einer regulierenden Kraft im Leben. Bei der Bewältigung einer oft als widersprüchlich und unverständlich erfahrenen Welt, die der Verwirklichung ihrer angestrebten Ziele oft enge Grenzen setzt, wollen sie nicht allein gelassen werden. Zu einem Religionsmuster dieser Art neigen vor allem Menschen, die in ihrem Beruf gewohnt sind, sich nach anderen zu richten, in untergeordneter Stellung arbeiten, über ein bescheidenes Einkommen verfügen, vorzugsweise ihren Lebensunterhalt im Kleingewerbe und in der Landwirtschaft verdienen, Menschen mit geringer Schulbildung und solche, die oft schon auf das Pensionsalter zugehen oder als Rentner(innen) leben. Sie tendieren zu Einfachheit und Ordnung im Gegenüber zur Komplexität und Unübersichtlichkeit der Gesellschaft, die sie in vielfacher Hinsicht als bedrohlich empfinden.

Die Mitglieder pfarreilicher Kerngemeinden teilen miteinander in der Regel ähnliche Bedürfnislagen und Lebensziele, mit denen sie sich in den Kirchen gut aufgehoben fühlen. Ältere Personen und Leute mit eher bescheidener Ausbildung finden sich nach den Milieutypen von Gerhard Schulze (1992) vornehmlich im Integrations- und Harmoniemilieu zusammen. Bei Michael Vester (2001) verkörpern sie das kleinbürgerliche Arbeitnehmermilieu. Gemeinsam ist den sogenannten «kleinen Leuten», wie sie auch genannt werden, «dass sie mit Ehrfurcht auf Personen blicken, die im Gefüge der sozialen Positionen über ihnen stehen und ihnen an Status und Autorität überlegen sind. Bei Autoritäten suchen sie Anerkennung, Bestätigung und auch Halt. Dies steht in Verbindung zur grossen Anziehungskraft, die Hierarchien auf sie ausüben. Strenge Hierarchien mit eindeutig abgegrenzten Kompetenzbereichen kommen ihrem Bedürfnis nach Harmonie und Ordnung entgegen. Ein hohes Mass an Eigenverantwortung sowie eine offenere Austragung und Bewältigung von Konflikten schrecken sie eher ab» (Wiebke 2002, 357).

Religion ist für sie grundsätzlich an die Kirchen gebunden. Die Kirche als Ort von vertrauten Regeln, Ritualen, Strukturen kommt dem Bedürfnis nach Orientierung, Sicherheit und Entlastung entgegen, das bei diesem Milieu besonders ausgeprägt ist.

Die örtlichen Pfarrgemeinden drohen nach Michael Ebertz «zu Segmenten einer partikularen Alters- und Bildungskultur zu werden, die, auch in ästhetischer Hinsicht, eine Teil- oder Sonderkultur repräsentieren» (Ebertz 1997, 132). Er spricht von einer Milieuverengung der durchschnittlichen Kerngemeinden in den Pfarreien. Diese Milieuverengung hat bereits erheblich dazu beigetragen, «viele Menschen in Distanz, ja in absoluter Beziehungslosigkeit zum kirchlichen Leben zu halten, nicht zuletzt auch Jugendliche» (Ebertz 1997, 135; ferner 2003, 114).

8. Verbundenheit mit den Kirchen

Trotz der in den Sonderfall-Studien sich äussernden Vorbehalte den Kirchen gegenüber, der Neigung zu religiöser Selbstorganisation und der verbreiteten Meinung, auch ohne Kirche an Gott glauben zu können (91,0 %), gehört nach der Volkszählung 2000 die Mehrheit der Schweizer Wohnbevölkerung einer der beiden grossen Volkskirchen an (71,1 %). Alle anderen Religionsgemeinschaften weisen nur sehr bescheidene Mitgliederzahlen auf: die islamischen Gemeinschaften 4,3 %, die christlich-orthodoxen Kirchen 1,8 %, die christkatholische Kirche 0,2 %, andere christliche Gemeinschaften 0,2 %, die jüdische Gemeinschaft 0,2 %, andere ausserchristliche Kirchen und Gemeinschaften 0,8 %.

Aus den Motivationen für die Mitgliedschaft in den grossen Kirchen lässt sich ein differenzierteres Bild der Bindung an die Kirchen gewinnen als über eine eindimensionale Sicht im Sinne von kirchennahen und -fernen Mitgliedern. Die Gründe für die Kirchenmitgliedschaft geben den Blick frei auf die volkskirchliche Landschaft mit ihren unterschiedlichen Verbundenheitsprofilen (zum Folgenden siehe auch Dubach 2004b).

8.1. Institutioneller Mitgliedschaftstyp

Eine ausgeprägte überdurchschnittliche Identifikation mit den Werten und Zielen der Kirchen und eine hohe persönlich-emotionale Integration in ihren Lebenszusammenhang charakterisiert den «institutionellen Mitgliedschaftstyp». Die Aussagen, die eine Verinnerlichung des kirchlichen Sinn- und Wertsystems und der Gemeinschaftsbildung anzeigen, erhalten hohe Zustimmungswerte. Dem institutionellen Mitgliedschaftstyp gehören 22,9 % der Kirchenmitglieder an (Schaubild 28).

Institutioneller Mitgliedschaftstyp wird er deshalb genannt, weil in erster Linie die Werte und Ziele der Kirchen den Bezugspunkt für die Mitgliedschaft abgeben. Wenn es darum geht, seine eigene Mitgliedschaft in der Kirche zu begründen, kommt zuallererst die persönliche Verbindlichkeit kirchlicher Wert- und Glaubensvorstellungen zur Sprache.

Den ‹Kitt› für den Zusammenhalt in der Kirche bilden für ihn gemeinsam geteilte Überzeugungen, Werte und Verhaltenweisen. Sie liefern dem institutionellen Mitgliedschaftstyp die Motive für die Mitgliedschaft.

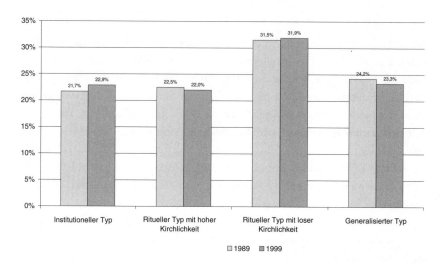

Die Bindung an die Kirche entspricht der Suche nach normativ-sozialer Verankerung des eigenen Lebens. Die Akzeptanz ihrer Autorität und der Wille, ihre Werte zu unterstützen, hängen vom Ausmass ab, in dem die Kirche dem Mitglied Leitprinzipien anzubieten vermag, nach denen es sich in seinem Leben ausrichten kann. Eine Person, die eine normativ-soziale Selbstverpflichtung gegenüber der Kirche eingeht, versteht sich als jemand, der normative Anforderungen höherer Ordnung erfüllt, die seinem Leben Sinn zuweisen.

Welche Zustimmungswerte beim institutionellen Typ die einzelnen Aussagen erhalten, die eine Verinnerlichung des kirchlichen Sinn- und Wertsystem und der Gemeinschaftsbindung anzeigen, geht aus *Schaubild 29* hervor. Werden alle Aussagen zu einer einzigen Einstellungsdimension «normativ-soziale Einbindung» zusammengefasst, fühlen sich 71,2 % des institutionellen Mitgliedschaftstyps mit den Kirchen stark verbunden. Ein Viertel bis ein Drittel leben eine selektive Loyalität. Dass sich nicht alle Mitglieder dieses kirchlichen Verhaltensmusters mit den Kirchen voll zu identifizieren vermögen, liegt daran, dass sie zwar die Kirchen als Wert- und Sinnvermittlerin schätzen, sich jedoch mit vielem, was die Kirche sagt, nicht einverstanden erklären können. Bedeutend weniger als an der Orientierungsfunktion der Kirchen in der Lebensführung ist ihnen an der kirchlichen Gemeinschaft gelegen.

Das Christentum in seinen konfessionellen Ausprägungen hat immer auch das Verhalten seiner Mitglieder wie deren Lebenskultur geprägt. Bis in die

Motive der Kirchenmitgliedschaftstypen 1999

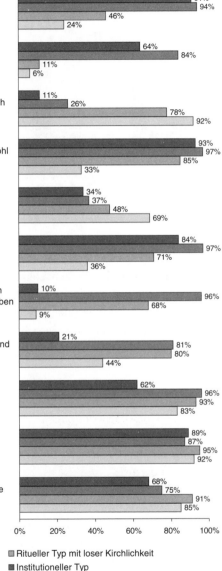

Normativ-soziale Bindung
Die Kirche vertritt Werte, die mir persönlich wichtig sind.
- 91%
- 94%
- 46%
- 24%

Die Kirche ist eine Gemeinschaft, die ich nötig habe.
- 64%
- 84%
- 11%
- 6%

Dass ich Mitglied dieser Kirche bin, hat für mich eigentlich keine grosse Bedeutung.
- 11%
- 26%
- 78%
- 92%

Ich bin Mitglied dieser Kirche und werde es wohl auch bleiben.
- 93%
- 97%
- 85%
- 33%

Ich bin mit vielem, was die Kirche sagt, nicht einverstanden.
- 34%
- 37%
- 48%
- 69%

Die Kirche spielt in der Kindererziehung eine wichtige Rolle.
- 84%
- 97%
- 71%
- 36%

Bindung aus Selbstinteresse
Ich bin Mitglied der Kirche, weil man nie sagen kann, ob man die Kirche nicht einmal nötig haben wird.
- 10%
- 96%
- 68%
- 9%

An der Kirche sind vor allem Taufe, Trauung und Beerdigung wichtig.
- 21%
- 81%
- 80%
- 44%

Ich bin Mitglied dieser Kirche, weil ich so aufgewachsen bin.
- 62%
- 96%
- 93%
- 83%

Selbstbestimmte Bindung
Ich kann auch ohne Kirche an Gott glauben.
- 89%
- 87%
- 95%
- 92%

Man muss nicht an Veranstaltungen der Kirche teilnehmen, um Mitglied zu sein.
- 68%
- 75%
- 91%
- 85%

0% 20% 40% 60% 80% 100%

☐ Generalisierter Typ   ▨ Ritueller Typ mit loser Kirchlichkeit
▩ Ritueller Typ mit hoher Kirchlichkeit   ■ Institutioneller Typ

Religiöse Typen nach Kirchenmitgliedschaftstypen 1999   Schaubild 30

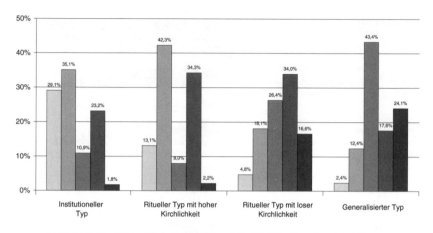

jüngste Zeit fühlen sich die Katholiken (25,1 %) stärker als die Protestanten (19,8 %) in ein Gehäuse fester Weltansichten und kirchlich festgelegter Lehren eingebunden. Der Protestantismus begünstigt allgemein eine institutionell unabhängigere, individuell verantwortete Form der Lebensgestaltung. Die katholische Kirche hat über ihre Einrichtungen eine höhere Prägekraft auf ihre Mitglieder.

Die hohe normativ-soziale Bindung schlägt sich begreiflicherweise in der Häufigkeit des Gottesdienst-Besuches nieder. Mit 50,2 % besuchen überdurchschnittlich viele Personen dieses Verhaltenstyps mindestens ein Mal monatlich den Gottesdienst *(Schaubild 32)*, die Protestanten zu 38,5 % und die Katholiken zu 56,9 %. Sie fühlen sich ausserordentlich wohl unter den Menschen, für die das Pfarreileben ein wichtiger Bestandteil ihres sozialen Beziehungsnetzes darstellt.

Die Daten machen auf den Umstand aufmerksam, welche Bedeutung kirchliche Beheimatung in der Ausbildung und Wahrung christlich-religiöser Orientierungen zukommt. Schwankungen in der Zustimmung zu christlichen Glaubensinhalten lassen sich in hohem Masse durch unterschiedliche Ausformungen der Kirchenbindung erklären. Damit bestätigt sich 10 Jahre später eine der zentralen Erkenntnisse der ersten Sonderfall-Studie: «Die Vermittlung religiöser Orientierung gestaltet sich dort am effektivsten, wo es den Kirchen gelingt, unter ihren Mitgliedern eine normativ-soziale Bindung zu erzeugen

Religiöse Orientierung
nach Kirchenmitgliedschaftstypen 1999

Schaubild 31a

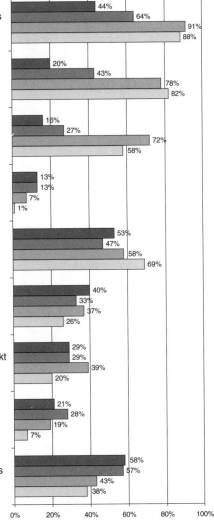

Christlicher Glaube

Es gibt einen Gott, der sich in Jesus Christus zu erkennen gegeben hat.
- 44%
- 64%
- 91%
- 88%

Die Auferstehung von Jesus Christus gibt dem Tod einen Sinn.
- 20%
- 43%
- 78%
- 82%

Das von Jesus Christus verkündigte Gottesreich ist die Zukunft der Menschheit.
- 16%
- 27%
- 72%
- 58%

Es gibt keinen Gott.
- 13%
- 13%
- 7%
- 1%

Ausserchristlich-religiöse Todesdeutung

Der Tod ist der Übergang zu einer anderen Existenz.
- 53%
- 47%
- 58%
- 69%

Es gibt eine Reinkarnation (Wiedergeburt) der Seele in einem anderen Leben.
- 40%
- 33%
- 37%
- 26%

Man kann mit dem Geist der Toten in Kontakt bleiben.
- 29%
- 29%
- 39%
- 20%

Nach dem Tod ist alles endgültig aus.
- 21%
- 28%
- 19%
- 7%

Man weiss nicht, ob es nach dem Tod etwas gibt.
- 58%
- 57%
- 43%
- 38%

0%   20%   40%   60%   80%   100%

☐ Institutioneller Typ　　　　　▨ Ritueller Typ mit hoher Kirchlichkeit
▨ Ritueller Typ mit loser Kirchlichkeit　■ Generalisierter Typ

125

Neureligiöser Humanismus

Die höhere Macht - das ist der ewige Kreislauf
zwischen Mensch, Natur und Kosmos.

Was man «Gott» nennt ist nichts anderes als
das Wertvolle im Menschen.

Die Zukunft der Menschheit liegt im
natürlichen Wissen der alten Völker.

Nur das Heute zählt.

Allgemeinder Transzendenzglaube

Es gibt so etwas wie eine höhere Macht.

Es gibt übersinnliche Kräfte im Universum,
die das Leben der Menschen beeinflussen.

Zukunftsethos

Wissenschaft und Technik bereiten der
Menschheit eine bessere Zukunft vor.

Die Menschheit wird in ein neues Zeitalter
eintreten, wenn man das Beste aus allen
Religionen zusammenträgt.

Die Zukunft der Menschheit hängt vor allem
vom moralischen Verhalten der Menschen ab.

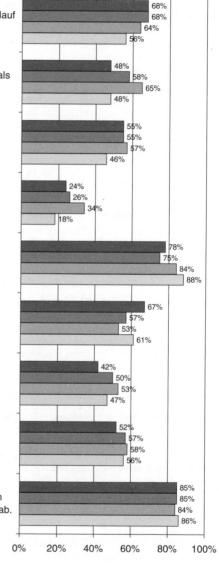

□ Institutioneller Typ　　　　　▨ Ritueller Typ mit hoher Kirchlichkeit
▨ Ritueller Typ mit loser Kirchlichkeit　■ Generalisierter Typ

Kirchgang nach Kirchenmitgliedschaftstypen 1999

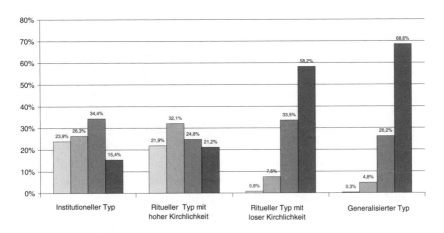

… Je stärker die emotionale Verbundenheit, desto effizienter wird christliche Glaubensverkündigung» (Dubach 1993, 168 f.).

Wer sich wie der institutionelle Typ den Kirchen zugehörig fühlt, vertritt in der Regel auch eine christlich-religiöse Lebensanschauung: ein Befund der Alltagserfahrung, der mit empirischen Methoden und Daten belegt wird. Zwischen 80 % bis 90 % vertreten die Auffassung, dass sich Gott in Jesus Christus zu erkennen gegeben hat und die Auferstehung von Jesus Christus dem Tod einen Sinn verleiht *(Schaubild 31a)*. Explizite und synkretistische Christen finden sich, wie aus dem *Schaubild 30* ersichtlich wird, weit überdurchschnittlich im institutionellen Mitgliedschaftstyp und im nachfolgend beschriebenen rituellen Mitgliedschaftstyp mit hoher Kirchlichkeit.

Sich persönlich als Anhänger der Kirchen zu verstehen, hält eine beträchtliche Zahl unter ihnen nicht davon ab, ein offenes Ohr zu haben für esoterisch-neureligiöse Lebensdeutungen. So neigen rund ein Viertel (26,4 %) des institutionellen Mitgliedschaftstyps zur Meinung – bei einer durchschnittlichen Zustimmung von 34,2 % aller Kirchenmitglieder –, es gäbe eine Reinkarnation der Seele in einem anderen Leben. Oder sie zeigen sich zu 56,2 % empfänglich für die neureligiös-esoterische Transzendenzvorstellung, die höhere Macht sei der Kreislauf zwischen Mensch, Natur und Kosmos.

8.2. Ritueller Mitgliedschaftstyp

Für etwas mehr als die Hälfte der Kirchenmitglieder (53,9 %) sind die Riten bei Lebenswenden der «Hauptgrund für die Kirchenmitgliedschaft» (Ebertz 1997, 65; Ebertz 1999, 121). Sie erfreuen sich unter Protestanten (55,2 %) und Katholiken (52,9 %) gleichermassen grosser Nachfrage.

In der Beanspruchung kirchlicher Amtshandlungen bei Lebenswenden äussert sich eine eigenständige Form von Kirchenzugehörigkeit. An den Lebenswenden möchte man nicht auf die Begleitung durch die Kirchen verzichten. An den Stellen und Einbrüchen, die den Fluss des Lebens unterbrechen, an den schwierigen und bedrohlichen Übergängen des Lebens, wird Begleitung, Stützung und Stärkung durch die Kirchen erwartet. Es ist das Ausseralltägliche in der Lebensgeschichte, das Menschen in die Kirchen führt.

Die Religion hat beim rituellen Mitgliedschaftstyp ihren herausragenden Ort an den Wendepunkten des familiären Lebenszyklus, an den «Einbruchstellen des Unbestimmbaren» (Drehsen 1994, 185; vgl. ferner Luhmann 1977, 9 ff.). Die Menschen «kommen bei den genannten Gelegenheiten nicht nur ‹mal›, sondern ‹überhaupt› zur Kirche» (Matthes 1975, 110). Religiosität wird relevant, insofern sie auf die individuelle Lebensgeschichte bezogen wird. Das kirchliche Teilnahmeverhalten konzentriert sich auf die sogenannten Übergangriten – «les rites de passage» (Van Gennep 1909). In Abgrenzung zum ersten Mitgliedschaftstyp herrscht die Auffassung vor, an der Kirche seien vor allem Taufe, Trauung und Beerdigung wichtig und man bleibe besser Mitglied, weil man nie sagen kann, ob man die Kirche nicht einmal nötig haben wird.

Unverkennbar steht die Mitgliedschaft aus Tradition am stärksten im Zusammenhang mit der rituellen Kirchenbindung. Mitgliedschaft in der Kirche wird als Teil der persönlichen Lebensgeschichte empfunden.

Die gesellschaftlichen Veränderungsprozesse in ihren kulturellen und sozialen Auswirkungen haben die Motivlage für die Kirchenmitgliedschaft in den Zusammenhang lebensgeschichtlicher Identität verschoben. In der ungebrochenen Nachfrage nach ritueller Begleitung zu den Lebenswenden offenbaren sich «fundamentale anthropologische Interessen an der Kontinuität und Konsistenz der je eigenen biographischen Identitätsgewinnung» (Drehsen 1994, 185). Die Motive für das Interesse an den Kirchen entspringen dem Interesse der Menschen an der Sinndeutung ihres zur eigenen Gestaltung freigesetzten und in seiner Einheit bedrohten Lebensentwurfs. Die kirchlichen Riten ermöglichen die rituell-symbolische Begehung riskanter Passagen im Lebenszyklus.

...mit hoher Kirchlichkeit

22 % der Kirchenmitglieder lassen sich dem Mitgliedschaftstyp «Rituelle Bindung mit hoher Kirchlichkeit» zuordnen *(Schaubild 28)*, 25,2 % der Katholiken und 17,6 % der Protestanten.

Mit dem institutionellen Mitgliedschaftstyp teilt dieser Typ die Überzeugung, dass die Kirche Werte vertritt, die im Leben wichtig sind, wie auch die Wertschätzung des kirchlichen Gemeinschaftslebens. Zusammen mit dem ersten Bindungsmuster können die Kirchen bei 44,9 % der Kirchenmitglieder auf institutionelle Gefolgschaft zählen.

Im rituellen Mitgliedschaftstyp mit hoher Kirchlichkeit finden sich Personen mit gleichzeitig hoher institutioneller und ritueller Bindung *(Schaubild 29)*. Für sie sind die kirchlichen Angebote der Taufe, Konfirmation/Firmung, Trauung und Beerdigung ziemlich fraglos eingebettet in den Sinndeutungshorizont der Kirchen.

Noch ausgeprägter als beim institutionellen Mitgliedschaftstyp verbindet Personen dieses Kirchenhabitus eine traditionale, unreflektierte, unproblematisierte Mitgliedschaft. Von allen Mitgliedschaftstypen erhält die Aussage: «Ich bin Mitglied dieser Kirche, weil ich so aufgewachsen bin» die höchste Zustimmung (96,4 %). Am wenigsten haben sie je daran gedacht, aus ihrer Kirche auszutreten (6,6 %). Man kann sich die Kirche aus dem eigenen Leben schlecht wegdenken.

Religion ist noch ausgeprägter als beim institutionellen Mitgliedschaftstyp grundsätzlich an die Kirche als religiöse Institution gebunden. In ihr begegnet man der unbestreitbaren Wahrheit als geistiger Dimension der eigenen Existenz.

Über die soziale Beheimatung in den Kirchen erhält das Leben eine verlässliche Struktur, Überschaubarkeit und sichere Ordnung. In den Übergangsriten «werden die Abfolge der Zeiten, die Übergänge der Lebensabschnitte inszeniert, festlich zur Darstellung gebracht» (Engelhardt 1997, 165). Das Leben erhält seinen Rhythmus.

Eine durch Reflexion entstehende innere Distanzierung von der religiösen Tradition, Freiheit und Selbstbestimmung der Person gegenüber der Institution entsprechen nicht der Lebenseinstellung dieses Motivationstyps. Man setzt darauf, dass die Art, wie Religiosität zu leben ist, von denen gewusst und bewahrt wird, die letztlich dafür zuständig sind. Die Kirche stellt Rituale, Orte und die Sprache zur Verfügung, um mit der Bewältigung des Aussergewöhnlichen im Leben zurecht zu kommen.

... mit loser Kirchlichkeit

Der «rituelle Mitgliedschaftstyp mit loser Kirchlichkeit» umfasst alle jene Personen, die Wert auf die sakramentale Begleitung bei Lebenswenden durch die Kirche legen. Geringe Bedeutung messen sie hingegen den Deutungen und Interpretationen des Daseins durch die Kirchen bei. Die rituellen Handlungen werden faktisch in die Selbstinterpretation der Mitglieder entlassen, stärker bei den Protestanten (37,6 %) als bei den Katholiken (27,7 %). Insgesamt lassen sich 31,9 % der Kirchenmitglieder diesem Mitgliedschaftstyp zurechnen *(Schaubild 28)*.

Im Vordergrund des Interesses steht der Nutzen der Kirchen für die Ausgestaltung des eigenen Lebenslaufs und nicht die Übereinstimmung persönlicher und kirchlicher Glaubens- und Wertvorstellungen *(Schaubild 29)*. Ein selbstbestimmtes Tauschverhältnis, d. h. eine Logik von Leistung und Gegenleistung, beherrscht die Beziehungen zur Kirche. Man versteht sich in einer «Position, die es ermöglicht, den Kontakt zu verstärken, wenn die eigene Lebenslage den Wunsch danach weckt» (Luhmann 1977, 301). Der religiöse Wahrheitsanspruch der Kirchen gibt keinen zentralen Bezugspunkt für die Mitgliedschaft ab. Die allein die Riten der individuellen Lebenswenden praktizierende Form von Kirchlichkeit verkörpert einen eigenständigen Mitgliedschaftsstil ohne Beheimatung in einer christlichen Gemeinde. Die kirchlichen Riten sollen helfen, den jeweiligen biographischen Umbruch zu meistern, unabhängig von sonstigen kirchlichen Ansprüchen, die über das Getauftsein und die Zahlung von Kirchensteuern hinausgehen.

Es ist der lebensgeschichtliche Erfahrungshorizont mit seinen Umbrüchen und Übergängen, der für die Inanspruchnahme der kirchlichen Riten konstitutiv ist. Implizit liegt das Religiöse in der Schwellenerfahrung. Sie ist Transzendenzerfahrung im Sinne des offenen, nicht festgelegten, in seinen Folgen prinzipiell unbestimmten Überschreitens einer Lebensphase. Übergangsphasen bedeuten eine Unterbrechung der Alltagsroutine und somit eine Konfrontation mit den offenen Möglichkeiten des Andersseins: Jenseitserfahrung mitten im Diesseits. Im Ritualvollzug wird diese Erfahrung und somit auch das Jenseits, das in ihr aufscheint, symbolisiert und zeichenhaft gedeutet. Im rituellen Mitgliedschaftstyp mit hoher Kirchlichkeit erfolgt die biographische Selbstvergewisserung im unhinterfragten, sinnorientierenden Deutungsangebot der christlichen Religion. Im Mitgliedschaftstyp mit loser Kirchlichkeit steht die Befriedigung menschlicher Grundbedürfnisse von Seiten der Kirchen als öffentliche religiöse Institutionen im Vordergrund. Stellvertretend für die

Gesellschaft wird von den Kirchen individuelles Leben in seinem Dasein begrüsst, bejaht, gefeiert, sein Verlust beklagt und bedauert, Hilfen für emotionale Bewältigung geboten, in Worte gefasst, was auf individuelle Weise zu sagen kaum möglich ist. In den Kirchen wird Zuwendung und soziale Anerkennung ausgesprochen, Mut und Zuversicht vermittelt, Trost gespendet, wobei für die Betroffenen der Deutungshorizont religiös diffus, offen und vieldeutig bleibt. Die Kirchen werden als religiöse gesellschaftliche Dienstleister betrachtet, die man bei Bedarf in Anspruch nehmen kann, ohne sich dabei mit der Kirche ideell-sozial verbunden zu fühlen.

Von den bisherigen Formen der Kirchenmitgliedschaft unterscheidet sich dieser dritte Habitus im Kirchenverhalten durch seine innere Distanz zu den Kirchen, insbesondere zu ihrem kommunitären Leben. Seine Distanz zu christlichen Orientierungen teilt er mit jenen, die sich dem generalisierten Mitgliedschaftstyp zurechnen *(Schaubild 31a)*.

Der Bezug zur Kirche beschränkt sich auf punktuelles Interesse an kirchlichen Dienstleistungen anlässlich von Wendepunkten im eigenen Leben. Personen dieses Habitus identifizieren sich mit der Kirche nicht mehr im Sinne einer allumfassenden Beheimatung. Eine Dauereinbindung über regelmässige Teilnahme an den Sonntagsgottesdiensten widerspricht dem Charakter dieses Mitgliedschaftsmusters. Der Anteil monatlicher Gottesdienstbesucher reduziert sich im Vergleich zu den beiden vorangehenden Typen von 50,3 % bzw. 54,0 % auf 8,3 %.

Lockert sich die ideell-soziale Bindung an die Kirche, schwindet gleichzeitig der Glaube an einen persönlichen Gott. Gehen in den ersten zwei Kirchenmitgliedschaftstypen rund zwei Drittel davon aus, dass es einen persönlichen Gott gibt, nimmt beim rituellen Mitgliedschaftstyp mit loser Kirchlichkeit der Anteil jener Personen stark zu, die eine unpersönliche transzendente Wirklichkeit annehmen oder von sich sagen, sie wüssten nicht, ob es einen Gott gibt, und sie glaubten auch nicht, dass es möglich ist, dieses herauszufinden.

8.3. Generalisierter Mitgliedschaftstyp

23,3 % der Kirchenmitglieder, 25 % der Protestanten und 22 % der Katholiken, sind über ihre Eltern zu Mitgliedern der Kirchen geworden, ohne dass diese Mitgliedschaft im Laufe des Lebens für sie Bedeutung in der persönlichen Lebensführung erlangt hätte *(Schaubild 28)*. Weder sagen ihnen die christlichen Glaubensorientierungen mehrheitlich zu, noch zeigen sie Interesse an der rituellen Begleitung durch die Kirchen bei Lebensübergängen *(Schaubild 29)*. In der Kirchenmitgliedschaft erkennen sie geringen persönlichen Nutzen.

Die Mitgliedschaftsmotive richten sich nicht auf die «konkrete Befriedigung eigener religiöser Bedürfnisse» (Luhmann 1972, 260), sondern «generalisiert» auf Leistungen der Kirche, von denen sie nur sehr indirekt betroffen sind.

Die Mitgliedschaft in der Kirche reduziert sich beim generalisierten Mitgliedschaftstyp in Kantonen mit öffentlich-rechtlicher Anerkennung praktisch auf die Zahlung der Kirchensteuern. «Die rechnerischen Mitglieder übernehmen eine rein formale Mitgliedschaft und bleiben in ihr, vom Bekenntnis zur Mitgliedschaft und von Geldzahlungen abgesehen, passiv» (Luhmann 1972, 258 f.). Mit ihrer Mitgliedschaft bekunden sie ihr Interesse an der Kirche. Mit allen anderen Mitgliedschaftstypen teilen sie in hohem Masse die Auffassung, dass die Kirchen vor allem da sind für alle, die in irgendeiner Weise Hilfe und Stütze brauchen. Christlich soll die Kirche im einfachen Sinn sein, den dieses Wort im allgemeinen Verständnis hat: Sie soll Nächstenliebe und Zuwendung zu den Schwachen und Hilfsbedürftigen praktizieren. Darüber hinaus erscheinen die Kirchen als allgemeine Sinnvermittler in unserer Gesellschaft.

Personen des generalisierten Mitgliedschaftstyp geben sich davon überzeugt, dass es «mehr Leid für einsame Menschen» (73,3 %) gäbe, «weniger Lebenssinn» (68,1 %), «mehr Menschen am Rande der Gesellschaft» (58,6 %), «weniger Entwicklungshilfe» (47,0 %), «mehr Härte im Leben» (46,7 %), würde es die Kirchen nicht mehr geben.

Kirchliche Diakonie wird gebraucht, so die Einschätzung, damit die Gesellschaft wenigstens noch einigermassen humane Züge bewahrt. Wer im Wettstreit um Geld, Ansehen und Macht zu kurz kommt, soll zumindest von den Kirchen Hilfe erwarten dürfen.

Wenn schon nicht für das eigene Leben, so wird Kirche doch als hilfreich und wichtig für andere angesehen. Man billigt der Kirche Bedeutung nicht so sehr für sich selbst zu, doch für die Menschen im Allgemeinen. Ein wesentliches Motiv, die Kirchenmitgliedschaft nicht aufzukündigen, liegt gerade in den Leistungen, die die Kirchen im sozialen Bereich für die Gesellschaft erbringen. Dass der Gedanke an den Kirchenaustritt nicht in die Tat umgesetzt wird, ist in vielen Fällen zweifellos dem sozialen Engagement der Kirchen zu verdanken. Mancher zahlt seine Kirchensteuer, nicht weil er gerne wieder einmal am Sonntag zur Kirche gehen möchte, sondern weil er die Kirche mit ihren karitativen Dienstleistungen nicht im Stich lassen will. Etwas zugespitzt gesagt: Ohne Diakonie würden noch schneller noch mehr aus der Kirche austreten.

Die Mehrheit dieses Mitgliedschaftstyps kehrt der institutionalisierten Form von Religion in den Kirchen den Rücken, nicht so sehr der Religion schlechthin. Der Verlust an Christlichkeit bei schwacher Kirchenbindung darf nicht verwechselt werden mit einem spurlosen Verschwinden von Religion, als ob Religiosität bei abbröckelnden Beziehungen zur Kirche vollständig ‹verdampft›. Allerdings lehnen mit 24,1 % mehr als bei den vorangehenden Mitgliedschaftstypen eine religiös-transzendente Deutung des Lebens ab, öfter auch als beim rituellen Mitgliedschaftstyp mit loser Kirchenbindung (16,6 %).

Ein allgemeiner, inhaltlich offener Transzendenzglaube mit der Neigung zu esoterisch-neureligiösen Ausdrucksformen, in dem kulturell die Brüchigkeit der Wirklichkeit auf den Begriff gebracht und Dasein sinnhaft verarbeitet wird, bedarf zu seiner Erhaltung weit weniger der personalen Begegnung mit Gleichgesinnten als die christliche Lebensorientierung *(Schaubild 32)*. Der Glaube an eine höhere Wirklichkeit wird vom öffentlichen Bewusstsein gestützt, nicht aber die explizit christliche Glaubenshaltung. Findet keine ausdrückliche Orientierung an der Kirche oder an einer religiösen Gemeinschaft statt, läuft die Vermittlung von Lebenssinn über die öffentliche Meinung (vgl. Dubach 1989, 41 ff.).

Der generalisierte Mitgliedschaftstyp lässt sich im Sinne von Troeltsch deuten: «Die Gegenwart besitzt ausserordentlich viel religiöses Leben, das in gar keinem oder doch nur ganz losem Zusammenhang mit der Kirche steht» (Troeltsch 1895/1981, 148).

Mehr als alle anderen Mitgliedschaftstypen (43,4 %) bekunden Personen mit einem generalisierten Habitus den Kirchen gegenüber Interesse an Formen ausserkirchlich-esoterischer Religiosität *(Schaubild 30)*. Bei sinkendem Kontakt mit der Kirche tauchen neureligiös-esoterische Orientierungsmuster auf. Neureligiöse Orientierungen dürften für diesen Mitgliedschaftstyp deshalb so attraktiv sein, weil sie der individuellen Sinnthematisierung und der religiösen Selbstvergewisserung grösseren Spielraum lassen als die Kirchen mit ihrer dogmatischen Gedankenwelt. «Das kirchliche Christentum erscheint als Grösse, in der es die Glaubensinhalte so, wie biblisch und dogmatisch vorgegeben, zu glauben gilt» (Gräb 2000, 31).

Generalisierte Mitgliedschaft bezieht sich nach Niklas Luhmann einerseits auf die sozialen Leistungen der Kirchen und andererseits auf das Interesse, «dass die Interaktion zwischen den anderen, nämlich den aktiven und den amtstragenden Mitgliedern des Kirchensystems, funktioniert und damit Kontinuität von Religion symbolisiert – ein Tatbestand, der aus sehr unterschiedlichen Gründen geschätzt werden kann» (Luhmann 1972, 260).

Kontakte zu anderen Kirchenmitgliedern sowie christliche Sinnorientierung gehören nicht zu den tragenden Elementen des generalisierten Mitgliedschaftstyps. Dies macht ihn relativ anfällig für Ereignisse, welche die Einschätzung von Kosten und Nutzen verschieben. 61,3 % haben schon ein Mal überlegt, aus der Kirche auszutreten. Doch sie haben sich schlussendlich dafür entschieden, in der Kirche zu bleiben.

9. Beziehung Jugendlicher zu den Kirchen nach der Interaktionslogik des Marktes

Welcher Habitus typischerweise das Verhalten den Kirchen gegenüber prägt, hängt in starkem Masse von der jeweiligen Lebensphase ab. Ob es den Betroffenen bewusst ist oder nicht, ihre persönlichen und sozialen Lebensbedingungen und -umstände, ihr sozialer Ort in der Gesellschaft, wirken sich nachhaltig auf ihre Kommunikation und Beziehung zur Institution Kirche aus. «Die religiöse Nachfrage variiert in Abhängigkeit von der Position im sozialen Raum», schreibt Pierre Bourdieu (2000, 73). Glaube und Leben sind keine voneinander getrennten und unabhängigen Wirklichkeiten. «Will man die Haltung zu Kirche und Religion verstehen, bedarf es der Beachtung der sozialen Zusammenhänge oder Milieus der Mitglieder, da das Verhältnis zu Kirche und Religion sich in einem ‹konkreten lebensweltlichen Kontext› entwickelt» (Bremer 2002, 63).

Mit der religiösen Individualität ist es oft nicht weit her. Die Beziehung zur Kirche wird wesentlich bestimmt und geprägt von den Denk- und Verhaltensweisen, die Menschen mit gemeinsamen persönlichen und sozialen Merkmalen miteinander teilen. Der Einzelne entkommt der Prägung durch seine soziale Umwelt nicht. «Religiosität und Kirchlichkeit entwickeln sich nicht ‹an sich›, sondern finden jeweils in einem konkreten lebensweltlichen Kontext ihre spezifische Ausgestaltung» (Engelhardt 1997, 187). Ähnliche Lebenslagen bringen ähnliche alltägliche Orientierungen hervor. Wie die Mitglieder ihr Verhältnis zur Kirche bestimmen, variiert stark nach Alter.

Deutlich seltener begegnet man in der jüngeren Generation dem institutionellen Mitgliedschaftstyp, insbesondere in seiner rituellen Ausprägung. Motivierend, die Mitgliedschaft in der Kirche nicht aufzukündigen, wirkt der Wunsch, bei Bedarf auf die Dienste der Kirche bei Lebenswenden zählen zu können, ohne sonderlich an ihren Lebensinterpretationen interessiert zu sein. Die Mitgliedschaft in der Kirche hat darüber hinaus für mehr als ein Drittel geringe persönliche Relevanz. Man erkennt die Kirchen als generell nützliche Einrichtung an, ohne an einer persönlichen Lebensführung nach ihren Lehren interessiert zu sein. Mehr als sieben von zehn der unter 30-jährigen gehen davon aus, dass im Rahmen der Kirchen für sie eigentlich kein Platz vorhanden ist *(Schaubild 33)*.

Kirchenmitgliedschaftstypen nach Altersklassen 1999 Schaubild 33

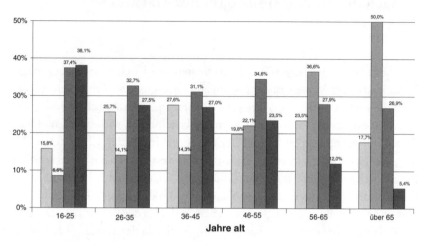

☐ Institutioneller Typ ▣ Ritueller Typ mit hoher Kirchlichkeit ■ Ritueller Typ mit loser Kirchlichkeit ■ Generalisierter Typ

Die Mehrheit der Jugendlichen und jungen Erwachsenen verhält sich den Kirchen gegenüber nicht nach dem Muster einer Überzeugungsorganisation: Es fehlt eine hohe Identifikation mit ihren Zielen, Werten und Überzeugungen. Akzentuiert wird nicht eine Übereinstimmung der persönlichen mit den kirchlichen Glaubens- und Wertvorstellungen, sondern der Nutzen für sich und andere, der aus der Kirchenmitgliedschaft gezogen werden kann. Eine Logik von Leistung und Gegenleistung analog zur Marktkommunikation beherrscht die Beziehungen zur Kirche. An die Stelle einer umfassenden Einbindung in die Kirchen ist ein eher offen-kontingentes, dienstleistungsorientiertes Mitgliedschaftsverständnis getreten.

Mehr als ein Drittel der 16- bis 25-jährigen rechnen sich dem rituellen Mitgliedschaftstyp mit loser Kirchlichkeit zu. Er ist mehr als alle anderen Typen der Auffassung, auch ohne die Kirche an Gott glauben zu können und als Mitglied nicht an den Veranstaltungen der Kirche teilnehmen zu müssen. Kirchliche Wert- und Lebensvorstellungen finden weder Zustimmung noch Ablehnung. Eher distanziert verhält man sich dem kirchlichen Gemeinschaftsleben gegenüber, wie man auch der Mitgliedschaft in der Kirche eher geringe persönliche Bedeutung beimisst. Bei minimaler normativ-sozialer Bindung beherrscht ein Tauschverhältnis die Beziehung zur Kirche, vergleichbar der Kundschaft von Arbeitsorganisationen. Die Beziehung zur Kirche beruht auf Leistung und Gegenleistung. Der rituelle Typ mit loser Kirchenbindung lässt sich die Kirchenmitgliedschaft im wahrsten Sinne des Wortes etwas kosten, wahrt jedoch im Übrigen Distanz zum kirchlichen Leben, ohne allerdings jenes Mass an Apathie zu erreichen, das für rein rechnerische Mitglieder des generalisierten Mitgliedschaftstyps charakteristisch ist.

Rund ein weiteres Drittel der Jugendlichen verstehen sich als rein rechnerische Mitglieder der Kirche, deutlich öfter als alle anderen Altersgruppen. Unter den 16- bis 26-jährigen ordnen sich am meisten (38,1 %) dem generalisierten Mitgliedschaftstyp zu. Mit steigendem Alter reduziert sich der Anteil auf 5,4 %. Der generalisierte Mitgliedschaftstyp erfasst die Gruppe von Kirchenmitgliedern, die aus Tradition der Kirche angehören, die den Nutzen der Kirche in ihren allgemeinen kulturellen und sozialen Leistungen sehen und nur sehr marginal in Hinsicht auf persönliche Bedürfnisse. Zeichnet den rituellen Typ mit loser Kirchenbindung noch eine ambivalente Haltung gegenüber den kirchlichen Wertvorgaben aus, kann von normativ-sozialer Bindung bei diesem Motivationstyp kaum mehr gesprochen werden. Kirchenmitgliedschaft ist für ihn Bestandteil der familiären Herkunft. Am Kontakt mit der Kirche ist er nicht interessiert, auch nicht aus persönlichen Nutzenerwägungen. Es fällt ihm schwer einzusehen, warum er Mitglied der Kirche ist, vor allem dann, wenn diese Zufälligkeit auch noch durch die Kirchensteuer ‹honoriert› werden soll. 64 % der 16- bis 25-jährigen und 52 % der 26- bis 35-jährigen, die schon einmal überlegt haben, aus der Kirche auszutreten, gehören zu diesem Motivationstyp.

Je jünger die Bevölkerung, desto häufiger lässt sich ein Mitgliedschaftsverhalten beobachten, das gegenüber modernen Grossorganisationen typisch ist. Das Mitglied wird durch das Angebot von Vorteilen bewegt, einen Teil seiner eigenen Tauschkapazität in die Prozesse der Organisation einzubringen und dadurch mehr oder weniger an der Organisation teilzunehmen. Es bietet eine Qualität, über die es reichlicher verfügt und die ihm weniger Wert ist, zum Tausch gegen Qualitäten, von denen es selbst weniger besitzt und die ihm wertvoll erscheinen.

Eine Kirchenmitgliedschaft, die auf Tausch und Herkunftsbindung beruht, kommt dem Bedürfnis der Kirchen nach Stabilität insofern entgegen, als sie sich nicht auf schwankende Überzeugungen und Motivationen abstützen müssen. Überzeugungen und Werthaltungen sind wandelbar und bilden insofern eine labile und darum wenig tragfähige Grundlage für Organisationen. Da normative Bindungen ihrem Wesen nach unberechenbar sind, ist auf sie kein Verlass. Sie lassen langfristige Planung nicht zu. Konsenskrisen können sehr schnell zu Bestandskrisen werden. Organisationssoziologische Analysen zeigen, dass Organisationen, die ihre Ziele auf individuelle Motivationen gründen, schwer zu leiten und am Leben zu erhalten sind. Sie sind potenziell von Zerfall bedroht. Je stärker zudem auf normative Übereinstimmung Wert gelegt wird, desto limitierter ist die Zahl der potenziellen Mitglieder.

Da man Werthaltungen und Überzeugungen nicht dauerhaft planbar und stets verfügbar sicherstellen kann, streben Organisationen danach, sich unabhängig von der inneren Übereinstimmung ihrer Mitglieder zu machen. Durchgängig erscheint darum in der allgemeinen Organisationssoziologie die Trennung von Motiven und Zwecken als ein generelles Mittel, mit dem in einer schwierigen Umwelt Organisationen ihre Stabilität und Existenz zu erhalten suchen. Der wesentliche Vorteil besteht darin, dass veränderungsresistente Beziehungen zwischen der Organisation und ihren Mitgliedern geschaffen werden. An die Stelle normativer Übereinstimmung mit den Zielen und Werten treten geregelte gegenseitige Verpflichtungen.

Organisationen tendieren «aus der Logik der Steigerung der eigenen Steuerungskapazitäten ... zur instrumentellen Auflösung der von ihnen getragenen motivierenden und legitimierenden Sinnstrukturen» (Gabriel 1974, 347). Die Einbindung in hoch organisierte Sozialsysteme geschieht nicht über symbolisch vermittelte Interaktion aufgrund handlungsleitender und miteinander geteilter Normen, sondern über eine Tauschbeziehung.

Je stärker sich die Kirchen zu gut organisierten sozialen Systemen ausbilden, desto öfter dürften auf Seiten der Mitglieder kalkulativ-utilitaristische Mitgliedschaftsmotive vorliegen. Wenn die Kirchen immer mehr das Gesicht moderner Grossorganisationen annehmen, werden damit auch die Gesetze wirksam, nach denen sich die Menschen ihnen gegenüber verhalten. Organisationen fühlt man sich nicht innerlich verbunden, sondern man steht in einer Tauschbeziehung zu ihnen. Das Verhältnis zu ihnen wird von Kosten-Nutzen-Erwägungen bestimmt.

An der Mitgliedschaftsmotivation von Jugendlichen und jungen Erwachsenen lässt sich ablesen, wie weit sich die Kirchen heute von einer sozialen Einheit mit gemeinsamen Zielen und Werten weg zu einer Dienstleistungsorganisation zur Deckung religiöser Bedürfnisse entwickelt haben, von einer Bewegung, die auf gemeinsamer Überzeugung und innerer Verbundenheit beruht, hin zu einer Tauschorganisation, die über Leistung und Gegenleistung Teilnahme herstellt.

Das Verhältnis zwischen der Kirche und den meisten Jugendlichen und jungen Erwachsenen gestaltet sich nach dem Typ des sozialen Austausches. Im Gegensatz zu den spezifischen Verpflichtungen, die durch ökonomischen Austausch von Geld und Ware begründet werden, basiert sozialer Austausch auf unspezifischen Verpflichtungen über künftige Leistungen. Der besondere Charakter sozialer Austauschbeziehungen liegt darin, dass eine Person Leistungen erbringt, z. B. finanzielle Leistungen, ohne dass die Art der zu erwartenden Gegenleistungen im einzelnen festgelegt ist; es besteht lediglich eine allgemeine Erwartung, dass der Partner in der Zukunft irgendeine Gegenleistung erbringen wird. Da keine vorgängigen Abmachungen über Gegenleistungen getroffen werden, setzt sozialer Austausch Vertrauen in die sozialen Beziehungen der Beteiligten voraus. Sozialer Austausch lässt so ein rudimentäres Netz sozialer Beziehungen und minimale innere Verbundenheit entstehen.

10. Bedeutung der familiären Herkunft für die Verbundenheit mit den Kirchen

In Untersuchungen erweist sich die Familie immer wieder als wichtigste Institution zur Erhaltung und Reproduktion von Werten, Einstellungen und Normen (vgl. Stolz 2004, 88). Was in der elterlichen Familie erlebt wird, ist zunächst einmal und ganz selbstverständlich die Wirklichkeit schlechthin. Das Kind verinnerlicht die Welt seiner Eltern nicht als eine unter vielen möglichen Welten, sondern als die einzig vorhandene und fassbare Welt. Darum ist, was an Wirklichkeit in dieser Lebensphase verinnerlicht wird, sehr viel fester im Bewusstsein verankert als Welten, die auf dem Wege über spätere Lernprozesse angeeignet werden. «Die Welt der Kindheit ist dicht und zweifelsfrei wirklich. Das wäre in diesem Entwicklungsstadium des Bewusstseins wohl auch gar nicht anders möglich ... Sie ist und bleibt ‹heimatliche Welt›, die wir noch in fernsten Regionen des Lebens, wo wir keineswegs heimisch sind, mit uns nehmen» (Berger/Luckmann 1970, 146). Es bedarf ernster Erschütterungen im Leben, bis die dichte Wirklichkeit, die in der frühen Kindheit verinnerlicht worden ist, auseinander fällt. Später Erlerntes wird in der Regel nur dann lebensrelevant, wenn es sich in die ursprüngliche Welt einfügen lässt.

Die Familie bildet den Rahmen, aber auch den ‹Filter› für die ersten Begegnungen mit der Kirche. Sie ist von zentraler Bedeutung nicht nur im Hinblick auf ihre eigenen Erziehungsleistungen, sondern vor allem auch als Steuerungsinstanz für ausserfamiliäre Lebenserfahrungen des Kindes. Mit der Organisation des kindlichen Alltags werden auch die Bedingungen gesetzt für die Möglichkeiten und Formen der Kommunikation zwischen den Kindern und den sozialen Institutionen ausserhalb der Familie.

Die soziale Ökologie der kindlichen Entwicklung erschöpft sich nicht in der familiären Umwelt. Die Familie ist eingebettet in weitere gesellschaftliche Umwelten und kann nicht ohne Bezug zu dieser Umwelt gedacht werden. Es ist die Familie, durch deren Vermittlungsleistungen diese weitere Welt für die Entwicklung des Kindes relevant wird. Familiäre Umweltvermittlung schliesst notwendig bestimmte Weisen des Umgangs der Familie vor allem mit ihrer sozialen Umwelt ein. Familien stehen in einer Vielzahl von Austauschbeziehungen zu anderen gesellschaftlichen Bereichen. Dazu gehören auch die Kirchen.

Die überwiegende Mehrheit der Kirchenmitglieder wuchs in einem konfessionell homogenen Elternhaus auf, die Protestant(inn)en zu 78,4 %, die Katholik(inn)en zu 84,6 %, 12,4 % in gemischt-konfessionellen Familien. Etwas häufiger ist in Mischehen die Mutter katholisch.

Die Konfession der Eltern spielt in Mischehen insofern bei Katholik(inn)en eine Rolle, als katholische Väter weniger Wert auf die gleiche Konfession bei ihren Kindern legen.

Kinder aus Mischehen entwickeln im Laufe ihrer Biographie eine bedeutend schwächere Bindung an ihre jeweiligen Kirchen. Der Grund hierfür dürften unterschiedliche Gewohnheiten des sonntäglichen Gottesdienstbesuches von konfessionell homogen und gemischt-konfessionellen Ehepartnern sein. Elternteile mit gleicher Konfession besuchen deutlich öfter den Sonntagsgottesdienst als konfessionell gemischte. Die gleiche Beobachtung lässt sich auch in Bezug auf das spätere Verhalten der Kinder in Mischehen machen.

Von signifikanterer Bedeutung als die formale Zugehörigkeit zur Kirche erweist sich der sonntägliche Kirchgang der Eltern. Die Mütter der Befragten besuchten nach ihren Angaben zu 58,2 % regelmässig (mindestens jeden Monat) den Sonntagsgottesdienst, die Väter zu 44,2 %. Bedeutend häufiger als protestantische Mütter (41,1 %) und Väter (25 %) gingen katholische Mütter (69,1 %) und Väter 58,2 % regelmässig zum Sonntagsgottesdienst.

Auch wenn die Mütter etwas häufiger als die Väter den Sonntagsgottesdienst besuchten, hatten beide Elternteile mehrheitlich die gleichen Kirchgangsgewohnheiten. In 41,7 % der Fälle besuchten beide regelmässig (mindestens einmal monatlich) den Sonntagsgottesdienst, 10,2 % gelegentlich und 21,1 % selten oder nie. Öfter als Väter (5,8 %) gingen Mütter (28,5 %) regelmässig an Sonntagen zur Kirche, auch wenn der Ehepartner sie nur gelegentlich oder nie zum Gottesdienst begleitete.

Katholik(inn)en in konfessionell homogenen Familien erlebten zu 59,4 % Eltern, die beide zumindest ein Mal monatlich den Gottesdienst besuchten, Protestant(inn)en zu 26,2 %. Von noch seltenerem regelmässigen Kontakt ihrer Eltern zur Kirche im Gottesdienst berichteten Protestant(inn)en und Katholik(inn)en, die in Mischehen aufgewachsen sind.

Je stärker die Verbundenheit mit der Kirche im Elternhaus, desto stärker dürfte auch im Erwachsenenalter die eigene Bindung an die Kirche sein. Soweit heute die Befragten noch eine sozial-ideelle Selbstverpflichtung gegenüber den beiden Grosskirchen empfinden, haben sie eine überdurchschnittlich starke Kirchlichkeit im Elternhaus erlebt.

Nicht die Tatsache der Zugehörigkeit zu einer Konfession ist hinsichtlich der späteren Kirchenbindung als besonders wirksamer Faktor zu betrachten. Vielmehr ist es die Stärke der kirchlichen Verankerung im Elternhaus – ob im katholischen oder protestantischen Bereich erscheint dabei von sekundärer Bedeutung –, die sich mit der späteren Kirchenbindung der Befragten eng verknüpft erweist. Die Sozialisation in die Kirche durch das Elternhaus wirkt sich umso mehr auf die spätere Kirchenbindung der Befragten aus, als sie selbst in jüngeren Jahren von ihren Eltern zum regelmässigen Gottesdienstbesuch angehalten wurden. Öfter als ihre Eltern gingen die Befragten in der Zeit, als sie zwischen 12 und 15 Jahre alt waren, regelmässig (mindestens einmal monatlich) zum Sonntagsgottesdienst. 58,7 % besuchten jeden Sonntag den Gottesdienst, 22,8 % alle 14 Tage oder mindestens monatlich, 10,1 % gelegentlich oder an kirchlichen Festtagen, 8,3 % lediglich bei familiären Anlässen oder überhaupt nie. Die überwiegende Mehrheit der Befragten kann auf eine ausserordentlich stark kirchlich mitgeprägte Kinder- und Jugendzeit zurückblicken. Sie erlebten eine familiäre Umwelt, in der zu

- 36,7 % sie und ihre Eltern regelmässig am Sonntag in die Kirche gingen;
- 6,6 % sie regelmässig und die Eltern gelegentlich;
- 11,5 % sie regelmässig und die Eltern selten oder nie;
- 3,4 % sie regelmässig, die Mutter regelmässig und der Vater gelegentlich, selten oder nie;
- 2,5 % sie und die Eltern gelegentlich;
- 3,2 % sie gelegentlich und die Eltern nie;
- 5,3 % sie und die Eltern nie.

Gingen die Eltern regelmässig zum Gottesdienst, dann hielten sie auch ihre Kinder (zu 96,9 %) dazu an. Selbst Eltern, die nie zur Kirche gingen, verpflichteten ihre Kinder zu 57 % zum regelmässigen Gottesdienstbesuch.

Eine überdurchschnittliche kirchliche Bindung leben vor allem Kirchenangehörige, deren Eltern und sie selbst im Alter von 12 bis 15 Jahren regelmässig in die Kirche gingen, wie die *Schaubilder 34a* und *34b* zeigen.

Neben dem Kontakt zur Kirche im Sonntagsgottesdienst kommt der Identitätsformation im Umgang mit Gleichgesinnten in der Jugendphase besondere Bedeutung zu. Rund ein Drittel der Kirchenmitglieder (31,6 %) waren in ihrer Jugend zwischen 16 und 20 Jahren einmal Mitglied in einer kirchlichen Jugendgruppe, die Katholik(inn)en häufiger (34,8 %) als die Protestant(inn)en (27,1 %). Einstige Mitglieder in kirchlichen Gruppen zeichnen sich durch markant stärkere Kirchenbindung im späteren Leben aus. Die meisten von ihnen gingen auch an Sonntagen im Alter zwischen 12 und 15 Jahren regelmässig in die Kirche.

Kirchenmitgliedschaftstypen nach Kirchenbindung im Elternhaus 1999

Schaubild 34a

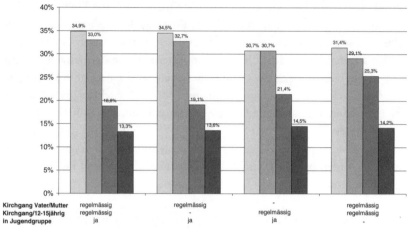

Kirchenmitgliedschaftstypen nach Kirchenbindung im Elternhaus 1999

Schaubild 34b

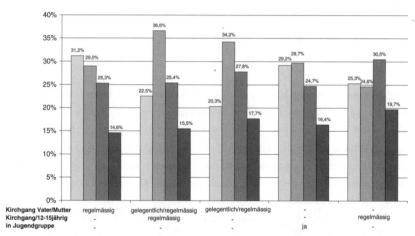

Der Kirchenbesuch im Alter zwischen 12 und 15 Jahren wie die Mitgliedschaft in kirchlichen Gruppen zwischen 16 und 20 Jahren geben äquivalente Anhaltspunkte für die Erklärung von Variationen in der Selbstverpflichtung der Mitglieder gegenüber ihrer Kirche in den späteren Lebensjahren ab. Im

144

Kirchgang nach Konfessionszugehörigkeit 1999   Schaubild 35

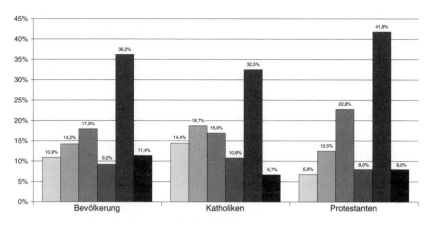

☐ jede Woche ☐ mind. monatlich ☐ gelegentlich ■ an Feiertagen ■ bei fam. Anlässen ■ nie

Blick auf die Konfessionen muss im protestantischen Raum der Mitgliedschaft in Gruppen, im katholischen dem regelmässigen Kirchgang höhere Bedeutung im Blick auf spätere Kirchenbindung beigemessen werden.

Das Zusammenspiel der Sozialisationsfaktoren «Kirchgang der Eltern», «Kirchgang im Alter von 12 bis 15 Jahren» und «Mitgliedschaft in einer Jugendgruppe im Alter von 16 bis 20 Jahren» erzeugt in den folgenden Konstellationen überdurchschnittliche Wirkung auf die spätere Kirchenbindung der Katholik(inn)en und Protestant(inn)en (bei einer durchschnittlichen ideelemotionalen Selbstverpflichtung gegenüber den Kirchen von 44,9 %; 22,9 % beim institutionellen Mitgliedschaftstyp und 22,0 % beim rituellen Typ mit hoher Kirchlichkeit; *vgl. Schaubilder 34a und 34b):*

– 67,9 %: bei regelmässigem Kirchgang der Eltern, eigenem regelmässigen Gottesdienstbesuch im Alter von 12 bis 15 Jahren, Mitgliedschaft in einer Jugendgruppe im Alter zwischen 16 bis 20 Jahren;
– 61,4 %: bei regelmässigem Kirchgang im Alter von 12 bis 15 Jahren und Mitgliedschaft in einer Jugendgruppe;
– 60,5 %: bei regelmässigem Kirchgang der Eltern und eigenem regelmässigen Gottesdienstbesuch im Alter von 12 bis 15 Jahren;
– 60,5 %: bei regelmässigem Kirchgang der Eltern und eigenem regelmässigen Gottesdienstbesuch im Alter von 12 bis 15 Jahren, keine Mitgliedschaft in einer kirchlichen Gruppe;

145

- 60,2 %: bei regelmässigem Kirchgang der Eltern;
- 59,1 %: bei regelmässigem Kirchgang der Mutter, eigenem regelmässigen Gottesdienstbesuch im Alter von 12 bis 15 Jahren und gelegentlichem Kirchgang des Vaters;
- 59,1 %: bei regelmässigem Kirchgang der Mutter und eigenem regelmässigen Gottesdienstbesuch im Alter von 12 bis 15 Jahren, keine Mitgliedschaft in einer Jugendgruppe;
- 54,6 %: bei regelmässigem Kirchgang der Mutter und gelegentlichem Kirchgang des Vaters.

Die Werte für das Jahr 1989 finden sich im Schlussbericht an den Schweizerischen Nationalfonds aus dem Jahre 1992 (Dubach 2002).

Die genannten Sozialisationsfaktoren hängen untereinander eng zusammen. Mit Hilfe der Regressionsanalyse lässt sich die Wirkung eines Faktors einschätzen, wenn gleichzeitig der Einfluss der anderen unterbunden wird. Am nachhaltigsten prägt der Kirchgang der Mutter, gefolgt von der Mitgliedschaft in einer Jugendgruppe und der Besuch des Gottesdienstes im Alter von 12 bis 15 Jahren das spätere Verhalten den Kirchen gegenüber. Die Konfessionszugehörigkeit der Eltern, ob sie in einer konfessionell homogenen oder gemischt-konfessionellen Ehe leben, ist im Vergleich zu den genannten Einflüssen ohne Bedeutung.

Die Kinder von heute erleben weit weniger ein kirchliches Elternhaus als noch die heutige Elterngeneration *(Schaubilder 36a* und *36b)*. Die Chance von Kindern, mit der Kirche in Kontakt zu kommen und gelebte Christlichkeit zu erfahren, ist in der heutigen Elterngeneration drastisch gesunken. Ein heute aufwachsendes Kind empfindet immer weniger eine Notwendigkeit, sich an der kirchlichen Kommunikation zu beteiligen.

Wird die Teilnahme am Sonntagsgottesdienst von jungen Eltern verglichen mit ihrem eigenen Verhalten, als sie 12 bis 15 Jahre alt waren, und dem Kirchgang ihrer Eltern, scheint die Rede von einem Einbruch der Kirchlichkeit im Elternhaus nicht übertrieben zu sein. Erlebten die jungen Eltern in ihrer Jugend noch weitgehend intakte Beziehungen zur Kirche, wachsen die Kinder der heutigen Elterngeneration mehrheitlich in einem kirchenfernen Elternhaus auf. Da immer weniger junge Menschen ein kirchenverbundenes Elternhaus erleben, ist prognostizierbar, dass in der kommenden Generation mit einer weiteren Entfremdung von den Kirchen gerechnet werden muss. Die

Kirchlichkeit des Elternhauses 1989/1999
(Ehe-)Partner mit Kindern unter 12 Jahren

Schaubild 36a

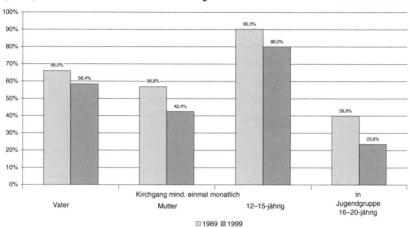

Kirchgang von (Ehe-)Partnern
mit Kindern unter 12 Jahren 1989/1999

Schaubild 36b

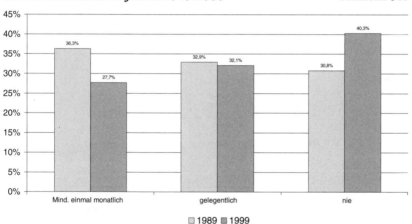

Ausgliederung der Religion aus dem familiären Kontext stellt die Kirchen vor enorme Herausforderungen.

Bis in die jüngste Zeit konnten sich die Kirchen in der Glaubensvermittlung auf die Vorleistungen der Familien abstützen. Funktioniert bis heute leidlich die Rekrutierung neuer Mitglieder über die Taufe, werden die Kinder zusehends weniger von ihren Eltern mit den christlichen Wertvorstellungen

147

vertraut gemacht. Der Verpflichtung bei der Taufe, die eigenen Kinder im Sinne der Kirchen zu erziehen, kommen die jungen Eltern mehrheitlich kaum mehr nach. Die Versuchung ist gross, sich von dieser Verpflichtung zu entbinden und sie allenfalls kirchlichen Experten zu übertragen.

Soweit die junge Generation heute noch regelmässig zur Kirche geht, hat sie eine überdurchschnittlich starke Kirchlichkeit im Elternhaus erlebt. Kirchliche Verbundenheit im Elternhaus kann zwar in späteren Lebensjahren aus unterschiedlichen Gründen schwinden, die Kirchlichkeit im Elternhaus ist jedoch die Voraussetzung für ein engeres Verhältnis zur Kirche im späteren Leben.

11. Neigung zum Kirchenaustritt

Die Kirchlichkeit im Elternhaus prägt nicht nur die Kirchenbindung der Kinder in späteren Jahren, sondern lässt bei ihnen auch seltener den Gedanken aufkommen, der Kirche den Rücken zu kehren. Haben im nationalen Durchschnitt 27 % der Kirchenmitglieder schon einmal daran gedacht, aus der Kirche auszutreten, sind es 20,8 %, wenn Vater und Mutter mindestens einmal monatlich am Sonntag zur Kirche gingen.

Die Zahl der Konfessionslosen setzt sich in erster Linie zusammen aus Austritten aus den Grosskirchen sowie Kindern, die von ihren Eltern nicht mehr getauft werden. 82 % der Konfessionslosen geben an, getauft worden zu sein.

Die Mitgliedschaft in einer Kirche gehört mehrheitlich nach wie vor zu den unproblematischen Selbstverständlichkeiten in unserem Lande. Bei allem Wandel in der Einstellung und im Verhalten den Kirchen gegenüber lässt sich bis heute eine hohe Akzeptanz der Kirchen ausmachen. Die Kirchen nehmen im Blick auf die Ausübung von Religion mit ihren hohen Mitgliederzahlen eine zentrale Stellung ein.

Bis in die 60er Jahre des letzten Jahrhunderts erklärten nur wenige Schweizerinnen und Schweizer, nicht einer der beiden grossen Konfessionen anzugehören. Mitgliedschaft in einer Kirche galt als soziale Norm, die von wenigen Ausnahmen abgesehen von der Bevölkerung nicht in Frage gestellt wurde. Bei diesen Mehrheitsverhältnissen konnte Konfessionslosigkeit höchstens Befremden hervorrufen. Jenseits der Kirchen situierte sich nur selten jemand, schon gar nicht ausserhalb jeder Religionszugehörigkeit. In den Statistiken der Volkszählungen wurden bis 1960 die Konfessionslosen neben den Protestanten, Katholiken, Christkatholiken und Israeliten der Spalte «andere und ohne Konfession» zugezählt. Zu gering erschien ihre Bedeutung, um eigens aufgeführt zu werden (vgl. Dubach 1998).

Die Zunahme der Konfessionslosen lässt sich als Emanzipation vom exklusiven Anspruch der Kirchen auf die Welt- und Lebensdeutung begreifen. Der gesellschaftliche Druck, Mitglied einer Kirche zu sein, lässt deutlich nach.

Die Zahl der Konfessionslosen sinkt von 14,5 % im ersten Lebensjahr auf 8,3 % im Alter von 16 Jahren. In diesem Alter erreichen die Jugendlichen nach dem Gesetz ihre religiöse Mündigkeit. Von da an steigt die Zahl der Konfessionslosen bis 35 Jahre stetig an. Es sind vor allem die 16- bis 35-jährigen, die den Kirchen den Rücken kehren.

Konfessionslose 1960 – 2000

Schaubild 37a

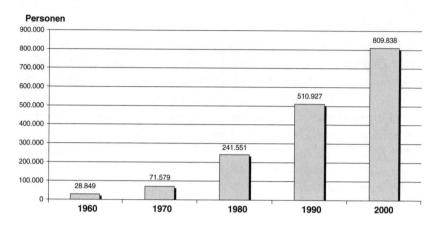

Quelle: BfS

Konfessionslose nach Alter 1970 – 2000

Schaubild 37b

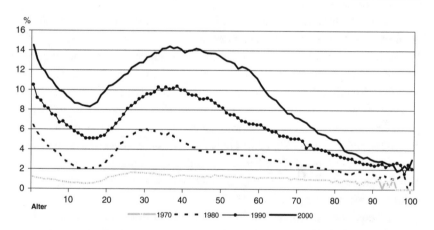

Die Entscheidung, aus der Kirche auszutreten, wird heute leichter und rascher getroffen. Haben 1989 rund ein Fünftel (21,5 %) erwogen, aus der Kirche auszutreten, waren es 1999 bereits mehr als ein Viertel (27,9 %) der Kirchenmitglieder. Der Gedanke an einen Kirchenaustritt taucht unter den Mitgliedern immer häufiger auf und wird von vielen auch in die Tat umge-

150

Austrittsneigung der Kirchenmitglieder
nach Alter 1989/1999

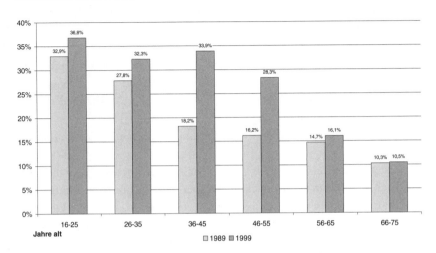

Austrittsneigung der Kirchenmitglieder
nach abgeschlossener Schulbildung 1989/1999

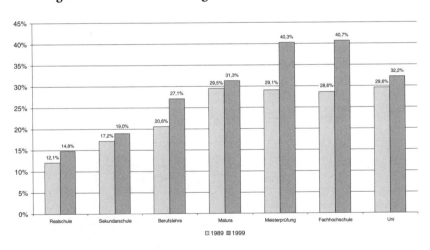

setzt. Das Bewusstsein, sich für oder gegen eine Kirchenmitgliedschaft entscheiden zu können, wächst.

Für 7 von 10 Kirchenmitgliedern gibt es kein Austrittsproblem. Kirchenmitgliedschaft gehört für sie zum Leben. Eine ernsthafte Alternative dazu gibt

es für sie nicht. Kirchenaustritt scheint kein Thema zu sein, mit dem man sich beschäftigt. Doch für eine Minderheit ist die Mitgliedschaft in der Kirche nicht mehr eine fraglos hingenommene Folge von Lebensumständen, über die nicht verfügt werden könnte.

Öfter als Katholiken (24,0 %) denken Protestanten (33,3 %) an einen Kirchenaustritt. In beiden Konfessionen (Protestanten +7,8 %; Katholiken +6,1 %) nahm die Austrittsneigung zwischen 1989 und 1999 in etwa gleichem Masse zu. Stärker als ältere tendieren jüngere Kirchenmitglieder dazu, ihre Kirchenzugehörigkeit in Frage zu stellen *(Schaubild 38)*. Über eine stabilere Basis verfügen die Kirchen in den bildungsschwachen Schichten *(Schaubild 39)*.

Nicht alle denken seit 1989 im selben Masse öfter über einen Kirchenaustritt nach. Die *Schaubilder 38 und 39* zeigen, dass in mittleren Altersstufen und Bildungsschichten eine Zunahme zu verzeichnen ist, ebenso in Gemeinden mit 5000 bis 100'000 Einwohnern. In den Grosszentren thematisieren gar weniger Kirchenmitglieder einen Kirchenaustritt *(Schaubild 40)*.

Sind die Katholiken in ihrer Wohngemeinde eine Minderheit, verspüren sie markant öfter als 1989 die Neigung, der eigenen Kirche den Rücken zu kehren (Anstieg von 20,1 % auf 35,9 %). Ganz anders die Protestanten. Je grösser ihre Zahl in einer Gemeinde ist, desto stärker verliert für sie die Kir-

**Austrittsneigung der Kirchenmitglieder
nach Grösse des Wohnortes 1989/1999**　　　　　　　Schaubild 40

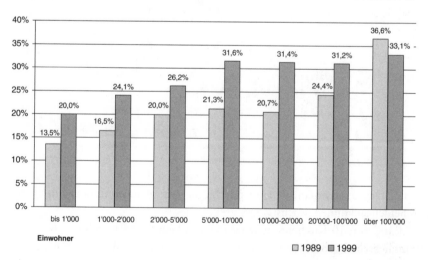

**Austrittsneigung nach Kirchenmitgliedschaftstypen
1989/1999**   Schaubild 41

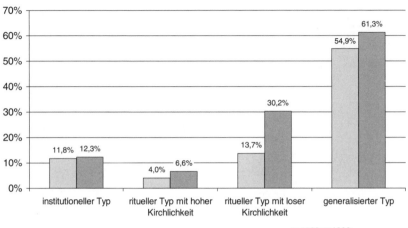

chenmitgliedschaft ihre Selbstverständlichkeit (Anstieg von 19,6 % auf 35,3 %). Fördert bei den Protestanten der Minoritätenstatus den Zusammenhalt, nährt er bei den Katholiken die Bedenken, weiterhin der Kirche anzugehören. Machen die Katholiken und Protestanten zusammen die Mehrheit der Bevölkerung aus, ist der Kirchenaustritt weniger ein Thema, mit dem man sich beschäftigt. Ein grosser Anteil von Konfessionslosen in einer Gemeinde lässt die Kirchenmitglieder die eigene Mitgliedschaft etwas öfter in Frage stellen (29,9 %).

Markant häufiger taucht heute der Gedanke an einen Kirchenaustritt unter Paaren auf, die unverheiratet zusammenleben (44,5 %), und bei Ledigen (37,1 %), häufiger unter Männern (32,8 %) als unter Frauen (23,7 %).

In sehr labiler Verfassung präsentiert sich der «generalisierte Mitgliedschaftstyp». Wie bereits in den Ausführungen zu den Mitgliedschaftstypen ausgeführt wurde, korreliert die Austrittsneigung mit keinem anderen Kirchenhabitus so sehr wie mit dem «generalisierten Mitgliedschaftstyp».

Vorzugsweise überlegen sich Areligiöse und Neureligiöse einen Kirchenaustritt *(Schaubild 42).* Unter den Konfessionslosen dominieren denn auch die Areligiösen mit 42,6 % und die Neureligiösen mit 29,4 % *(Schaubild 43).* Öfter als die Neureligiösen scheinen die Areligiösen den Schritt in die Konfessionslosigkeit zu machen.

Austrittsneigung der Kirchenmitglieder
nach Religionstypen 1999

Schaubild 42

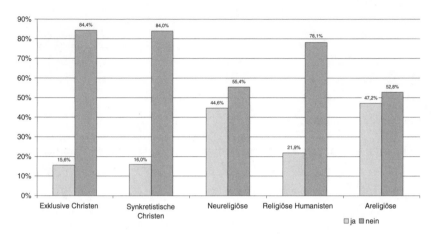

Religionstypen nach Austrittsneigung der Kirchenmitglieder
und Konfessionslose 1999

Schaubild 43

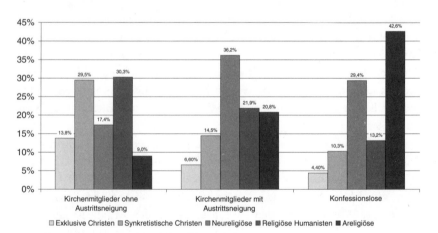

Im Vergleich zu den Kirchenmitgliedern ohne Austrittsneigung reduziert sich der Anteil der expliziten und synkretistischen Christen sowie der religiösen Humanisten unter den Kirchenmitgliedern mit Austrittsneigung und den Konfessionslosen. Höher liegt der Anteil der Neureligiösen, insbesondere der

Areligiösen. Rechnen sich 20,8 % der Kirchenmitglieder mit Austrittsneigung zu den Areligiösen, verdoppelt sich deren Anteil unter den Konfessionslosen (42,6 %).

Wer nie einen Gottesdienst besucht (49,5 %), sich nicht in einer Pfarrei eingebunden fühlt (38,0 %), wer überhaupt nie betet (42,0 %), wer Religion und Kirche im Vergleich zu anderen Lebensbereichen wie Arbeit, Freunde, Familie, Freizeit usw. eher als unwichtig ansieht (Religion 57,7 %; Kirche 55,1 %), zeigt eine manifestere Austrittsneigung.

Auffallend weniger als die Deutschschweizer (37,9 %) denken die Westschweizer (14,1 %) an einen Kirchenaustritt. Dies dürfte wesentlich darin seinen Grund haben, dass ausser dem Kanton Jura und Freiburg die Kirchenmitgliedschaft nicht mit der Zahlung von Kirchensteuern verbunden ist wie in den Kantonen der Deutschschweiz. Zur Bezahlung von Kirchensteuern sind die Kirchenmitglieder in all jenen Kantonen verpflichtet, in denen die Kirchen nach staatlichem Recht eine eigene öffentlich-rechtlich anerkannte Körperschaft bilden.

Mit Hilfe der Regressionsanalyse lässt sich sagen, welche einzelnen Lebensumstände, Verhaltens- und Denkweisen unabhängig voneinander den stärksten Einfluss auf die Austrittsneigung ausüben. Den grössten Erklärungsbeitrag, warum die Kirchenmitgliedschaft problematisiert wird, leistet die Zugehörigkeit zum «generalisierten Mitgliedschaftstyp» und die Muttersprache Deutsch. In einigem Abstand folgen das Alter und das unverheiratete Zusammenleben mit einem Lebenspartner. Im Weiteren beeinflusst die eigene christliche Lebensorientierung und die Stellung der Kirche in der persönlichen Wertehierarchie, inwieweit die Kirchenmitgliedschaft zur Disposition gestellt wird. Ein höherer formaler Bildungsstand begünstigt die Austrittsneigung.

12. Prozessuale Identität als Horizont kirchlichen Handelns

Die sich ausbreitende Neigung vorab von Jugendlichen und jungen Erwachsenen, aus der Kirche auszutreten, muss den Kirchen insofern zu denken geben, als sie darauf hinweist, dass immer mehr Menschen ihr eigenes Selbstverständnis nicht mehr mit den Erfahrungen in Einklang zu bringen vermögen, die sie im Verlauf ihrer Biographie mit der Kirche gemacht haben. In den kommunikativen Kontakten mit ihr prallen zwei Welten aufeinander, in denen sie glauben, nicht gleichzeitig leben zu können.

Die Mehrheit der Jugendlichen und jungen Erwachsenen vermutet bei der Kirche keine Kompetenz mehr, eine lebensinspirierende Begleiterin auf einem zieloffenen Suchweg zu sein. Sie nehmen die Kirchen in hohem Masse als gesellschaftliche Institutionen wahr, die über die christliche Wahrheit verfügen und nicht so von ihr reden, dass sie erst dann zur Wahrheit wird, wenn sie einleuchtet. In ihren Augen verfehlt die Kirche ihre Aufgabe, wenn sie die christliche Wahrheit als Besitz betrachtet, der den Menschen vermittelt werden soll, und nicht als prozessuales Ergebnis im Gefüge der Welt, im Fadenkreuz situativer und existenzieller Anforderungen und im vertikalen Bezug auf das ‹Ganze› im Leben. Hält man an der Idee fest, religiöse Identität meine so etwas wie die Entsprechung des Besonderen mit einem Allgemeinen, lassen sich die Entwicklungen in der religiösen Landschaft der Gegenwart nur als Verfall und Krise diagnostizieren und nicht als Chance, den Menschen den christlichen Glauben in neuer Weise unter veränderten Gesellschaftsbedingungen zu erschliessen.

In der Öffentlichkeit dominiert ein Bild von den Kirchen als integrative Ordnung für die Menschen im Sinne eines Container-Modells, das religiöse Integration als Bedingung gelingender religiöser Identität betrachtet. Ein solches Kirchenverständnis ist an ein konventionelles Gesellschaftsmodell gebunden, in dem das Besondere als Besonderes eines Allgemeinen geführt wird, in dem Gesellschaft gewissermassen als objektive Seite subjektiver Partikularität erscheint, soziale Bindung Zugehörigkeit bedeutet, die das Vehikel abgibt, das Besondere in das Allgemeine einzubinden.

Religiöse Identität entfaltet sich nach einer solchen Kirchenauffassung als Identifikation mit einem kollektiven Gegenüber, von dem man Identität bezieht, aus der Identifikation mit einem Kollektiv, das die Bedingungen für gültige Religiosität schafft. Christlicher Glaube wird als Verpflichtung zugunsten vorformulierter kollektiver Vorstellungen festgelegt. Insofern werden individuelle und kollektive Identität identisch gesetzt. Das Besondere wird normativ unter das Allgemeine subordiniert. Mit einem solchen Konzept religiöser Identität drohen die Kirchen in einer funktional differenzierten Gesellschaft, der das Allgemeine als Ganzes abhanden gekommen ist, ihre Anschlussfähigkeit an das moderne Bewusstsein zu verlieren.

Die Dezentrierung moderner Gesellschaften dezentriert auch das Subjekt und seine Identität, dem die Möglichkeit, auf ein Allgemeines bezogen zu sein, abhanden gekommen ist. Die sozialstrukturellen Veränderungsprozesse der Gegenwart bleiben nicht ohne Entsprechung in der Konstruktion subjektiven Selbstverständnisses. Sozialer Wandel und Veränderung im Selbstverhältnis der Individuen bedingen sich notwendigerweise gegenseitig, sie gehen Hand in Hand. Der gesellschaftliche Transformationsprozess zwingt die Menschen dazu, prozessual, in und durch die Zeit ein Selbstverständnis zu entwickeln, das flexibel, zukunftsoffen, ereignisorientiert und kommunikativ ständig um Anschlussfähigkeit in einer komplexen und undurchschaubar gewordenen Sozialwelt ringen muss. Die Menschen müssen, um sinnhaft leben zu können, in kommunikativen Aushandlungsprozessen ihre eigene Identität durch Selbstreferenz ausbilden. Der einzelne befindet sich auf der fortgesetzten Suche nach einer Identität, auch seiner religiösen Identität, die er nur mehr in ständiger Auseinandersetzung mit den gesellschaftlichen Erwartungen und Ansprüchen im Laufe seiner Biographie zu entwerfen vermag.

Die gesellschaftliche Moderne lässt sich nach Gerhard Schulze als «Steigerungsspiel» (2003, 81) beschreiben. Es ist «darauf angelegt, die Grenzen des Möglichkeitsraumes durch Perfektionierung der Mittel ständig weiter hinauszuschieben» (Schulze 2003, 81). Je mehr wir können, desto drängender stellt sich die Frage, welchen Gebrauch wir von der Welt als Möglichkeitsraum überhaupt machen wollen. Die Frage nach dem richtigen und guten Leben drängt ins Zentrum menschlicher Aspirationen. Sie hat «im Laufe der letzten Jahrzehnte immer mehr Menschen ergriffen; in vielen Industrienationen ist sie nicht mehr bloss ein Luxusproblem privilegierter Minderheiten, sondern ein Lebensthema der meisten» (Schulze 2003, 212).

Das Paradigma des sein-gerichteten Selbst erobert sich zusehends seinen Platz zurück. Nach der weitgehend kulturellen Preisgabe aller Ideen einer künftigen ‹Heilszeit›, die die wahre Erfüllung allen Lebens bringt, rückt eine andere Vorstellung in den Mittelpunkt des Bewusstseins, nach der die Zeitspanne des Lebens so intensiv und umfassend wie möglich zu nutzen ist. Ein gutes Leben wird dann ein erfülltes Leben, wenn es gelingt, möglichst viel von dem, was die Welt zu bieten hat, auszukosten und auszuschöpfen, möglichst umfassend von ihren Möglichkeiten und Angeboten Gebrauch zu machen. Ergänzend zur Optionsausschöpfung tritt das Bestreben, die eigenen Fähigkeiten, Begabungen und Potentiale möglichst umfassend zu entfalten. Eine feste Identität wird in einer solchen Lebensausrichtung zum Hindernis, weil sie zu starr und unflexibel ist und sich nicht schnell genug neuen Erfordernissen und Gegebenheiten anpassen kann.

Die permanente und schnelle Umsetzung aller Lebensverhältnisse untergräbt festumrissene Vorstellungen eines guten Lebens über eine Lebensspanne hinweg. Als notwendiges Korrelat zur optionalen Steigerungslogik der Gesellschaft setzt eine moderne Konzeption des guten Lebens auf die Affirmation des Heterogenen und Differenten, der Brüche, Unvereinbarkeiten und Kontingenzen, des Fragmentarischen und Offenen. Wenn nichts mehr in der Zeit Bestand hat, die Vergangenheit durch das definiert wird, was nicht mehr gilt und die Zukunft das bezeichnet, was ganz anders sein wird, wenn der soziale Wandel alle Lebens- und Erfahrungsgrundlagen unter Kontingenzverdacht stellt, lässt sich die je eigene Lebensführung nicht mehr zu einer geschlossenen Gestalt integrieren.

Die Struktur der modernen Gesellschaft mutet also dem Individuum zu, nach dem Verlust des Allgemeinen, d. h. einer kosmologischen Weltdeutung, in kommunikativer Selbstvergewisserung der eigenen Existenz eine Form zu geben. «Von Nietzsche über Simmel zu Walter Benjamin, Sartre und Foucault zieht sich», so sagt Franz-Xaver Kaufmann, «ein Denkstrang, der den Künstler zum exemplarischen Menschentyp der entfalteten Moderne macht» (1993, 37).

Die wachsende Enttraditionalisierung und Entkonventionalisierung, die Steigerung der Erlebnis-, Handlungs- und Lebensmöglichkeiten unterspülen die Vorstellung eines identitätsstiftenden, kohärenten Lebensprojektes. Die totale Optionalität moderner Gesellschaften favorisiert den «jonglierenden Spieler» (Rosa 2002, 294) als Lebensleitfigur, der als einziger noch in der Lage erscheint, eine situationsoffene, flexible und anpassungsfähige Lebenspraxis auszubilden. Er agiert nicht mehr im Rahmen eines Lebensplanes, sondern flexibel aus der je aktuellen Situation heraus. Er entwickelt die besondere Qualität einer ereignisorientierten Lebensführung, die ihren eigenen Part im Spiel der Spiele möglichst flexibel zu halten sucht. Auf diese Weise lernt der Spieler, Unsicherheiten, Ungleichzeitigkeiten, Unabgestimmtheiten, das Auftreten von Brüchen nicht als Anomalie zu sehen, sondern als Normalität in seine hochsituativ ausgerichtete Lebensführung einzubeziehen. Er verzichtet auf langfristige Festlegungen zugunsten experimenteller und situativer Offenheit und lernt, Nichtplanbares und Unvorhergesehenes in sein Leben einzuplanen.

Angesichts einer Religiosität unter Jugendlichen, die unter den Bedingungen der gegenwärtigen Gesellschaft in hohem Masse eine bewegliche, spielerisch-experimentelle, balancierende Identität praktizieren, stellt sich den Kirchen die Frage, wie sie sich auf das neue Modell einer selbstreferenziellen Religiosität einzustellen gedenken und darauf kommunikativ reagieren wollen. Wollen sie der neuen Art im Umgang mit Religion in ihren eigenen Reihen Platz gewähren, ihre theologische Hermeneutik überdenken, überkommene Verhaltensweisen zur Disposition stellen, sich internen Veränderungsprozessen aussetzen oder auf einem Kirchenmodell bestehen, dem eine expressive Entwicklung und Erkundung von religiöser Identität fremd ist? Attraktiv kann eine Kirche für die Mehrzahl der Jugendlichen nur sein, wenn sie sich als Forum religiöser Selbstthematisierung anbietet, sie nicht auf vorgängig fixierte Lebensmuster behaftet, sondern aus der umgreifenden Heilszusage Gottes in Jesus Christus ihnen ermöglicht, in einer multioptionalen Welt sich ihrer selbst zu vergewissern. Selbstgettoisierung würde eine gegenläufige Strategie beinhalten. Auf dem Prüfstand steht die Gegenwartsfähigkeit der Kirchen.

Anhang 1

Die Dimensionen religiöser Orientierungen –
das Forschungsinstrument

Christlicher Glaube

Existenz einer höheren Macht
* Es gibt einen Gott, der sich in Jesus Christus zu erkennen gegeben hat.

Bedeutung des Todes
* Die Auferstehung von Jesus Christus gibt dem Tod einen Sinn.

Zukunft der Menschheit
* Das von Jesus Christus verkündigte Gottesreich ist die Zukunft der Menschheit.

Allgemeiner Transzendenzglaube

Existenz einer höheren Macht
* Es gibt so etwas wie eine höhere Macht.

Bedeutung des Todes
* Der Tod ist der Übergang zu einer anderen Existenz.

Zukunft der Menschheit
* –

Humanistische Weltanschauung

Existenz einer höheren Macht
* Was man ‹Gott› nennt ist nichts anderes als das Wertvolle im Menschen.

Bedeutung des Todes
* Der Tod ist der Übergang zu einer anderen Existenz.

Zukunft der Menschheit
- Wissenschaft und Technik bereiten der Menschheit eine bessere Zukunft vor.
- Die Zukunft der Menschheit hängt vor allem vom moralischen Verhalten der Menschen ab.

Atheistische Weltanschauung

Existenz einer höheren Macht
- Es gibt keinen Gott.

Bedeutung des Todes
- Nach dem Tod ist alles endgültig aus.

Zukunft der Menschheit
- Nur das Heute zählt.

Synkretistisch-neureligiöser Glaube

Existenz einer höheren Macht
- Es gibt übersinnliche Kräfte im Universum, die das Leben der Menschen beeinflussen.
- Die höhere Macht – das ist der ewige Kreislauf zwischen Mensch, Natur und Kosmos.

Bedeutung des Todes
- Es gibt eine Reinkarnation (Wiedergeburt) der Seele in einem anderen Leben.
- Man kann mit dem Geist der Toten in Kontakt bleiben.

Zukunft der Menschheit
- Die Menschheit wird in ein neues Zeitalter eintreten, wenn man das Beste aus allen Religionen zusammenträgt.
- Die Zukunft der Menschheit liegt im natürlichen Wissen der alten Völker.

Aus: Krüggeler Michael 1993, Insel der Seligen: Religiöse Orientierungen in der Schweiz, in: Dubach A., Campiche R. (Hg.), Jede(r) ein Sonderfall? Religion in der Schweiz. Zürich-Basel

Anhang 2

Faktorenanalyse zur religiösen Orientierung

Aussagen	Faktoren				
	Christl. Glaube	Ausserchristl.-rel. Todesdeutung	Rel. Humanismus	Allg. Transzendenz-Glaube	Zukunftsethos
Es gibt einen Gott, der sich in Jesus Christus zu erkennen gegeben hat.	.85				
Die Auferstehung von Jesus Christus gibt dem Tod einen Sinn.	.84				
Das von Jesus Christus verkündigte Gottesreich ist die Zukunft der Menschheit.	.83				
Es gibt keinen Gott.	–.74				
Der Tod ist der Übergang zu einer anderen Existenz.		.72			
Es gibt eine Reinkarnation (Wiedergeburt) der Seele in einem anderen Leben.		.70			
Man kann mit dem Geist der Toten in Kontakt bleiben.		.67			
Nach dem Tod ist alles endgültig aus.	–.35	–.66			
Man weiss nicht, ob es nach dem Tod etwas gibt.	–.31	–.41	.34		
Die höhere Macht – das ist der ewige Kreislauf zwischen Mensch, Natur und Kosmos.			.75		

Aussagen	Faktoren				
	Christl. Glaube	Ausser-christl.-rel. Todes-deutung	Rel. Humanis-mus	Allg. Transzen-denz-Glaube	Zu-kunfts-ethos
Was man «Gott» nennt ist nichts anderes als das Wertvolle im Menschen.			.64		
Die Zukunft der Menschheit liegt im natürlichen Wissen der alten Völker.			.59		
Nur das Heute zählt.				.74	
Es gibt so etwas wie eine höhere Macht.	.33		.31	–.58	
Es gibt übersinnliche Kräfte im Universum, die das Leben der Menschen beeinflussen.		.41	.31	–.43	
Wissenschaft und Technik bereiten der Menschheit eine bessere Zukunft vor.					.72
Die Menschheit wird in ein neues Zeitalter eintreten, wenn man das Beste aus allen Religionen zusammenträgt.					.68
Die Zukunft der Menschheit hängt vor allem vom moralischen Verhalten der Menschen ab.			.38		.42
Eigenwerte	**3.0**	**2.5**	**2.1**	**1.3**	**1.3**
Erklärte Varianz	**17,0 %**	**14,1 %**	**11,6 %**	**7,2 %**	**7,0 %**

(Hauptkomponentenanalyse/Rotationsmehtode: Varimax mit Kaiser-Normalisierung)

Faktorenanalyse zur Kirchenbindung

Aussagen	Faktoren			
	normativ-soziale Bindung	Bindung aus Selbst-interesse	Selbstbe-stimmte Bindung	Werttrans-formierende Bindung
Die Kirche vertritt Werte, die mir persönlich wichtig sind.	.79			
Die Kirche ist eine Gemeinschaft, die ich nötig habe.	.78			
Ich bin Mitglied dieser Kirche und werde es wohl auch bleiben.	.74			
Dass ich Mitglied dieser Kirche bin, hat für mich eigentlich keine grosse Bedeutung	−.66			
Die Kirche spielt in der Kindererziehung eine wichtige Rolle	.64			
Ich bin vielem, was die Kirche sagt, nicht einverstanden.	−.49			.45
Ich bleibe Mitglied der Kirche, weil man nie sagen kann, ob man die Kirche nicht einmal nötig haben wird.		.74		
An der Kirche sind vor allem Taufe, Trauung und Beerdigung wichtig.		.74		
Ich bin Mitglied dieser Kirche, weil ich so aufgewachsen bin.		.66		
Ich kann auch ohne Kirche an Gott glauben.			.82	
Man muss nicht an Veranstaltungen der Kirche teilnehmen, um Mitglied zu sein.			.72	

	Faktoren			
Aussagen	normativ-soziale Bindung	Bindung aus Selbst-interesse	Selbstbe-stimmte Bindung	Werttrans-formierende Bindung
Wenn ich nicht Mitglied dieser Kirche wäre, würde ich in verschiedenen Punkten anders denken.				.79
Ohne die Kirche könnte ich nicht Protestant/Katholik usw. sein.				.56
Eigenwerte	**3.0**	**1.7**	**1.5**	**1.2**
Erklärte Varianz	**23.3 %**	**13.3 %**	**11.3 %**	**9.5 %**

Hauptkomponentenanalyse/Rotationsmethode: Varimax mit Kaiser-Normalisierung

Brigitte Fuchs

Der Blick nach vorne.
Pastoraltheologische Überlegungen
zur zweiten Sonderfallstudie

1. Einführung:
Wider den «Tunnelblick»

Die vorliegende Studie erhebt einen Ist-Zustand über die religiöse Befindlichkeit der Schweizer(innen). Es ist dies die zweite Erhebung nach der ersten vor 10 Jahren. Die Ergebnisse der zweiten Studie lassen Tendenzen, Richtungen erkennen, in denen sich die Religiosität und das religiöse Verhalten entwickeln.

Angesichts leerer Gottesdienste, steigender Austrittszahlen, der Distanz vieler Menschen von der Kirche, Desinteresse der Kinder am Religionsunterricht etc. konzentrieren sich die Überlegungen häufig auf die ganz konkreten Fragen: Wie die Pastoral organisieren angesichts des Priestermangels? Was (noch) sagen, predigen, lehren, damit ich die Menschen erreiche, damit sie zuhören und sich nicht verschliessen, sich abwenden und das nächste Mal gar nicht mehr erst kommen? Wie kann ich Kirchenaustritte verhindern? Wie wecke ich das Interesse der Kinder an christlichen Themen? Der Blick auf die Zukunft wird auf einen Teilbereich verengt. Für diesen Teilbereich werden dann schnelle und möglichst einfache Lösungen gesucht.

Die beiden Sonderfallstudien haben gezeigt, dass die Probleme des kirchlichen Christentums Teil eines tiefgreifenden und umfassenden gesellschaftlichen Wandels sind. Sie haben sich mit den religiösen Aspekten dieses Wandels beschäftigt. Sie belegen, dass sich Entwicklungen, die sich vor 10 Jahren angedeutet haben, weiter fortgesetzt haben. Die Krise des kirchlichen Christentums ist nicht nur eine Krise seiner Teilbereiche, es ist eine Krise, die alle Bereiche umfasst: institutionelle, strukturelle, inhaltliche, kommunikative, den Bereich des Glaubens und der religiösen Identitätsbildung. Diese Krise wiederum hängt zusammen mit gesamtgesellschaftlichen Veränderungsprozessen, die auch den Bereich Religion in all seinen Facetten mitbetreffen. Schnelle Lösungen von Teilproblemen bringen keine nachhaltigen positiven Veränderungen, sondern verhindern häufig sogar, dass neue, ungewohnte und bisweilen auch unbequeme Fragen gestellt werden. Um Antworten für eine zukunftsfähige Pastoral zu gewinnen, müssen wir die Phänomene des Wandels im religiösen Bereich in den grösseren Kontext gesellschaftlichen, kulturellen und sozialen Wandels überhaupt stellen und fragen, wie Menschen auf diese Veränderungen reagieren und wie diese ihr religiöses Fragen, Suchen und Empfinden beeinflussen. Erst von dieser neu gewonnenen Perspektive aus macht es

Sinn, wieder auf einzelne Teilbereiche, Notwendigkeiten und Möglichkeiten einer zukunftsfähigen Pastoral zu reflektieren.

Unsere Aussicht auf Zukunft ist immer «von kollektiven Übereinkünften geprägt, von Ängsten und Erwartungen verzerrt. ... Wir müssen deshalb zuerst nach unserem ‹Zukunftshintergrund› fragen: Wie *entsteht* Zukunft in unseren Köpfen?» (Horx 2003, 10). Im *ersten Teil* befasse ich mich mit der «Aussicht auf Zukunft», damit, wie die Interpretation von Daten beeinflusst wird durch Bilder von einer zukünftigen Pastoral, einer zukünftigen Kirche. Allerorten werden «Abbrüche im religiösen Tradierungsvorgang» beobachtet. Die christliche Botschaft kommt nicht mehr an. Ihre Inhalte sind nicht mehr einsichtig und ihre Funktionen können auch anderweitig erfüllt werden (vgl. Höhn 2002, 15 f.). Die Glaubensvermittlung findet nicht mehr in gewohntem Masse Anschluss an die Menschen. In einem weiteren Schritt möchte ich deshalb fragen: Was ist für Menschen von heute anschlussfähig? Was empfinden Menschen als relevant für ihr Leben? Lebensrelevanz ist abhängig vom gesellschaftlichen, kulturellen und menschlichen Kontext, in dem sich mein Leben abspielt.

Der *zweite Teil* befasst sich mit den Veränderungen, die dieser Kontext durch längerfristige Wandlungsprozesse erfährt, mit dem kulturellen und gesellschaftlichen Wandel und den sich verändernden Lebenssituationen und Befindlichkeiten der Menschen, ihren Lebensgefühlen und Sehnsüchten. Welche Folgerungen können wir daraus für die Pastoral ziehen: Auf welche Fragen müssen wir eingehen, mit welchen Bedürfnissen und Sehnsüchten müssen wir uns auseinandersetzen, wenn wir den christlichen Glauben in der Welt von heute als lebensrelevant verkündigen wollen?

Im *dritten* Teil richtet sich der Blick zurück auf die Kirche(n) selbst. Welche zentralen Anliegen schälen sich als Konsequenzen des «neuen Modells von Religion» heraus?

2. Zukunftsfähig?

2.1. Wahrnehmungsprogramme

Aus der Kenntnis der Situation ergeben sich noch nicht ohne weiteres klare Konsequenzen für die praktisch-theologische Arbeit, für die Arbeit in Gemeinden, Schulen, Krankenhäusern, in Bildungshäusern und Ordinariaten. Zahlen und Daten allein geben keine Verhaltensanweisungen. Daten müssen zunächst interpretiert werden auf ihren Bedeutungsgehalt für die Situation.

Interpretationen erfolgen auf dem Boden unseres Vorwissens. «Unser Wissen ist nicht interesselos oder teilnahmslos, es ist keineswegs emotionslos. Verschiedene Menschen verfügen über unterschiedliche *Affektlogiken* (Luc Ciompi), über relative Emotionsmuster, die unsere Kognitionen steuern.» (Siebert 2003, 104). Das heisst, wir nehmen bevorzugt die Dinge wahr, die in unsere Wahrnehmungsstruktur passen, und wir übersehen bevorzugt, was nicht in unser Bild passt oder was uns unangenehm ist (ebd.). Unübersehbares wird so interpretiert, dass es keine oder nur geringe Störungen unseres Bildes verursacht. Für die Beurteilung der Situation von Religion und Kirche dürften im Moment folgende «Wahrnehmungsprogramme» wichtig sein:

- das Apokalypseprogramm: Alles, was die Vermutung eines unaufhaltsamen Niedergangs der Kirchen bestärkt, wird bevorzugt wahrgenommen. Ähnlich das Trauerprogramm: Mit einer gewissen Befriedigung werden bevorzugt die Informationen registriert, die die Aussichtslosigkeit allen pastoralen Tuns angesichts der gegenwärtigen Situation bestätigen. Zulehner nennt eine Schrift «Wider die Resignation» (Zulehner 1989). Damit will er anschreiben gegen die Resignation, die sich in vielen Teilen der Europäischen Christenheit breit gemacht hat. «Eine Spur tiefer Kirchentrauer durchzieht die Weltkirche. Die Zahl der Trauernden wird zunehmen. Tragischerweise auch die Zahl jener, die resignieren und emigrieren werden.» (Zulehner 1989, 9). Zulehner hat mit seiner Prognose von 1989 Recht behalten. Die Zahl derer, die emigriert sind, die die Kirche verlassen haben, hat zugenommen ebenso wie die Zahl derer, die mit dem Gedanken eines Kirchenaustritts spielen. Dies wiederum führte zu wachsender Resignation. Mutlosigkeit angesichts hoher Austrittszahlen, leerer Gottesdienste, rückläufiger Zahlen von Priesteramtskandidaten und des Schwindens zentraler christlicher Glaubensinhalte wie Gottessohnschaft oder Auferstehung Jesu hat sich breit gemacht. «Manche Verantwortliche geben sich inmitten der sich ausbreitenden Krise einer tiefen Depression hin.» (Zulehner 2003b, 15). Am meisten verbreitet, so Zulehner, ist jedoch das Jammern, «jene depressive Art, die Krise nahezu lustvoll zu erleiden, ohne handeln zu müssen» (ebd.).

- das Beschwichtigungsprogramm: Alarmierende Informationen werden als überzogen hingestellt. Dem entgegen steht
- das Aufbruchsprogramm: Eine ganze Reihe von pastoraltheologischen Veröffentlichungen trägt das Wort «Aufbruch» im Titel: «Aufbrechen oder Untergehen» (Zulehner), «Aufbruch in der Kirche» (Ebertz). Die Autoren sehen diesen Aufbruch bereits vielerorts und wollen Hilfestellungen und Unterstützung anbieten. An zahlreichen Orten in der Kirche werden neue Wege gesucht und wird Ungewohntes ausprobiert.

Allerdings herrscht auch über die Richtung dieses Aufbruchs noch einmal geteilte Meinung: Sollte er sich zu einer Restaurierung verlorengegangener Werte, Riten und Frömmigkeitsstile hinbewegen, oder sollte er genau in die andere Richtung zielen: gerade weg von den alten Formen, hin zu Neuem, noch nie Dagewesenem?

Um die Informationen der Sonderfallstudien angemessen wahrzunehmen und zu interpretieren, ist es wichtig, dass wir uns unser eigenes Wahrnehmungsprogramm bewusst machen: Was ist mein Programm, was interpretiere ich als Bestätigung meines Programms? Wie könnte es von einem anderen Programm interpretiert werden?

Unsere inneren Haltungen, unsere Programme bestimmen wesentlich auch unsere Handlungen auf Zukunft hin und damit unsere Zukunft mit. In dem Buch «Future Fitness» (2003) fordert Matthias Horx die Leser zunächst auf, ihren Zukunftstyp zu bestimmen, sich zu verorten zwischen Optimismus und Pessimismus, zwischen Rationalismus und Romantismus. Dieser Zukunftsstandpunkt bestimmt darüber, welche Zukunft wir an uns heranlassen – und welche wir «in den Bereich der Fabel, der Unwichtigkeit oder der Unwahrheit verweisen» (Horx 2003, 29–31). An der eigenen Positionierung gilt es zu arbeiten, so Horx, da wir alle vom Apokalypseprogramm beeinflusst sind. Untergangsszenarien resultieren aus Ängsten und werden von den Medien Aufmerksamkeit heischend vermarktet. Kirchliche Apokalypseprogramme haben ihren Platz in einem Feld globaler Unter- und Niedergangsvorstellungen. Zukunftspessimismus korrumpiert unsere Bilder über die Zukunft. «Die Folge ist jener alles umfassende Jammerton, mit dem wir die Krisen, die wir fürchten, nicht nur in Kauf nehmen, sondern auf dem Wege sich selbst erfüllender

Prophezeiungen verstärken und am Ende sogar erzeugen.» (Horx 2003, 40). Zukunftspessimismus lähmt Kreativität und Initiative.

2.2. Zukunftsoptionen

Es sind immer verschiedene Zukunftsszenarien denkbar.

Abb. 1. Aus: *Küstenmacher Werner* 1983, Ach du lieber Himmel. Spritzige Bilderbögen über Gott und die Welt, Claudius Verlag, München, 46.

Aus der Zukunftsoption, die wir treffen, entstehen Handlungsoptionen. Die Bilder, die unsere Zukunftsoption bestimmen, geben den Rahmen ab für unsere Wahrnehmung. Daten werden eingepasst, andere, die aus dem Rahmen fallen, übersehen oder in ihrer Bedeutung heruntergespielt. Diese Bilder leiten auch unser Handeln. Resignierendes die Hände in den Schoss legen oder ideenreiches Anpacken, Schritte nach vorn, Standhalten oder Nachgeben, Aktivitäten und deren Richtung haben ihren Grund in dem für uns dominierenden Zukunftsszenarium. Es gilt deshalb, an lähmenden Apokalypse- und Trauerprogrammen zu arbeiten, ihren subjektiven emotionalen Gehalt zu analysieren und in einem weiteren Schritt andere mögliche Zukunftsoptionen mit ihren veränderten Interpretations- und Handlungsmöglichkeiten durchzuspielen. Wir müssen uns an einem gewissen Punkt entscheiden, «auf welcher Seite der

Hoffnungsbarrikade wir stehen. Wollen wir in unserer vergangenheitsverlieb-
ten Komfortzone verharren? Oder wollen wir einen Beitrag leisten, dass Zukunft *möglich* wird [...]?» (Horx 2003, 56).

2.3. Anschlussfähig?

2.3.1. Der Glaube kommt vom Hören (P. Knauer)

Von dem, was ein/e Prediger(in), was ein/e Religionslehrer(in), ein/e Refe-
rent(in), eine/e Seelsorger(in) sagen, nehmen wir nicht alles auf. «Wir hören,
was wir verstehen können, was in unsere Schemata passt, was *anschlussfähig*
ist, was uns brauchbar und ‹bemerkenswert› erscheint. Hören ist also ein selek-
tiver Vorgang des Aktivierens und Verknüpfens vorhandener Assoziationsfel-
der in unserem Nervensystem.» (Siebert 2003, 16). Der Gehirnforscher Wolf
Singer hat festgestellt, «dass 80 % der kognitiven Aktivitäten von ‹Hörern› eines Vortrages ‹*innerer Monolog*› waren. Der Referent liefert Anstösse für eigene
Gedanken, das Gehirn kommuniziert mit sich selbst, es erinnert sich, sucht
bestätigende Beispiele oder auch Widersprüche.» (Siebert 2003, 17 f.). Auch
wenn es uns gelingt, die Zuhörer da abzuholen, wo sie stehen, wissen wir
noch nicht, wohin sie das Gehörte führt. Der Prozess der Aneignung vollzieht
sich ganz wesentlich nach Massgabe dessen, was unsere Zuhörer(innen) bereits mitbringen.

Was sich Zuhörer(innen) aneignen, hängt entscheidend von ihrer individuellen kognitiven und auch emotionalen Befindlichkeit ab, von ihrer biographischen Prägung, ihren Denk- und Gefühlsstrukturen, aber auch von der jeweiligen Situation, der räumlichen und menschlichen Umgebung, der
Atmosphäre. Was aufgenommen wird, ist also biographie- und kontextabhängig (vgl. Siebert 2003, 18).

2.3.2. Was dient dem Leben? – Problem der Relevanz

Von dem Aufgenommenen *nachhaltig* gelernt wird wiederum nur das, was für
das Individuum relevant ist. Relevant ist in erster Linie, was *lebensdienlich* ist.
Das ist zunächst alles, was zur Bewältigung von Alltagssituationen und Alltags-
problemen beiträgt (vgl. Schütz 1972, 55). Relevant ist aber auch, was für das
Weltverstehen und für die Identitätsentwicklung von Bedeutung ist (vgl. Siebert 2003, 19). Die Bedeutsamkeit für das eigene Leben, das Alltagshandeln,

174

das Begreifen der Welt und Umwelt und für die Identitätsarbeit kann nicht von aussen verordnet werden. Nicht, was ein/e Prediger(in), was Lehrpläne oder Kirchenleitungen für wichtig erachten, hat Relevanz für unsere Zuhörer(innen), sondern was sie in ihrem Leben, in ihrer Situation, in ihrem Kontext als lebenswichtig erfahren. Kirchliche Mitarbeiter(innen) leben häufig in anderen Kontexten als die Menschen, die sie gerne mit ihrer Arbeit erreichen wollen. Dies hat zur Folge, dass ihre Relevanzstrukturen nicht übereinstimmen. Dies wiederum bedeutet, dass kirchliche Mitarbeiter(innen) Mühe haben können, sich in die Perspektive der Bevölkerung hineinzudenken. Ergebnisse der Ökumenischen Basler Kirchenstudie zeigen, «dass den Mitarbeitenden beider Kirchen die *Perspektivenübernahme nur eingeschränkt* gelingt. Sie schätzen die Meinung der Bevölkerung in vielen Bereichen nicht richtig ein.» (Bruhn/ Siems/Lischka 2000, 102). Die Erfahrung von Bedeutsamkeit entwickelt sich im Zusammenspiel von biographischen Elementen, beruflichen Interessen und gesellschaftlichen Vorgaben. So ist auch die Relevanz von Religion keine rein individuelle Angelegenheit, sondern wird beeinflusst von gesellschaftlichen Relevanzstrukturen.[1] Ob beispielsweise Religion nur für den Bereich der privaten Lebensführung oder auch für Politik und Wirtschaft von Bedeutung ist, wird in unterschiedlichen Gesellschaften unterschiedlich beurteilt.

Nicht-Relevantes, Unwichtiges aufzunehmen, wird als sinnlos empfunden. Nur die Erfahrung von Sinnhaftigkeit motiviert nachhaltiges Lernen. Das Erleben von Sinn ist jedoch kein rein kognitiver Vorgang, sondern immer auch verknüpft mit Empfindungen und Gefühlen. «Unser Körper ist notwendiges ‹Bezugssystem› für neuronale Prozesse, die wir als Bewusstsein erleben. ‹Entspanntes› und ‹aufgeschlossenes› Lernen erfordert ein körperliches Wohlbefinden.» (Siebert 2003, 20).

In pluralistischen Gesellschaften weichen die Relevanzstrukturen von Individuen und Gruppen wesentlich stärker voneinander ab, als das in vormodernen Gesellschaften der Fall war. Wir können heute kaum mehr davon ausgehen, dass ein Nachbar, ein Arbeitskollege oder eine Mitstudentin die gleichen Interessen hat und die gleichen Dinge für sie oder ihn bedeutsam sind wie für uns selbst. Das direkte gesellschaftliche Umfeld, die Nachbarschaft, die Nation, die Kirchen verlieren als identitätsbildende Instanzen (Trendbüro 2003, 124). Dies bedeutet für die an lokale Ortsstrukturen gebundenen Pfarreien, dass sie in der Regel keine Gemeinde mit in etwa ver-

---

1 «Die Grundstruktur der Relevanz in der Alltagswelt liefert mir der gesellschaftliche Wissensvorrat als Fertigware.» Berger/Luckmann 1970, 47.

gleichbaren Interessens- und Relevanzstrukturen vor sich haben. Damit wird ein und dasselbe Angebot von manchen angenommen und von anderen als irrelevant erachtet und läuft somit ins Leere. Menschen schliessen sich eher über die Medien mit Gleichgesinnten zusammen als in traditionellen Gemeinschaftsformen.

2.3.3. Relevanz von Religion und Kirche nach religiösen Typen der Untersuchung von 1999

Die Untersuchungen von 1989 und 1999 unterscheiden fünf religiöse Typen. Die unterschiedlichen Religionstypen unterscheiden sich nach ihren Relevanzstrukturen in Bezug auf Religion und Kirche (vgl. oben Dubach, *Schaubilder 10–15*).

Exklusive Christen
Für exklusive Christen (12 %) rangiert Religion ganz oben in ihrer Wertehierarchie, nur die Beziehung zum Partner und den Kindern hat höhere Bedeutung. Für sie ist der christliche Glaube von höchster Relevanz für ihre Identität. Sie leiten aus ihm exklusiv die Leitlinien für ihre Lebensführung ab (vgl. Dubach, Kap 4.1.). Ebenso exklusiv bietet für sie die christliche Glaubensüberzeugung den Rahmen für ein sinnhaftes Verstehen der Welt. Anderen religiösen Angeboten wird höchstens in Ausnahmefällen Bedeutung für die eigene Identität und Lebensführung beigemessen. Die hohe Bedeutsamkeit von Religion für Identität, Lebensführung und Weltverstehen teilen sie mit den synkretistischen Christen.

Synkretistische Christen
Synkretistische Christen schöpfen, anders als die exklusiven Christen, die ihre religiösen Bedürfnisse durch das Angebot der christlichen Kirchen gut abgedeckt empfinden, aus mehr als nur der christlichen Quelle. Das Angebot des kirchlich verfassten Christentums reicht nicht mehr aus, um die Fragen der Lebensbewältigung und des Weltverstehens zu beantworten. Der christliche Glaube bleibt zentral, seine Antworten werden jedoch nicht mehr als ausreichend betrachtet. Lösungen für Deutungsdefizite und unbeantwortete Fragen der Lebensbewältigung werden in anderen religiösen und weltanschaulichen Traditionen gesucht (vgl. Dubach, Kap. 4.2.). Dubach charakterisiert die synkretistischen Christen (23,7 %) als Individuen, die aus dem Angebot der bereitstehenden Sinndeutungsmuster das übernehmen, «was für die Lebensfüh-

176

rung aufgrund der eigenen individuellen Situation persönlich als hilfreich erachtet wird» (Dubach, Kap. 4.2.). Die Relevanz von Religion für das Leben nimmt gegenüber den exklusiven Christen leicht ab, ebenso die Wichtigkeit von Kirche.

Neureligiöse
Bei den Neureligiösen (23,2 %) hat Religion deutlich weniger Relevanz für die Lebensführung und die Orientierung im Alltag als bei exklusiven und synkretistischen Christen. Die Wichtigkeit von Religion wie die der Kirchen rangiert an letzter Stelle der Wertehierarchie (vgl. Dubach, Kap. 4.3.). Diese mangelnde Wertschätzung bezieht sich jedoch auf Religion im Sinne eines dogmatischen Systems mit dem Anspruch, allgemein gültige, übergeordnete Inhalte, Ordnungsprinzipien und Sinnstrukturen zu vertreten. Religion im neureligiösen Sinne wird nicht als eine Weltanschauung neben anderen wahrgenommen. Die ganze Welt ist nach ihrer Auffassung durchdrungen von dem einen göttlichen Geist, einer göttlichen Energie oder Bewusstsein. Dieser Geist ist in jedem Ding, in jeder Erscheinung zu spüren und damit auch in anderen religiösen Phänomenen.

Durch systematische Erforschung ihrer eigenen bewussten Erfahrung entdecken Menschen mit Hilfe einer Vielzahl von Methoden Phänomene dieses Geistes wie erweiterte Bewusstheit, die Macht der inneren Vorstellungskraft in Bezug auf Heilung und Problemlösung u. a. m. Die daraus gewonnenen Einsichten verändern ihre Wertvorstellungen und ihre Beziehungen. Für die Förderung von Prozessen persönlicher Transformation spielt die Esoterik eine wichtige Rolle, sie erschliesst die Zugangsmöglichkeiten zu den spirituellen Erfahrungen.

Selbsterfahrung wird zur spirituellen Erfahrung; die Arbeit an der eigenen Persönlichkeit, die Entwicklung höherer Bewusstheitsgrade, die den Zugang zur göttlichen Dimension und damit Erkenntnisgewinn, Stärkung des Selbst ermöglicht, wird zur Lebensaufgabe. In Heiligen und Religionsstiftern wird ein hoher Bewusstheitsgrad erkannt. Für viele gilt Jesus Christus als ein Mensch, der den höchsten Grad des Bewusstseins erlangt hat.

Die Religion ist beim neureligiösen Typ in erster Linie für die Identitätsarbeit relevant. Eng verbunden ist damit das Interesse an Selbst- und Weltverständnis. Aufgrund der inklusiven Religiosität schöpft er aus allen vorfindlichen religiösen und weltanschaulichen Angeboten. Das Interesse gilt allem, das auf dem Weg der spirituellen Erfahrung, der Persönlichkeitsentwicklung, des besseren Verstehens des eigenen Ich und der transzendenten Dimension des Universums weiterbringt. Ausgewählt wird nach der subjektiven Befindlichkeit und Bedürftigkeit. Es gibt keine übergeordneten Kriterien, an denen sich die Wahl orientiert. Damit zeichnen sich diese Menschen durch eine grosse Offenheit gegenüber religiösen Angeboten aus. Abgelehnt wird jedoch alles, was diese Offenheit der Suche einschränkt, wie beispielsweise Forderungen nach Exklusivität und Festlegung auf dogmatische Systeme. Ebenso wird alles abgelehnt, was die Autorität des Selbst bei der Auswahl beeinträchtigen würde. Es wird keiner übergeordneten Autorität zugestanden, Entscheidungen für das einzelne Subjekt zu treffen. Freiheit, Selbstbestimmung, Selbstverantwortung, Authentizität sind Werte von nahezu sakraler Bedeutung (vgl. Heelas zit. bei Dubach, Kap. 4.3.).

Religiöse Humanisten

Religiöse Humanisten bilden mit 25,9 % die grösste Gruppe. Nur 17,5 % von ihnen erachten Religion für unwichtig in ihrem Leben. Am stärksten unter ihnen vertreten ist der Typ des Durchschnittschristen mit gelegentlichem Gottesdienstbesuch (vgl. Dubach, Kap. 4.4.). Sie verbinden das christliche Menschenbild mit einem neureligiösen Weltbild. Mit den Neureligiösen lehnen sie jeden religiösen Absolutheitsanspruch ab; alle Formen von Religion stehen gleichberechtigt nebeneinander. Kirchenmitgliedschaft wird aufrechterhalten aus persönlichem Eigeninteresse: Man könnte die Kirche ja einmal brauchen. Wichtig ist Kirche auch für die Rituale zu den Lebenswenden (Taufe, Trauung, Beerdigung). Die Kirchen werden als Institutionen betrachtet, die Transzendenz und Lebenssinn repräsentieren, wobei die subjektive Interpretation dieses Transzendenzangebotes offen gehalten wird.

Areligiöse

Für die *Areligiösen* ist Religion zum grossen Teil unwichtig, gleichwohl sind 71,8 % Mitglied einer Kirche. Für ihre Identitätsbildung, für Weltverstehen und Lebenssinn sind religiöse Deutungsmuster nicht von Bedeutung. Die Deutung des eigenen Lebens entsteht als Konstruktion des autonomen Selbst. Vergleichbar mit dem neureligiösen Typus erlangt hier die Selbstreflexion eine aussergewöhnlich wichtige Rolle. Jedoch ist für den neureligiösen Typ die Selbsterfahrung und -reflexion bedeutsam, um letztlich zur Erfahrung von Transzendenz vorzustossen, der Areligiöse bleibt auf sich selbst bezogen.

2.3.4. Zusammenfassung

Sieht man von der kleinen Gruppe der Areligiösen ab, entsprechen religiöse Themen den Strukturen für hohe Lebensbedeutsamkeit bei allen Typen. Religion ist für sehr viele von hoher Relevanz für die Identitätsentwicklung. Für synkretistische Christen und Neureligiöse spielt sie dabei eine zentrale Rolle. Religion ist aber auch wichtig für Weltverstehen und Lebensbewältigung. Identitätsarbeit, Selbst- und Weltverständnis sowie Lebensbewältigung sind Bereiche höchster individueller Lebensbedeutsamkeit. Für alle Religionstypen, mit Ausnahme der Areligiösen, spielt also Religion eine wichtige, teilweise sogar eine entscheidende Rolle für die Bereiche, denen hohe Aufmerksamkeit zuteil wird und in denen auch nachhaltig gelernt wird. Es ist also keinesfalls ein nachlassendes Interesse an Religion, wenn die Kirchen sich leeren und insbesondere jüngere Menschen sich neuen religiösen Lehren zuwenden. Mit Ausnahme der Minderheit der exklusiven Christen scheint das christliche Angebot nicht mehr, oder nicht mehr allein die lebensrelevanten Fragen einer Mehrheit der Bevölkerung zu beantworten.

2.4. «Voir pour prévoir, prévoir pour prévenir» (Auguste Comte)

Lebensrelevanz des christlichen Glaubens kann nur dort entstehen, wo sich Christliches in der Lebenswelt als bedeutsam erweist. «Die lebensgeschichtliche Bedeutung der biblischen Überlieferung» lässt sich «in einer Beschränkung auf binnenkirchliche Milieus und Tradierungsformen nicht mehr darstellen. In dieser Beschränkung wird sich diese lebensgeschichtliche Bedeutung nur noch weiter verflüchtigen.» (Grözinger 1998, 60). Dazu ist es notwendig, den Horizont zu weiten und nicht nur religiöse Phänomene und Bereiche in die Betrachtung mit einzubeziehen, sondern auch die gesellschaftlichen Lebensbereiche, in denen sich dieser Glaube als bedeutsam erweisen muss; ebenso ist es notwendig, die Befindlichkeiten der Menschen, ihre Lebensgefühle und Wünsche, die durch den Wandel geprägt sind, wahrzunehmen. «Das *Evangelium* hat nur dann eine Chance, als Evangelium (befreiendes Sinnangebot) *gehört* zu werden, wenn sich die Auslegung der Überlieferung mit der Wahrnehmung und Interpretation der Gegenwart, also der Gefühle und Bedürftigkeiten, Lebensansichten und Intentionen der Zeitgenossen verschränkt.» (Gräb 2002, 256; vgl. dazu auch Grözinger/Plüss/Portmann/ Schenker 2000, 18–21).

Wahrnehmung und Interpretation der Gegenwart, soll sie zukunftsrelevant sein, darf sich jedoch nicht nur auf die analytische Rekonstruktion des Bestehenden beschränken. Re-aktionen auf bereits vollzogene Entwicklungen kommen meist zu spät. Häufig fällt dann die Reaktion auf eine Entwicklung in die Phase der Gegenbewegung zu dieser Entwicklung und richtet nachhaltigen Schaden an. Enttäuschte Erwartungen sind nicht mehr rückgängig zu machen, negative Erwartungshaltungen schwer wieder zu korrigieren. Deshalb ist es wichtig, den Blick auch nach vorne zu richten, die Richtung von Veränderungs- und Entwicklungsprozessen möglichst frühzeitig zu erkennen und Handlungen entsprechend zu konzipieren.

Aus diesem Grunde möchte ich im Folgenden die Daten der Sonderfallstudien auf dem Hintergrund von Ergebnissen führender Zukunfts- und Trendforscher lesen und mögliche Folgerungen für die Pastoral überdenken.

Zunächst werfen wir einen Blick auf umfassende Bestrebungen der Zeit, auf langfristige Wandlungsprozesse und Veränderungsbewegungen, die den Lebenskontext der Menschen und damit auch die Menschen selbst prägen.

3. Wandlungsprozesse (Trends) und ihre Bedeutung für die Pastoral

3.1. Megatrends

Der Begriff *Megatrend* wurde erfunden von John Naisbitt (Naisbitt 1984). Sein Standardwerk «Megatrends» erschien Anfang der 80er Jahre. Mittlerweile ist Megatrend zu einem der zentralen Begriffe der interdisziplinär-ökonomischen Zukunftsforschung geworden. «Trends sind Veränderungsbewegungen» (Horx 2003, 64), Megatrends solche, die langfristig anhalten:
- «sie prägen einen Wandel, der mindestens ein halbes Jahrhundert andauert [...].
- Megatrends sind prinzipiell global, das heisst, sie sind überall auf unserem Planeten zumindest in Ansätzen spürbar. Selbst, wenn es gewaltige Ungleichzeitigkeiten gibt [...].
- Megatrends sind *ubiquitär und interdisziplinär*. Ihre Auswirkungen umfassen *alle* Bereiche des menschlichen Lebens: Technologie, Kultur, zwischenmenschliche Beziehungen, Arbeitswelt, Konsum. Sie lassen sich auf der mentalen Ebene ebenso ‹erkennen› wie im Reich der ökonomischen Fakten.» (Horx 2003, 75).

Im Folgenden wollen wir einige Megatrends mit ihren Einflüssen auf Religion und religiöse Einstellungen näher betrachten und überlegen, welche Herausforderungen sie für die Pastoral darstellen.

3.1.1. Individualisierung

Hierzu verweise ich auf den ersten Teil dieses Buches, in dem dieser Megatrend, der unsere religiöse Landschaft nachhaltig prägt, ausführlich erläutert ist.

3.1.2. Globalisierung

Menschen anderer Kontinente rücken näher, Menschen, deren Christentum in anderen Kulturen wurzelt, Menschen, die andere religiöse Traditionen leben. Auslandsreisen und Arbeitsmigration bringen Menschen zueinander.

Das Bewusstsein, in *einer* Welt zu leben, wächst. Die ökonomischen Lebenswelten werden homogenisiert. Ob in Europa oder Südamerika, in Nordamerika oder Afrika, überall begegnen wir den gleichen Markenprodukten der gleichen, weltweit operierenden Grosskonzerne.

Der weltweite Austausch von Informationen über Medien und Internet gewährt Einblick in andere Religionen und Weltanschauungen. Über die Medien und über Internet hat sich ein religiöser Markt entwickelt, dessen Angebot für jeden zugänglich ist. Wer sich im Internet über religiöse Gruppen und Gruppierungen informieren möchte, sieht, in welch breitem Masse diese Möglichkeit genutzt wird, von Anbietern und Nutzern. Menschen hören und lesen nicht nur über andere Kulturen und Religionen, sondern sie machen Erfahrungen mit Menschen anderer Kulturen und Religionen. Diese Erfahrungen relativieren die eigene Art zu denken und zu glauben, sie relativieren das kulturelle und religiöse Selbstverständnis. Die kollektive Einbindung in eine Lebenswelt kann als willkürlich erfahren werden: Man könnte ja auch ganz anders leben. Das Gleiche gilt für die Einbindung in eine Religionsgemeinschaft. Wenn ich Menschen anderer Religionen kennen-, ja sogar schätzen lerne, stellt sich die Frage nach der wahren Religion. Die religiöse Identität wird verunsichert. Die Geltung der eigenen Religion wird relativiert, Absolutheitsansprüchen des Christentums oder anderer Religionen wird mit Skepsis begegnet (vgl. Dubach, Kap. 5.2.).

Globalisierung wirft die Wahrheitsfrage auf. Theologie und christlicher Glaube sind so gezwungen, «sich in der allgemeinen Religiosität, also auch interreligiös, zu verorten, dort ihre spezifischen Wahrheiten und Einsichten zu verantworten und zur Geltung zu bringen» (Kroeger 2004, 23).

3.1.3. Alterung

Die Alten sind die treuesten Kirchenmitglieder, dennoch finden sie in der pastoraltheologischen «Aufbruchsliteratur» wenig oder keine Beachtung. Sehr zu Unrecht: Der Anteil der Älteren wird drastisch zunehmen, die Zahl der Jungen deutlich abnehmen. Im Jahr 2020 wird in den OECD-Ländern jeder Dritte über 60 Jahre alt sein. In immer mehr Ländern werden in wenigen Jahren die Alten die Mehrheit bilden. Die am stärksten wachsende Bevölkerungsgruppe in den Industrienationen sind die über Achtzigjährigen. Dieser Prozess wird voraussichtlich über den bereits überschaubaren Zeitraum der nächsten fünfzig Jahre anhalten. Diese Zahlen werden weitgehend als demographische Katastrophe betrachtet. Die Alterung wird in erster Linie unter dem Gesichtspunkt der ökonomischen Belastung gesehen. «Greying means paying» (P. Petersen, zit. bei Horx 2000, 99). 2004 wurde auf Vorschlag eines Politikers in Deutschland ernsthaft diskutiert, ob teure Medikamente für alte Menschen überhaupt noch von den Krankenkassen übernommen werden sollen. «Unsere inneren Bilder vom Alter sind durch die Produktionslogik der industriellen Gesellschaft geprägt: Alter hiess ausscheiden aus dem Produktionsprozess, damit verbunden war eine gewisse ökonomische Nutzlosigkeit, die in sozialer Abwertung bezahlt (und in grantigen Gegenangriffen heimgezahlt) wurde.» (Horx 2000, 100). Frank Schirrmacher veröffentlichte 2004 sein Buch «Das Methusalem-Komplott» (Schirrmacher 2004). Das Buch erhielt im selben Jahr noch zwanzig Auflagen, ein deutlicher Hinweis darauf, dass er einen wesentlichen Nerv heutiger Befindlichkeit getroffen hat. Seine Diagnose: Unsere westlichen Gesellschaften werden schon in wenigen Jahren ihre Alterung als einen Schock erfahren, der mit dem Weltkrieg vergleichbar ist. Nur eine spektakuläre Kulturwende kann verhindern, dass die jungen Männer und jungen Frauen von heute, die morgen die vielen Alten sein werden, in dreissig Jahren in die seelische Sklaverei gehen. Das Buch ruft zu einem Komplott gegen den biologischen und sozialen Terror der Altersangst auf. Alter wird in unseren westlichen Gesellschaften, die dem Jugendkult huldigen, in vielfältiger Weise diskriminiert. Diese Diskriminierung führt zu einem negativen Bild des eigenen (und des fremden) Alters. Negative Altersvorstellungen führen zu einem – nicht durch biologische Faktoren bedingten – Verlust an Denkfähigkeit und zu selbstverschuldeter Unmündigkeit bereits in frühem Alter. Gegen dieses negative Bild des Alterns, so Schirrmacher, müssen wir angehen, um die gesellschaftlichen Probleme, die auf uns zukommen, rechtzeitig in Angriff zu nehmen.

Mit welchen Folgen haben wir im kulturellen Bereich zu rechnen? Alter ist ein Thema geworden, über das nachgedacht, geforscht und diskutiert wird. Ökonomen widerlegen das einseitige Bild von der ökonomischen Belastung. Sie berechnen, dass in den nächsten Jahren gigantische Erbschaftssummen die Einkommen der über 50-jährigen vermehren. Sie sprechen von «Master Consumers»[2]. Wissenschaftler belegen, dass Lernfähigkeit und geistige Leistungsfähigkeit bis ins hohe Alter bei entsprechenden Anforderungen nicht abnehmen (vgl. dazu auch Schirrmacher 2004, 176–182). Das Ende des Jugendkultes

---

2 «Die Älteren, deren Kaufkraft früher allenfalls noch den Margarineabsatz stabilisieren konnte, übernehmen vitale Funktionen in Ökonomie und Konsum». Horx 2000, 101.

wird proklamiert (so auch bei Schirrmacher 2004, 67). Eine Rehabilitation des Alters beginnt. 2004 wurde von einer Kosmetikfirma eine Werbekampagne gestartet, die einen Hinweis auf eine Website mit dem Titel *campaignforrealbeauty* trägt. Die Firma wirbt mit dem Bild einer 96-jährigen Frau:

Abb. 2.   Dove-Branding im Rahmen der Campaign-for-real-beauty, Lancierung durch Unilever, Kreation von Ogilvy & Mather, London.

In den USA ist die Werbekampagne bereits ein Riesenerfolg. Man stellt die 96-jährige Irene Sinclair auf eine Stufe mit Kate Moss und anderen Models, die bereits Aushängeschilder internationaler Werbekampagnen waren (Schilling-Strack 2005). Möglicherweise sind der Erfolg des Buches von Schirrmacher und die Anzeichen der Veränderung des Schönheitsideals der Werbung bereits Zeichen für eine Veränderung von Wertvorstellungen, in denen im Gegensatz zum Jugendkult Alter mit Reife und Wachstum in Verbindung gebracht wird. «Eine ältere Gesellschaft», so schreibt Horx, «ist eine Gesellschaft mit veränderten Werten. In ihr bekommen Reifung, persönliches Wachstum und Gelassenheit eine andere Bedeutung.» (Horx 2003, 83).

Diese Entwicklung wird Religion und Kirche nachhaltig beeinflussen. Eine wachsende Zahl von alten Menschen in Gesellschaften, die das Altern als etwas Negatives definiert haben, verleiht der Frage nach dem Sinn des Lebens neues Gewicht. Die Sonderfallstudie belegt dies auch für die Schweiz. Die Frage nach dem Sinn des Lebens ist keine «Privatsache» mehr, sondern ist zum öffentlichen Thema geworden (vgl. Dubach, Kap. 5.1.). Schirrmacher schreibt: «Nachdenken über den Sinn des Lebens ist mit 25 ein geistiger Luxus. Für eine Gesellschaft, deren Mehrheit über 50 Jahre alt ist und die des-

184

halb nur noch eine subjektive Lebensperspektive von 30 Jahren hat, wird aus dem Luxusgut ein Grundnahrungsmittel. Denn für viele dieser vielen wird ihr verbleibendes Leben tief gefärbt sein von menschlichen Urängsten und Urerfahrungen wie Schmerz, Krankheit, Einsamkeit, Hinfälligkeit, Demenz und Tod.» (Schirrmacher 2004, 132 f.).

Diese Erfahrungen werfen jedoch ihre Schatten bereits auch auf die jüngeren Jahrgänge. Im Hinblick auf die gestiegene Lebenserwartung bereiten sich bereits junge Leute darauf vor, gesund alt zu werden. Das Thema Gesundheit, besonders die aktive Gesundheitsvorsorge, ist bereits heute «Megathema» nicht nur der älteren Generation (Horx 2003, 84 f.). Gesundheit wird heute von einer Mehrheit ganzheitlich verstanden. Die religiöse Dimension spielt eine wichtige Rolle. Eine Vielzahl von Angeboten auf dem Gesundheitsmarkt verbindet westliche Psycho- und Physiotherapie mit religiösen Elementen vorwiegend aus Hinduismus, Buddhismus, Schamanismus und Esoterik. Das Spektrum der angebotenen Methoden ist breit, es reicht von mehr körperbezogenen religiösen Therapien wie Reiki bis hin zu vorwiegend spirituellen Therapien, die ihre Grundlage in der Reinkarnationslehre haben. Diese Therapien versprechen in der Regel ganzheitliche Heilung, Sinnfindung und spirituelles Wachstum. Sie gründen überwiegend im Ideensystem des *New-Age*. Der boomende Gesundheitssektor präsentiert sich weitgehend auch als Sektor der neuen Religiosität. Auch die Beantwortung der Fragen: «Was ist der Tod, was kommt danach?», wird heute nicht mehr den Kirchen überlassen. Die Thematik findet verstärkte Aufmerksamkeit auch bei der jüngeren Generation. Bestseller, die sich mit Todeserfahrungen befassen, Hollywood-Darstellungen von Reisen ins Jenseits, von Toten, die wieder zurückkehren u. ä., belegen die Aufmerksamkeit, die diese Thematik heute findet. In der westlichen Welt findet die Deutung des Todes als transitorisches Ereignis mehr und mehr Anhänger (Horx ³2000, 148). Die Zahlen der Sonderfallstudie zeigen auch in der Schweiz eine deutliche Zunahme von 10 % dieser Anschauung gegenüber 1989 *(Schaubild 3)*. 1999 stimmten 58 % der Katholiken und 52 % der Protestanten der Aussage zu «Der Tod ist ein Übergang zu einer anderen Existenz» *(Schaubild 2)*. Der Gedanke der Reinkarnation hat ebenfalls an Zustimmung gewonnen *(Schaubild 3)* und kam in der Schweiz 1999 auf über 30 % *(Schaubild 1)*.

Alte Menschen bilden heute die Mehrheit der Kirchenbesucher. Die über 56-jährigen zählen mehrheitlich zu den religiösen Typen, deren zentraler Orientierungspunkt die christliche Religion ist, nur eine Minderheit zählt zu den Neureligiösen und Areligiösen *(Schaubild 23)*.

Nicht nur die genannten Themen werden für religiöses Nachdenken zentral werden. Die Kirchen und die Kirchgemeinden müssen ihr eigenes Bild von den Alten überdenken. Wieviel von der Altersdiskriminierung der Gesellschaft fliesst mit ein in Sprache, pastorale Angebote und Bild der Persönlichkeit?

Im Arbeitspapier für die Seelsorge im Kanton Zürich heisst es: «In den nächsten Jahrzehnten wird der Anteil alter Menschen noch wesentlich steigen, so dass ihre Betreuung immer anspruchsvoller wird. Darum bleibt sie eine vordringliche diakonische Aufgabe.» (Generalvikar des Bistums Chur in Zürich 1999, 51). Sicher wird der Anteil an alten Menschen, die krank, schwach und in ihrer Bewegungsfähigkeit eingeschränkt sind, zunehmen. Die Möglichkeiten der Betreuung sollten rechtzeitig überdacht werden. Alte Menschen dürfen jedoch nicht primär unter dem Gesichtspunkt ihrer Bedürftigkeit gesehen werden. Körperliche Einschränkung bedeutet nicht zwangsläufig auch nachlassende geistige Fähigkeiten. Auch die Älteren unterliegen dem Prozess der Pluralisierung. Es gibt sehr unterschiedliche Gruppierungen von alten Menschen mit jeweils unterschiedlichen Fähigkeiten, Erwartungen und Fragen. Eine Vielzahl von alten Menschen in der Schweiz engagiert sich selbst in eigenen Organisationen wie beispielsweise dem Verband «Aktive Seniorinnen und Senioren Stadt St. Gallen» (ASS). Dieser sieht seine Hauptaufgabe in der Mitsprache in Politik und Sozialwesen, in der Förderung der Generationenbeziehungen, der Stärkung der Stellung der älteren Generation, der Hilfe zur Selbsthilfe und fördert Begegnungen, Bildung und Austausch. Andere leisten wertvolle Hilfe, indem sie beispielsweise ihre Berufserfahrung über eigene Organisationen (kostenlos) an Jüngere weitergeben, oder auch, indem sie Hilfe bei der Betreuung von Kindern übernehmen. Sie informieren sich und knüpfen Kontakte über eigene Webseiten wie z. B. diesem: «Seniorweb.ch. Das sozial- & gesellschaftspolitische Portal der Generation 50+, für die Generation 50+, generationenverbindend und mitten drin – statt daneben».

Andere nutzen generationenübergreifende Lernpools, in denen Schülerinnen und Schüler aus der Gemeinde ihr Wissen an Seniorinnen und Senioren weitergeben und umgekehrt. Ältere Menschen, deren Gesundheitszustand es erlaubt, sind aktiver, selbstbewusster und selbstbestimmter geworden. Neben die berechtigte Wahrnehmung der Betreuung alter Menschen in entsprechenden Fällen müsste auch eine Wahrnehmung und Wertschätzung von Fähigkeiten und Kompetenzen alter Menschen treten. Anregung und Unterstützung von selbstbestimmten Aktivitäten, Organisationen und generationenübergreifenden Initiativen könnten ein wertvoller Beitrag sein, der Altersdiskriminerung und -ausgrenzung entgegenzutreten und das wertvolle Potential, das alte Menschen in eine Gemeinde einbringen können, fruchtbar zu machen.

«Nicht *Altenpastoral* sondern pastorale Hilfen zu einer ‹Kultur des Alterns›» überschreiben Fürst, Severin und Wittrahm ein Kapitel des pastoraltheologischen Kommentars zur qualitativen Studie «Glaubensentwicklung in der zweiten Lebenshälfte», die Personen zwischen 55 und 88 Jahren erfasste. Die Befragung zu aktuellen Lebensthemen ergab, dass für die überwiegende Mehrheit die Gestaltung der neuen Lebenssituation *das* zentrale Lebensthema darstellte. Zwei Drittel der Befragten sahen die Notwendigkeit, sich zu verändern und neue Seiten in ihrem Leben zu entdecken (Fürst/Severin/Wittrahm 1997, 50). «Für die Pastoral mit Menschen dieses Lebensalters gilt offensichtlich, dass nicht Stabilität und Beharrungswünsche im Vordergrund stehen, sondern die *Suche nach Möglichkeiten*, mit den vielen Veränderungen, die in der eigenen Lebenssituation bevorstehen und die durch den raschen Wandel der Kultur noch verstärkt werden, zurecht zu kommen.» (ebd., 51). Hilfen zu einer Kultur des Alterns können nicht erst im Alter beginnen. Wie oben gezeigt, beeinflusst die Entwicklung zu einer alternden Gesellschaft bereits jüngere Menschen, ihre Aufmerksamkeit für ganzheitliche Entwicklung und Gesundheit und ihre Fragen nach Sinn, nach Leid und Tod und dem Weiterleben nach dem Tod. Reine Zielgruppenarbeit geht an dieser gesellschaftlichen Entwicklung vorbei. Generationenübergreifende Berücksichtigung der genannten Themen, Begleitung und Beratung und Unterstützung im Prozess der Veränderungen von Lebenssituationen zeichnen sich als wichtige seelsorgerische Aufgaben ab.

3.1.4. Bildung

Noch wenig Beachtung haben in der Pastoral auch die Folgen des wachsenden Bildungsniveaus gefunden. Das durchschnittliche Bildungsniveau der Gesellschaft steigt (Hitzler 1996(24), 276). Die Verlängerung des Lebensalters verbunden mit einer besseren Gesundheit erweitert die Zeitspanne, in der Lernen Sinn macht. Auch und gerade Menschen in höherem Lebensalter besuchen Kurse in öffentlichen Bildungseinrichtungen. Manche Universitäten haben ein regelrechtes Seniorenstudium eingerichtet. In der Arbeitswelt lösen sich «Normalarbeitszeitverhältnisse» (ebd.) zunehmend auf. Immer weniger Menschen können damit rechnen, ein Leben lang die gleiche Arbeit zu leisten. Berufliche Weiterbildung oder neues Einlernen in andere berufliche Bereiche werden damit zur Notwendigkeit. In der Schweiz zeigt ein markanter Anstieg von Ausbildungsgängen, die neben Beruf und Familie absolviert werden, dass von dem traditionellen Normalarbeitszeitmodell nicht mehr viel übrig geblieben ist (Englberger 2001, 168). Im Übergang vom industriellen Zeitalter zur «Wissensökonomie» fiel der Anteil der Arbeiter in der westlichen Welt auf unter 25 %. Der Anteil von Menschen, die Wissensarbeit (*Knowledge Work* im Gegensatz zu *Body Work*) leisten, liegt in den westlichen Ländern bei weit über 60 %. Entsprechend brauchen Unternehmen gut ausgebildete und fortbildungswillige Arbeitnehmer(innen). In den OECD Staaten machen heute bereits ca. 50 % der jungen Menschen höhere Bildungsabschlüsse (Horx ³2000, 33 f.). In der Schweiz hat die Zahl der Studierenden an universitären Hochschulen von 1980 bis 2002 um 71 % (!) zugenommen (Bundesamt für Statistik 2004, 658), jene an den Fachhochschulen stieg von 1997 (vorher keine Angaben) bis 2002 von 4876 auf 30'152 Studierende (ebd., 687).

Bildung und Berufsbiographie haben Einfluss auf die Kirchenbindung. Dubach nennt die allgemeine Erhöhung des Bildungsniveaus einen wichtigen Grund für die Zunahme der Konfessionslosen. «Die Abkehr von den Kirchen wird von den höheren Bildungsschichten konsequenter vollzogen als in Gesellschaftsschichten mit niedrigerem Bildungsniveau.» (Dubach 1998, 44). Der Anteil der Konfessionslosen mit der obligatorischen Schule als höchstem Bildungsabschluss betrug bei der Volkszählung 2000 bei den Schweizern 4,6 % im Verhältnis zu 15,4 % bei Abschluss Universität/Hochschule. Bei den in der Schweiz lebenden Ausländern betrug das Verhältnis 8,4 % zu 26,9 % (Dubach 1998, 35). Überdurchschnittlich viele Konfessionslose gibt es unter den neuen Wissens- und Kulturberufen (Dubach 1998, 48). Zusammenhänge zwischen Berufsbiographie und kirchlicher Bindung belegt Englberger für die Schweiz: Je weiter die Befragten vom traditionellen Schema (einmalige Ausbildung, anschliessende (Voll)-Erwerbstätigkeit bis zum Ruhestand) abweichen, je höher also die Anzahl der bisherigen Ausbildungs- und Erwerbsepisoden ist, umso höher ist der Anteil der Konfessionslosen, und umso höher ist die Zahl der Konvertierten (Englberger 2001, 172–176). Betrachten wir die Austrittsneigung nach abgeschlossener Schulbildung, zeigt sich eine geringere Tendenz zum Austritt bei den bildungsschwachen Schichten. Vergleicht man die Zahlen bezüglich der Austrittsneigung von 1989 mit denen von 1999, nahm bei einigen Gruppen mit höherer Bildung die Austrittsneigung ebenfalls kräftiger zu als bei den niedrigeren Bildungsabschlüssen *(Schaubild 39)*.

Es zeigt sich, dass genau die Gruppe der Bevölkerung, deren Anteil an der Gesamtbevölkerung deutlich im Wachsen begriffen ist, auch die höchsten Anteile an Konfessionslosen und Austrittswilligen aufweist.

Hier stellt sich dringend die Frage nach den kirchlichen Angeboten für Menschen mit höheren Bildungsabschlüssen. Höhere Bildung führt dazu, dass Selbstverständliches hinterfragt wird, Tradiertes bezweifelt und Zugehörigkeiten in Frage gestellt werden. Bildung lässt das Reflexionsniveau anwachsen. «Die Fähigkeit, zwischen sich und der Umwelt Distanz zu schaffen, wächst wie auch der Wille zu Unabhängigkeit, Autonomie und Selbstbestimmung.» (Dubach 1998, 45).

Wenn man die Zahl der Kirchenaustritte zumindest reduzieren will, ist der Megatrend Bildung in Kirche und Theologie unbedingt zu berücksichtigen. «Ihre Aufgabe wäre es, religiöses Denken und seine Erfahrungsräume gedanklich und kulturell in eine Form zu bringen, die verstehbar, angemessen und für vernünftige, autonome Menschen nachvollziehbar und intellektuell wie seelisch lebbar ist – obwohl oder gerade weil der Glaube auch Widerspruch und Torheit für die systemrationale Weisheit dieser Gesellschaft ist.» (Kroeger 2004, 21).

Eine wichtige Voraussetzung für den Weg «vom Argument der Macht zur Macht der Argumente» (Friedrich Schorlemmer) ist eine fundierte Aus- und Weiterbildung von kirchlichen Mitarbeitenden, die sie auf die «Rechenschaftsabgabe *über unsere Hoffnung*» (Waldenfels 1988, 72) in der Postmoderne vorbereitet. Vertrautheit mit moderner und postmoderner Philosophie und Religionssoziologie wären dazu ebenso wichtig wie gute religionswissenschaftliche Kenntnisse insbesondere auf dem Gebiet neuer Religiosität.

Albrecht Grözinger beschreibt den Funktionswandel des Pfarramtes am Gestaltwandel des Dienstbereiches: «Aus der Studierstube ist das Büro geworden.» Und er fügt hinzu: «Diese Entwicklung muss wieder umgekehrt werden. [...] Das Pfarramt [...] ist ein profiliert *intellektuelles Amt*. Ich weiss, dass man im kirchlichen Kontext ganz schön Prügel beziehen kann, wenn man eine solche These formuliert. Die kirchlichen Milieus partizipieren an dieser Stelle ungebrochen am gesamtgesellschaftlichen Ressentiment gegen den Typus des Intellektuellen.» (Grözinger 1998, 139). Dies gilt in katholischen Milieus sicher noch mehr als in den reformierten.

Die Bereitschaft, sich kritischer Argumentation zu stellen, und das Angebot offener Auseinandersetzung über spirituelle, religiöse und kirchliche Themen auf gehobenem Niveau böten Chancen, zumindest im Gespräch zu bleiben. Distanzbedürfnissen ist Rechnung zu tragen. So werden wahrscheinlich punktuelle Veranstaltungen und Angebote grösseren Zuspruch finden als regelmässige Gruppentreffen. Neben der inhaltlichen Qualität spielt auch die Gestaltung des Angebots eine zunehmend wichtige Rolle (vgl. dazu ausführlicher das Kap. *Gestaltung*).

Die neue Arbeits- und Lebenswelt fördert jedoch nicht nur ein Mehr an Bildung, sondern auch andere, umfassendere Bildung. Bildung und Information werden nicht mehr in erster Linie über andere, über Bildungsinstitutionen und Lehrpersonen vermittelt. Die Informationstechnologie ermöglicht Lernwilligen den eigenständigen Zugang zu vielfältigen Informationen. Dies bringt vor allem bei den jüngeren Generationen auch ein Bewusstsein der selbständigen Verfügung über Informationen. Ich bin nicht mehr auf Fremdinformationen angewiesen, ich muss und will mir auch nichts mehr vormachen lassen, ich informiere mich selbst. Dies gilt auch für religiöses Wissen.

«In der industriellen Ära waren die beschreibbaren Lernziele Arbeitsplätze, die ‹eingenommen› werden konnten. Das machte Bildung zielgerichtet funktional: Am Ende stand die ‹Einfügung› in einen Produktionsprozess. In der Wissensökonomie jedoch müssen sich immer mehr Menschen ihre Arbeitsplätze und Produktionsabläufe selbst erzeugen und ständig neu erfinden. Das erfordert nicht nur neue, soziale <u>Skills</u>, sondern auch ein Selbst- und Menschenbild, das von Kooperation und gemeinsamen Lernprozessen geprägt ist.» (Horx 2000, 155). Die geforderten Kompetenzen gehen weit über funktionales Bescheid-Wissen hinaus:

- Kritische Intelligenz: Damit ist die Fähigkeit gemeint, systemisch zu denken, Sachverhalte und Probleme auch von einem anderen Blickwinkel aus betrachten zu können und aus unterschiedlichen Perspektiven gangbare Wege zu erschliessen.
- Körperliche Intelligenz: Hier geht es um die Wahrnehmung des Körpers und seiner Signale, um ein Bewusstsein auch für die Zusammenhänge zwischen geistiger und körperlicher Ebene.
- Ökonomische Intelligenz: «Das grundlegende Verständnis ökonomischer Prozesse ist eine Grundlage zum Weltverständnis – und zum Selbstmanagement überhaupt. In ihm verbirgt sich die Fähigkeit, die eigenen Fähigkeiten einzuschätzen, den eigenen ‹Marktwert› – sei es erotisch oder beruflich – zu kennen und damit auch zu erhöhen.» (Horx 2000, 168 f.).
- Emotionale Intelligenz: Eine Kernkompetenz für kommunikative Kompetenz, Beziehungsarbeit, für Teamarbeit und Networking.
- Spirituelle Intelligenz: Zohar und Marshall definieren sie als «die Intelligenz, mit deren Hilfe wir Sinn- und Wertprobleme angehen und lösen; die Intelligenz, mit deren Hilfe wir unsere Handlungen und unser Leben in einen grösseren Sinnzusammenhang stellen; die Intelligenz, mit deren Hilfe

wir abschätzen können, ob ein Handlungsablauf oder Lebensweg sinnvoller ist als ein anderer. [...] Es handelt sich um unsere *höchste* Intelligenz.» (Zohar/Marshall 2000, 11 f.).[3]

Gesellschaftlich erwünschte Kompetenzen sind heute wesentlich komplexer und umfassender als in der industriellen Moderne. Diesen gesellschaftlich erwünschten Kompetenzen kann sich auch kirchliche Aus- und Weiterbildung nicht verschliessen, will sie anschlussfähig bleiben. Schlüsselkompetenzen für kirchliche Arbeit sind mit Sicherheit kritische, emotionale und spirituelle Intelligenz, die es zu fordern und zu fördern gilt.

Die Notwendigkeit zur Selbststeuerung, zur Gestaltung des eigenen Lebens verlangt nach lebenslanger Bildung in einem umfassenderen und ganzheitlicheren Sinne. «Balance» heisst das Schlagwort zur Lebensgestaltung: Balance zwischen Arbeit und Musse, Balance zwischen Anstrengung und Entspannung, zwischen Körper und Geist. Spitzenleistungen bringt, wer «körperlich fit, mental stark, emotional begeistert, spirituell am Weg» ist. «Körperliche, mentale, emotionale und spirituelle Fitness – das ist die Basis für Spitzenleistungen. Wie Zahnräder sollten diese Bereiche harmonisch ineinander greifen. [...] Das Resultat: perfekte Balance und mehr Sinn im Leben.» (Aus einer Werbeanzeige für Fischer 2000). Bildung in diesem Sinn ist somit auch Identitätsarbeit.

3.1.5. Frauen

Der Trend zu höherer Bildung betrifft insbesondere das durchschnittliche Ausbildungsniveau von Frauen. «Besonders in der höheren Bildung, bei den Abitur- und Studiengängen, haben wir heute weltweit mehr Mädchen als Jungen, mit besseren Abschlüssen und kürzeren Studiengängen.» (Horx 2003, 80; vgl. dazu auch Hitzler 1996, 276 f.). In der Schweiz entscheiden sich heute mehr Mädchen als Knaben für eine Maturitätsschule (25 % gegenüber 18 %). Der Anteil der Frauen, die einen Maturitätsabschluss machen, lag 2002 bei 56 % (Prognose 2005 56,7 %). Der Anstieg der Studierendenzahl war bei den

---

3   Horx beschreibt Spirituelle Intelligenz so: «‹Spirituelle Intelligenz› befähigt zum Umgang mit den anderen, den abgewandten Dingen der Existenz: Demut und Niederlage, aber auch mit grundlegenden Energien wie Vertrauen und Liebe. Sie verankert das Selbst in einer soliden mentalen Ordnung, in der echte Selbstverantwortung erst möglich wird». Horx 2000, 164.

Frauen erheblich höher als bei den Männern. 2002 war das Geschlechterverhältnis an den universitären Hochschulen (zumindest unter den Studierenden) mit einem Frauenanteil von 47,4 % beinahe ausgeglichen. Für das Jahr 2005 rechnet man bereits mit einem Übersteigen des 50 %-Anteils der Frauen: Laut Prognose für 2005: 50,8 %, 2010: 56,9 % (Bundesamt für Statistik 2004, 684). Frauen schneiden nicht nur in ihren Abschlüssen besser ab, sie erweisen sich auch als sozial kompetenter als ihre männlichen Mitbewerber. Der wachsende Anteil an wissensbasierten Berufen, die Kommunikations- und Teamfähigkeit fordern, führt dazu, dass in einer ganzen Anzahl von Branchen Frauen bereits die besseren Chancen haben, weil sie besser dafür qualifiziert sind. Auch die Zahl der Frauen in Führungspositionen steigt. Frauen schneiden in zahlreichen Tests in Kategorien wie «Planung», «Massstäbe setzen» und «Entschlossenheit» besser ab als ihre männlichen Kollegen. In Frankreich, Grossbritannien, Spanien und Belgien sind bereits 30 % der mittleren Leitungspositionen von Frauen besetzt. Insbesondere jüngere Frauen streben nach Führungspositionen. Interessanterweise ist es gerade die Gefahr, durch eine Babypause Karrierechancen einzubüssen, die junge Frauen so erfolgreich macht. Sie starten mit Höchstleistungen in den Beruf, weil sie wissen, dass sie bis spätestens Ende 30 Karriere gemacht haben müssen (Horx 2000, 73–75).

Mädchen und Frauen werden unabhängiger und selbstbewusster. «Für junge Frauen gibt es heute keine allgemein gültige biographische Leitlinie mehr», resümieren die Sozialwissenschaftler, die in einer Studie weibliche Lebensstile untersucht haben. [...] Sprich: Auf eine Zukunft als Familienglucke wird kaum ein Mädchen vorbereitet. Fast unbemerkt hat sich eine Revolution in den Mädchenzimmern vollzogen: Motiviert, selbstbewusst, pragmatisch und mit grosser Klappe stellen sich die 15- bis 25-jährigen der Zukunft» (Spiegel/Emnid: Jugend der Jahrtausendwende: die 99er, in: Spiegel 28, 1999, zit. bei Horx [3]2000, 71), heisst es in einer «Die heimliche Revolution» überschriebenen Titelgeschichte der Zeitschrift «Der Spiegel» schon 1999. 81 % der Frauen in der Schweiz beginnen eine Berufsausbildung. Die Zahl der berufstätigen Frauen hat deutlich zugenommen. Waren 1980 noch 34,2 % der Frauen berufstätig (Männer 62,9 %), stieg der Anteil 2002 auf 49,7 % (Männer 62,9 %) (Bundesamt für Statistik 2004, 685). Frauen wagen heute häufiger auch den Schritt in die Selbständigkeit. Bei Unternehmensgründungen in Europa sind gegenwärtig die Frauen mit ca. zwei Dritteln gegenüber einem Drittel bei den Männern führend (Horx [3]2000, 72).

Der «Megatrend Frauen» zeigt sich jedoch nicht nur in ökonomischer Hinsicht, betroffen davon ist auch ein Wandel in Werthierarchien. «So genannte maskuline Eigenschaften, wie Aggressivität, Stärke, Verbergen von Emotionen, Wissen und Rationalität werden als generell problematisch betrachtet. Dagegen werden weibliche Rollenmuster als vorbildlich gepriesen – Fürsorge, Zärtlichkeit, Rücksicht und Vorsorge, Bereitschaft zur Verbalisierung von Emotionen.» (Horx ³2000, 76). Dabei werden die traditionell als «weiblich» geltenden Eigenschaften auch von Männern eingefordert, ihr Fehlen als defizitär angesehen. Die festen Rollenzuschreibungen zwischen Männern und Frauen lösen sich auf.

Die Kirchen sind von dieser Entwicklung entscheidend mitbetroffen. «Frauen bilden den grössten und aktivsten Teil jeder Gemeinde. Ohne sie wäre die Weitergabe des Glaubens gefährdet ...» (Generalvikar des Bistums Chur in Zürich 1999, 48). Frauen tragen einen Grossteil der ehrenamtlichen Tätigkeiten in den Gemeinden. Das Arbeitspapier für die Seelsorge im Kanton Zürich beispielsweise notiert: «84 % der freiwilligen Arbeit und fast 100 % der sozialen Arbeit wird von Frauen geleistet. Männer sind eher in Entscheidungsfunktionen zu finden. Oft sind das Familienfrauen nach der Familienphase, die nicht berufstätig und auch finanziell nicht abgesichert sind.» (Generalvikar des Bistums Chur in Zürich 1999, 63). Berufstätige Frauen geben sich, ähnlich wie ihre männlichen Kollegen, weniger mit ehrenamtlichen Tätigkeiten ohne Entscheidungsfunktionen ab. Jedoch gehen selbst Frauen, die sich eng mit einer Kirchengemeinde verbunden fühlen, innerlich auf Distanz zur Kirche als Institution: Ebertz notiert, nicht nur in der Schweiz, sondern auch für Deutschland sei empirisch nachgewiesen, «dass selbst kirchlich engagierte, eng mit ihrer Kirchengemeinde verbundene Frauen, die ... ja auch die Mehrheit der Ehrenamtlichen stellen, die katholische Kirche wegen ihrer ‹überholten Normen›, fehlenden Normbegründungen, ‹veralteten Sprache›, ‹mangelnder Glaubwürdigkeit›, wegen ihrer zu geringen Auseinandersetzung mit dem Zeitgeist und wegen ihrer mangelnden Kultur der Anerkennung von Frauen und Kritikern in hohem Mass kritisieren, was sie nicht von den Konfessionslosen und auch nicht von ‹kirchenfernen Katholikinnen› unterscheidet» (Ebertz 1998, 88).

Selbständige und freiberuflich arbeitende Frauen sowie Frauen in Leitungspositionen treten deutlich häufiger aus der Kirche aus als ihre männlichen Kollegen (vgl. Dubach 1998, 38). Frauen in akademischen Berufen, ob freiberuflich tätig als Juristinnen, Ärztinnen o.ä., als Angestellte im oberen Management eines Unternehmens oder auch als oberes Kader im Dienstleistungsbereich zeigen sich «religiös ungebundener und eigenständiger als ihre männlichen Kollegen. Diese Feststellung trifft in hohem Masse für die

Schweizer Frauen zu [...].» (Dubach 1998, 39). Die Zahl der konfessionslosen Frauen lag 1999 im Schnitt bei 7,6 %, die der erwerbstätigen Frauen bei 9,5 %, die der erwerbstätigen Frauen mit Hochschulabschluss bei 14,3 %. Der Kirche gelingt es besser, Menschen mit niedrigerem Bildungsniveau zu integrieren. Mit dem Bildungsniveau steigt nicht nur die Neigung, aus der Kirche auszutreten: Die tatsächlichen Austrittszahlen sind bei höherem Bildungsniveau deutlich höher. In den letzten zehn Jahren ist das Bildungsniveau gestiegen und damit verbunden Austrittsneigung und Zahl der Konfessionslosen. Besonders klar zeigt sich diese Entwicklung bei Frauen.

Es ist damit zu rechnen, dass die steigende Zahl von konfessionslosen Frauen und Frauen, die über einen Austritt aus der Kirche nachdenken, die ohnehin hohe Distanz zur Kirche bei der nachwachsenden Generation noch weiter steigen lässt. Es spricht viel dafür, dass Mütter die wichtigsten Bezugspersonen für die spätere Bindung an Religion und Kirche sind: Nach einer empirischen Untersuchung in Westdeutschland denken 13- bis 29-jährige bei einem Ratgeber in Glaubensfragen in erster Linie an die Mutter (42 %), an Geistliche/Pfarrer (31 %), an die Väter (21 %) (vgl. Grom 2000, 87). Die Sonderfallstudie zeigt, dass der Kirchgang der Mutter das spätere Verhalten gegenüber den Kirchen am nachhaltigsten prägt (vgl. Dubach, Kap. 10.).

Für die höhere Kirchendistanz bei höheren Bildungsstufen spielen die von Dubach in seinem Beitrag über die Konfessionslosen in der Schweiz genannten Faktoren: gesteigerte Kritik- und Reflexionsfähigkeit, erweiterter Bewusstseinshorizont und damit verbunden mehr Wahlmöglichkeiten, im Verhalten eine Rolle (vgl. Dubach 1998, 45). Es ist anzunehmen, dass sich auch die gravierenden Änderungen in der Sozialstruktur auf die Distanz auswirken, bei den Frauen stärker als bei den Männern. «Gemeint ist hiermit im wesentlichen die zunehmende Infragestellung überkommener sozialer Verkehrsformen, die Öffnung von immer mehr Entscheidungsbereichen für die unmittelbare oder mittelbare Mitsprache von tendenziell ‹allen› (betroffenen) Gesellschaftsmitgliedern und mithin die Installierung der moralischen Einklagbarkeit des Teilhabe- und Teilnahme-Anspruches von jedermann (und natürlich auch: jeder Frau) jederzeit und allerorts.» (Hitzler 1996, 276). Diesem Anspruch entsprechen die traditionellen Leitungsstrukturen der Kirche nicht. «Viele Frauen leiden darunter, dass ihnen kirchliche Ämter immer noch verwehrt bleiben.» (Generalvikar des Bistums Chur in Zürich 1999, 48).

Unter Frauen gibt es deutlich weniger Areligiöse (Männer: 20,4 %, Frauen: 10,6 %) und weniger religiöse Humanisten (Männer: 28,2 %, Frauen: 23,8 %), dafür deutlich mehr synkretistische Christinnen (Männer: 18,9 %, Frauen:

28 %) und Neureligiöse (Männer: 21,3 %, Frauen: 24,9 %) *(Schaubild 17)*. Im neureligiösen Bereich werden «weibliche» Werte und Fähigkeiten wie Empathie, Intuition und die Fähigkeit, Emotionen auszudrücken, gegenüber «männlichen» Eigenschaften wie Aggressivität und Rationalität deutlich höher geschätzt. Frauen finden deshalb im Bereich der neuen Religiosität höhere Wertschätzung und damit die Möglichkeit zu gleichberechtigtem Engagement.

«Wertschätzung wird am wirksamsten nicht nur durch Worte, sondern durch das Teilen von Macht ausgedrückt» (Generalvikar des Bistums Chur in Zürich 1999, 62), heisst es im Arbeitspapier für die Seelsorge im Kanton Zürich. Die Förderung von selbstbewussten berufstätigen und gebildeten Frauen in Entscheidungsfunktionen, in Führungs- und Leitungspositionen, die ihnen im kirchlichen Bereich offen stehen, entscheidet mit darüber, ob Kirche und kirchliches Engagement für die wachsende Zahl von Frauen mit höheren Bildungsabschlüssen an Attraktivität gewinnen kann. Ihr kommt darüber hinaus entscheidende Bedeutung auch für die Tradierung christlich-kirchlicher Religion zu: Frauen spielen die entscheidende Rolle bei der religiösen Sozialisation der Kinder. Gebildete und berufstätige Frauen sind Vorbilder für nachwachsende Mädchengenerationen. Sie haben damit auch Vorbildfunktion für ihre religiöse Orientierung.

3.1.6. Zusammenfassung

Die hier beschriebenen Megatrends Individualisierung, Globalisierung, Altern, Bildung und Frauen zeigen, dass die in den Sonderfallstudien aufgezeigten Entwicklungstendenzen in den Kirchen in tiefgreifende und länger dauernde gesellschaftliche Veränderungsprozesse eingebunden sind. Sie umfassen das menschliche Leben in allen Bereichen. Die Entwicklung von Religion, christlichem Glauben und Kirchenbindung ist eingebunden in und verknüpft mit Entwicklungen im Bereich der Technik, Kultur, Ökonomie, Bevölkerungsentwicklung, der Sozial- und Bewusstseinsstrukturen. Der Rückgang von kirchlich-christlicher Religiosität ist also nicht als eine kurzfristige Tendenz zu betrachten, deren Ende abzuwarten ist. Die genannten Entwicklungen zeigen eher «religionsproduktive» Tendenzen. Die Sensibilität für religiöse Themen steigt, auch in der Öffentlichkeit. Das Bedürfnis nach Ritualen hat zugenommen, Sinnfragen finden verstärkte Aufmerksamkeit.

Die religiöse Entwicklung präsentiert sich weniger als ein Untergangsszenarium als ein Problem der Ungleichzeitigkeit kirchlicher und gesellschaftlicher Strukturen, einer Ungleichzeitigkeit kirchlicher, gesellschaftlicher und persönlicher Themen. Mit den geänderten gesellschaftlichen Strukturen haben sich auch die Bewusstseinsstrukturen verändert und damit die Bedürfnisse und Bedeutsamkeitsstrukturen. Was vom christlichen Glauben aufgenommen wird und wie, ist, wie anfangs gesagt, abhängig von der Umgebung, von Denkmustern und emotionaler Befindlichkeit. Es ist biographie- und kontextabhängig. Nachhaltig aufgenommen wird das, was in der jeweiligen biographischen Situation als lebensdienlich und hilfreich erfahren wird.

3.2. Soziokulturelle Trends

Megatrends weisen umfassende und längerfristige Entwicklungstendenzen auf. Diese umfassenden Trends lösen jedoch wiederum Gegenbewegungen, Gegentrends aus. Je mehr bestimmte Werte in Gefahr geraten, umso höher wird ihr Stellenwert. «Oft sind es gerade die Gegentrends, die stärkere und nachhaltigere [...] Impulse geben.» (Horx 2003, 105). Gegentrends entstehen insbesondere auf der Ebene der soziokulturellen Lebenswelt. Diese «soziokulturellen Trends» sind geprägt von den Befindlichkeiten der Menschen. «Sie handeln von Lebensgefühlen und Sehnsüchten der Menschen. Von Mangelerscheinungen und ‹ungedeckten Schecks› der Kulturgeschichte. In ihnen drücken sich oft Defizite aus, die in der gesellschaftlichen Entwicklung zum Vorschein kommen.» (Website des Zukunftsinstituts Hamburg). Diese Trends unterscheiden sich von eher kurzfristigen Modetrends dadurch, dass sie sich häufig gerade als Gegenreaktionen auf gesellschaftlichen und kulturellen Wandel formieren. Erst wenn Megatrend und Gegentrend mit in die Reflexion einbezogen werden, können Entwicklungen angemessen wahrgenommen werden.

3.2.1. Verankerung

Lokalisierung
Komplementär zur Globalisierung vollzieht sich der Trend der «Lokalisierung»; so wird häufig auch von «Glokalisierung» gesprochen. «Menschen sehen sich heute mehr denn je sowohl als Bewohner ihrer Region als auch als ‹global citizen›.» (Horx 2003, 105). Durch die Relativierung von Kultur und Religion in Globalisierungsprozessen verliert die individuelle Identität den gesicherten Rahmen unhinterfragter kollektiver Identität. Im Prozess der Globalisierung verlieren die Herkunftsidentitäten an Bedeutung. Es ist nicht mehr wichtig, wo jemand herkommt und was er/sie aus dieser Herkunft mitbringt;

entscheidend ist die Eingliederung in die globalen ökonomischen Prozesse. Gegen Vereinheitlichung und Relativierung machen sich nun Kräfte stark, die kompensatorisch religiöse und kulturelle Herkunftsidentitäten behaupten. Herkunftsidentitäten sind bereits vorhanden, wenn das Alter erreicht wird, in dem bewusste Wahlentscheidungen getroffen werden. Sie prägen von der frühesten Kindheit an, und sie umgreifen Menschen auf umfassende Weise durch das Ineinandergreifen und Überlappen unterschiedlicher Einheiten von der Kernfamilie bis zur Kulturfamilie (vgl. Fuchs 2001, 149). Damit bieten sie einen Bezugsrahmen der Identitätsvergewisserung. Bundespräsident Joseph Deiss betonte in seiner Rede anlässlich des Eidgenössischen Schwing- und Älplerfestes 2004: «Stöi i für Bruchtum». Gerade heute, so Deiss, in einer Zeit, in der Globalisierung zu Entwurzelung und Entfremdung führen kann, sind Traditionen wichtig, um die Herkunftsidentität bewusst zu machen (Neue Zuger Zeitung vom 21.5.2004). Bereits zu Beginn der achtziger Jahre sprach John Naisbitt vom «Neuen Regionalismus» (Naisbitt 1984). «Eine der unbeabsichtigten Folgen des modernen Kapitalismus ist die Stärkung des Ortes, die Sehnsucht der Menschen nach der Verwurzelung in einer Gemeinde. All die emotionalen Bedingungen modernen Arbeitens beleben und verstärken diese Sehnsucht [...].» (Sennet 1998, zit. bei Horx 2000, 251).

Gruppen bemühen sich um regionale Vermarktung von landwirtschaftlichen Produkten, versuchen Regionalwährungen zu etablieren, Dialekte aufzuwerten u. a.m. Lokales Brauchtum wird gepflegt und wiederbelebt, zahllose Trachtenvereine und Brauchtumsgruppen, Musik-, Schützen- und Fasnachtsvereine haben sich dieser Aufgabe angenommen. Immer neue Orts- und Stadtteilfeste werden ins Leben gerufen und finden begeisterten Zuspruch. Der Trend lokaler Brauchtumspflege zeigt sich auch im religiösen Bereich. «Flurprozessionen mit dem Beten um gutes Wetter und um das Gedeihen der Feldfrüchte sind wieder ‹in›», so eine Überschrift der NZZ von 2004. Bittprozessionen auf alten Wegen erleben in der Schweiz und Deutschland eine Renaissance. Selbst neue lokale religiöse Bräuche werden eingeführt und finden grossen Anklang: Die 1979 zum Fest Mariä Himmelfahrt aus der Taufe gehobene ‹Fatima-Schiffsprozession› auf dem Bodensee hat in den letzten Jahren einen beispiellosen Aufschwung genommen (vgl. KIPA 11.8.2003).

Lokalisierung bedeutet den Versuch, die Identität durch Verankerung im kulturellen und menschlichen Umfeld einer Region oder eines Ortes zu vergewissern und zu stabilisieren. Die Tiefe der Verankerung, die bereits in der primären Sozialisation grundgelegt wird, kann später kaum noch erreicht werden. Religiöse Herkunftsbindung über die Sozialisation hat immer auch eine lokale Bindung, eine Bindung an den Ort, an dem die Erstkommunion stattgefunden hat, an dem Jugend- und Schülergottesdienste gefeiert wurden, an dem die Jugendgruppe getagt hat – und eine Bindung an das soziale Umfeld. Auch später entstehen jedoch noch lokale Bindungen durch Gewohnheiten, durch Riten und Hineinwachsen in eine Gemeinschaft. In kleineren Orten, die räumlich überschaubarer sind und wo die soziale Bindung höher ist, ist die Austrittsneigung aus der Kirche deutlich kleiner als in Gemeinden mit 5000 bis 100'000 Einwohnern und darüber *(Schaubild 40)*. Die Entwicklung von lokalen Bindungen braucht Ritualisierungen und Gemeinschaftserlebnisse. Menschen heute haben ein Bedürfnis und Gespür für die Vertiefung lokaler Bindung durch lokales altes kirchliches Brauchtum und lokale religiöse Riten entwickelt.

In diesen soziokulturellen Trend der Lokalisierung zur Identitätsstabilisierung, auch und gerade der Stabilisierung der kirchlich-christlichen Identität, fällt vielerorts die Umstrukturierung der pastoralen Arbeit in grössere Seelsorgeeinheiten, um der territorialen Ausweitung der Lebensbezüge der Menschen gerecht zu werden. In dem Mass, in dem lokale Lebenszusammenhänge durch ökonomische Zwänge und Bedingtheiten aufgebrochen werden, verstärkt sich auch die entsprechende sozialkulturelle Gegenbewegung *Lokalisierung*. «Die Pfarrei kann immer weniger auf bestehende örtliche Lebenszusammenhänge und -einbindungen aufbauen» (Lebensraumorientierte Seelsorge 2003, 17), heisst es richtig in den Leitlinien für die Lebensraumorientierte Seelsorge der Stadt St. Gallen. Sie kann sich jedoch aktiv in neue Lokalisierungsprozesse einbringen, sei es im Engagement bei der lokalen Vermarktung von Gütern, sei es in der Wiederbelebung kirchlichen Brauchtums wie den vielerorts mit grossem Erfolg wieder aufgegriffenen Bittprozessionen, sei es in der Schaffung neuer Riten wie der oben genannten Bodensee-Schiffsprozession, sei es in der Ausbildung eines lokalen Profils in Zusammenarbeit mit gemeindlichen Gruppierungen. Mancherorts werden Regionalkonferenzen abgehalten, die Prozesse der Lokalisierung koordinieren und die grosses Interesse an der Einbindung von Vertretern der Kirche haben. *Lokalisierung* in dem beschriebenen Sinn bedeutet nicht einen Rekurs auf die alten Strukturen, in denen Pfarrei und Lebensraum aufs engste verschmolzen waren, sie bedeutet auch nicht, für die Alten, die Dagebliebenen und Menschen mit geringer Schulbildung noch ein Stück heile Welt vergangener Zeit zu kultivieren. Für *Lokalisierung* im beschriebenen Sinn setzen sich heute vor allem junge Menschen und Menschen mittleren Alters mit hohem Bildungsniveau ein. *Lokalisierung* ist zu verstehen als soziokultureller Gegentrend, als Suche nach Identitätsvergewisserung auch im religiösen Bereich in den postmodernen Zeiten der Verunsicherung.

Die Suche nach religiösem Halt

«Der Fortschritt schreitet heute auch rückwärtsgewandt vorwärts.» (Gross 1994, 242). Rückwärts gewandtes Denken nährt sich auch aus Trauer über verlorengegangene Werte, Ordnungen und Sicherheiten. «Im Kern geht es um eine Suche nach den Werten der Vergangenheit, die auch heute noch Bestand haben und die uns somit in die Lage versetzen, uns den Unwägbarkeiten der Zukunft zu stellen.» (Popcorn 1996, 109). Fundamentalistische und traditionalistische Gruppierungen versuchen, in einer Art Gegenwelt Vergangenes wiederzubeleben und aufrechtzuerhalten. Aber auch jenseits solcher Gruppierungen lassen sich diese Tendenzen im religiösen Bereich in gemässigter Form wahrnehmen. Neureligiöse und synkretistische Christen greifen auf religiöse Traditionen aus einer Vielzahl von Kulturen und Religionen zurück. Germanische, indische, indianische, schamanische Weisheiten und Rituale werden studiert und praktiziert. Der Aussage «Die Zukunft der Völker liegt im natürlichen Wissen der alten Völker» stimmten 1989 39 % der Schweizer Bevölkerung zu, 1999 waren es 52 %. Auch die Zustimmung zur Aussage «Die Menschheit wird in ein neues Zeitalter eintreten, wenn man das Beste aus allen Religionen zusammenträgt» stieg von 38 % im Jahr 1989 auf 54 % im Jahr 1999 *(Schaubild 1)*. Die Globalisierung ermöglicht die Berührung mit religiösen Traditionen aus aller Welt. Besondere Aufmerksamkeit finden die buddhistische Tradition und Spiritualität. Auch christliche Traditionen werden neu entdeckt und aufgegriffen. Gregorianischer Chorgesang erreicht die Spitzen der Musikcharts. Engel, Schutzengel, Erzengel und Engel als hilfreiche Geister spielen im neureligiösen Bereich heute eine grössere Rolle als in den Kirchen. Hildegard von Bingen wird als Vertreterin der Ganzheitlichkeit, der Verbindung von seelischem und leiblichem Heil verehrt, ihre Arzneien und Heilmethoden sind äusserst populär. Wallfahrtstraditionen finden erneut grossen Zuspruch als Wege tiefen religiösen Erlebens. Diese Wiederentdeckung und Belebung alter christlicher und kirchlicher Traditionen geschieht jedoch neben den Kirchen oder an den Kirchen vorbei.

Neue Religiosität ist nicht traditionslos – im Gegenteil. Verankerung in Traditionen ist ein wesentlicher Faktor auf der Suche nach Sinn und Halt. Sie kann als kompensatorische Orientierung verstanden werden in einer sich schnell verändernden Lebenswelt, die das Individuum aus traditionellen Einbindungen und Verortungen entlassen hat. Diese Verankerung erfolgt jedoch für die Mehrheit nicht mehr exklusiv in *einer* Tradition, sondern orientiert sich, auch als Folge der fortschreitenden Globalisierung, an allen zugänglichen Traditionen.

Nicht wenige Menschen wünschen sich die Kirchen als Hort religiöser Traditionen, an dem sie sich ihrer Identität durch Wiederbelebung ihrer Herkunftsidentität vergewissern können. «Kirchen können offenbar – jenseits noch so angemessener oder problematischer Theologie – in ihren Riten, Sakramenten, Fest- und Lebensformen eine bergende spirituelle Heimat sein, die atmosphärisch manchen Menschen die Annäherung leicht macht.» (Kroeger 2004, 30). Religiösen Riten kommt bei der Identitätsarbeit in der postmodernen Identitätsverunsicherung verstärkt die Funktion der Selbstvergewisserung zu. Dies trifft in besonderem Masse für die restaurativen Rituale zu. Restaurative Rituale «können wesentlich sozial-integrativ wirken, eine soziale und religiöse Ordnung aufrecht erhalten und bestätigen. Solche Rituale stellen die Identität einer Gruppe symbolisch dar und bekräftigen sie damit zugleich; sie wirken affirmativ [...] man bezeichnet sie oft und zu Recht als Zeremonien oder als Akte des Feierns.» (Martin 1997, 23).

Die sonntägliche Eucharistiefeier ist für viele Katholiken ein wichtiges restauratives Ritual, dessen Bedeutung schwerpunktmässig in der Selbstvergewisserung der Identität im gläubigen Gemeinschaftsritual liegt. Menschen reagieren deshalb häufig enttäuscht und ärgerlich, wenn traditionelle Riten und liturgische Formen verändert werden. Dies trifft besonders auch für Menschen zu, die selten einen Gottesdienst besuchen. Sie tun dies vorzugsweise an Feiertagen und bei besonderen familiären Anlässen *(Schaubild 10)*. Veränderte Gottesdienstrituale bieten ihnen keine Anknüpfungspunkte an ihre religiöse Herkunftsidentität. Gottesdienste verlieren für sie so die sozial-integrative Funktion und die Funktion der Selbstvergewisserung und damit auch ihre Attraktivität.

Bisweilen handelt es sich hierbei auch um museale Tendenzen: Es wird gewünscht, dass traditionelle Formen beispielsweise des Gottesdienstes praktiziert werden, selbst wenn man selbst nicht mehr oder nur noch selten daran teilnimmt.

3.2.2. «Cocooning»

Die Sehnsucht nach Heimat und Beheimatung im lokalen Bereich erhält noch einen weiteren Impuls durch die Mobilität unserer Gesellschaft. Immer mehr Menschen sind immer mehr unterwegs. Sie verbringen täglich Zeit auf

Bahnhöfen und in Zügen, auf Autobahnen, in Bussen, in Flughäfen und Flugzeugen. Zu steigenden wirtschaftlichen und beruflichen Mobilitätszwängen kommen verlockende Freizeitangebote hinzu, die wiederum erfordern, sich auf den Weg zu machen. Zudem erscheint die Aussenwelt riskanter und unsicherer als früher. Dieses «Neonomadentum» zusammen mit dem Wunsch, sich vor den Unsicherheiten der Aussenwelt zu schützen, bildet die Triebkraft für das, was Faith Popcorn *Cocooning* (Popcorn 1996, 52) genannt hat. Cocooning, der Trend es sich zu Hause gemütlich zu machen, «macht nur Sinn, wenn wir ihn als Widerstand zur permanenten Bewegung, als Sehnsucht nach Ankerung und Einkapselung begreifen. Heimat, Familie, Gebundenheit etc. sind Themen von morgen.» (vgl. dazu auch Horx 2003, 104 f.). Mit ihrer Gefährdung wächst auch ihr Stellenwert in der Gesellschaft. Menschen suchen den Schutz und die Geborgenheit des eigenen Heimes. «Das panische Durcheinander, die tagtäglich entfesselten Selbstbewegungen in den Kaufhäusern, auf den Autobahnen und im Betrieb, in der Luft und auf den Pisten, sie kommen allabendlich in den selbstgewählten Enklaven, im Solitären zum Erliegen.» (Gross 1994, 230; zum Cocooning siehe auch das Kap. Kokon-Dasein, ebd., 231–233). Anstelle eines Restaurantbesuches lässt man sich das Menü oder die Pizza ins Haus bringen, die Bildschirme des «Heimkinos» werden immer grösser und immer besser, statt des Einkaufsbummels werden Kataloge gewälzt oder Waren gleich per Mausklick ins Haus bestellt.

Für Renovierungen und Verschönerungen in Haus und Garten werden jährlich hohe Summen ausgegeben, um den «Kokon» möglichst behaglich zu gestalten. Interessanterweise durchzieht auch diesen Bereich in den letzten Jahren eine spirituelle Komponente. Anstelle von Herrgottswinkel und Weihwasserbecken ist *Feng-Shui* getreten, die traditionelle chinesische Kunst der Raumgestaltung, die eine grösstmögliche Harmonie von himmlischen Kräften und der Ordnung der Natur anstrebt. Der Wohn- und Arbeitsbereich soll positiv auf Geist, Seele und Körper wirken. Nur dann ist die grundlegende Voraussetzung für ein glückliches und harmonisches Leben gegeben, wenn sich auch die Umgebung einfügt in die natürliche Ordnung und den kosmischen Energiefluss. Geschulte Berater helfen dabei, Möbelstücke so aufzustellen, dass eine Atmosphäre von Harmonie und Ordnung geschaffen wird, der Arbeitsplatz so auf Energiefelder ausgerichtet ist, dass das geistige Wachstum gefördert wird und an strategischen Punkten Spiegel stehen, um den Energiefluss weiterzuleiten.

Cocooning bedeutet, dass Menschen immer schwerer zu motivieren sind, den Schutz und die Geborgenheit ihres Heims zu verlassen. Die Aussenwelt wird ins Wohnzimmer geholt, via Dienstleister und Medien. Das betrifft auch den Bereich Religion und Spiritualität.

Im Rahmen der Gemeindepastoral könnten Hausbesuche dieser Entwicklung Rechnung tragen. Die Basler Kirchenstudie zeigte beispielsweise, dass Mitarbeitende beider Kirchen die Erwartungen der Bevölkerung an Hausbesuche deutlich unterschätzten, die Mitarbeitenden der Katholischen Kirche noch mehr als die der Reformierten Kirche (Bruhn/Siems/Lischka 2000, 91 f.).

Neureligiöse Anbieter nutzen das Medium Internet mit grossem Erfolg. Auch die Kirchen entdecken mehr und mehr die vielfältigen Möglichkeiten des Mediums zur Information und Beratung. «Ortsunabhängig, diskret, kostenlos und über modernste Kommunikationsmittel» sind die Schlagworte, mit denen die schweizerische Internetseelsorge *seelsorge.net* wirbt (www.seelsorge.net). Die Internetseelsorge wurde mittlerweile um eine SMS-Seelsorge erweitert.

Dass auch in der Schweiz ein reges Interesse von Jugendlichen an Internet-Beratungsangeboten herrscht, zeigt der grosse Erfolg der Internet-Plattform *tschau.ch*, die deutschsprachigen Jugendlichen die Möglichkeit gibt, sich in persönlichen Fragen beraten zu lassen. Projektleiterin von *tschau.ch* ist die Schweizerische Fachstelle für Alkohol- und andere Drogenprobleme.

Die ökumenische Gebetssendung ‹Bigpray› beim Stuttgarter Jugendsender ‹BigFM› arbeitet mit einer Kombination von Radio- und Internetarbeit. Der evangelische Vikar Heiko Bräuning sieht darin «phantastische Chancen für die Jugendseelsorge». Nach Angaben des Senders erreicht das Radioprogramm ca. 60'000 Hörer. Gebetsanliegen kommen per Internet zu den Geistlichen. An drei Abenden werden sie im Rahmen einer Kurzandacht vorgelesen. Da viele Einsender nicht nur Gebete, sondern auch Lebenshilfe erwarteten, wurde die Sendung erweitert: Im Anschluss an die Gebetssendung können die Jugendlichen mit Bräuning im Internet chatten (Idea 2002).

Gegenwärtig sind es noch eher die jüngeren Jahrgänge, die Internetangebote nutzen, jedoch entdecken mehr und mehr ältere Menschen die Vorteile dieses Mediums. «Die ‹Silver Surfers›, die Internet-Freaks über 60, gehören zu der am schnellsten wachsenden Populationsgruppe im Netz.» (Horx 2000, 101). In Anbetracht des Megatrends Alterung und der rapide wachsenden Zahl von älteren Internetnutzern sind Internetangebote für die Generation 60+ überlegenswert.

Die Zahl der Zuschauer bzw. Zuhörer von Radio- und Fernsehgottesdiensten hat, anders als die Zahl der Gottesdienstbesucher, nur unwesentlich abgenommen. Bei der Befragung 1999 gaben 11,9 % an, einmal im Monat oder öfter einen solchen Gottesdienst mitzufeiern. In Deutschland sind es mittlerweile bis zu einer Million Menschen, die den Sonntagsgottesdienst im ZDF an den Bildschirmen mitfeiern. Das ZDF überträgt seit 1979 regelmässig am Sonntagmorgen und in aller Regel im Wechsel evangelische und katholische Gottesdienste. Auch christliche Freikirchen bieten (Sonntags-)Gottesdienste und Predigten via Fernsehen an. Das Schweizer Fernsehen DRS überträgt jeden Monat einen Gottesdienst. Römisch-katholische, evangelisch-reformierte, ein christkatholischer sowie zwei bis drei ökumenische Gottesdienste wechseln sich ab. Der Katholische Mediendienst betreut die römisch-katholischen Fernsehgottesdienste in der Deutschschweiz. Auf seiner Website finden sich Hinweise zur Gestaltung für Liturgen, Pfarreien und Kirchgemeinden.

Bei aller theologischen Besorgnis[4] sprechen doch gute Gründe für medial vermittelte Gottesdienste und Eucharistiefeiern: Für Kranke, Behinderte und gehbehinderte ältere Zuschauer ist der Fernsehgottesdienst oft die einzige Möglichkeit, an einem Gottesdienst teilzunehmen – in Anbetracht des Megatrends Alterung ein ernstzunehmender Gesichtspunkt. Es sind jedoch längst nicht mehr nur Alte, Kranke und Behinderte, die sich Gottesdienste im Fernsehen und Rundfunk «nach Hause» holen. Cocooning ist ernst zu nehmen. Es drückt sich darin die Sehnsucht nach Geborgenheit, nach Ruhe und Rückzug aus einer unruhigen, fordernden und bisweilen überfordernden Umwelt aus. Was sich Zuschauer(innen) und Zuhörer(innen) aneignen, hängt, wie oben beschrieben, entscheidend auch von ihrer emotionalen Befindlichkeit, von der räumlichen und menschlichen Umgebung ab. Sinnhaftes Erleben setzt ein Wohlbefinden voraus. So kann die Behaglichkeit des eigenen Heimes die Aufnahmefähigkeit für die gottesdienstliche Feier vertiefen. Die hohen Zuschauerzahlen bei Fernseh- und Rundfunkgottesdiensten belegen das Interesse.

Ein weiteres Argument ist die Niederschwelligkeit für die, die keinen Kontakt zu einer Gemeinde und bisher selten oder nie einen Gottesdienst besucht haben (der Anteil liegt bei den 16- bis 55-jährigen bei ca. 50 %, vgl. *Schaubild 25*).

Damit über solche Sendungen auch Brücken zu Seelsorgern oder Gemeinden hergestellt werden können, sollte die Möglichkeit, über Zuschauertele-

---

4   Ebertz befürchtet beispielsweise, dass unerwünschte «profane Nebenhandlungen» während der Rundfunk- und Fernsehgottesdienste nicht auszuschliessen sind, und möglicherweise auch «sakramental Unqualifizierte» an der medial übermittelten Eucharistiefeier teilnehmen, Ebertz 2003, 183.

fone oder Chatrooms im Anschluss an die Sendungen Kontakt herstellen zu können, unbedingt gegeben sein.

3.2.3. Clanning

Clanning, den Trend zur Gruppenbildung, kann man als Gegenbewegung zur Individualisierung und der zunehmenden Vereinzelung verstehen. Angesichts vielfältiger Lebenswelten, unterschiedlicher biographischer Muster und Sinnwelten werden die traditionellen, «vor»-gesetzten Bindungen abgelöst durch selbst gewählte Netzwerke. «Unterstützung. Verbindung. Intimität. Heilung. Bewusste Wahl der Freunde und Wohngenossen. Zusammenpassen. In diesen Schlüsselbegriffen zeigt sich, dass wir in unserer Kultur Sehnsucht nach Zugehörigkeit und Gruppenwärme haben. Nach Werten, die im isolierten Kokon nicht gedeihen können.» (Popcorn 1996, 76).

Beziehungsstrukturen und Gemeinschaften formen sich entsprechend den vorherrschenden Kommunikationsstrukturen. Jugendliche heute, auch junge Erwachsene, wollen alles frei in Kommunikation aushandeln. Für die Jugendlichen muss die Kommunikation offen und wechselseitig sein. Nur das kann intersubjektiv Geltung beanspruchen, worüber man sich kommunikativ geeinigt hat. Verbindlichkeiten werden nicht abgelehnt, basieren aber auf Selbstverpflichtung und ausgehandelten Regeln.

Die Nutzung von Telefonen, Handys und Internet ermöglicht, sich mit Menschen zusammenzuschliessen, die sich in ähnlichen Lebenslagen befinden und die eigenen Interessen teilen. Norbert Bolz nennt diese neuen Gemeinschaften «Organisational Neighbourhoods». Die Beziehungen der Teilnehmer untereinander sind in den Netzwerkgemeinschaften anders als in traditionellen Gemeinschaftsformen: «Die Netzwerkkultur steht in klarem Gegensatz zur sozialen Hierarchie. In offenen Netzen treffen sich *frei assoziierte Individuen* – und sie bilden Gesellschaft als Hypertext, in dem sich jedes Individuum immer wieder neu ‹schreiben› kann.» (Bloz, Norbert, zit. in: Trendbüro 2003, 125). Netzwerkgemeinschaften entsprechen so genau den Anforderungen der neuen Religiosität nach Offenheit, Kommunikation ohne verpflichtende Bindung und Möglichkeit zu Veränderungen. Neureligiöse bilden deshalb keine traditionellen Gemeinden oder Kirchen, sondern vorzugsweise Netzwerkgemeinschaften. Von der traditionellen Gemeindebildung geprägte Theolog(inn)en und kirchliche Mitarbeiter(innen) werden durch deren äussere Unsichtbarkeit häufig dazu verleitet, deren Ausbreitung und Bedeutung zu unterschätzen oder auch schlichtweg zu übersehen.

Das Internet bietet ein hervorragendes Forum, das erlaubt, im sicheren Kokon zu bleiben und gleichzeitig ohne räumliche Beschränkung mit Gleichgesinnten zu kommunizieren. Die meist genutzten Funktionen des Internets sind interaktive Gesprächsforen und E-Mail (Popcorn 1996, 74). Noch sind es vorwiegend die Jüngeren, die diese Möglichkeit der Vergemeinschaftung nutzen, der Anteil der Älteren wächst jedoch rapide.

Die Pluralisierung religiöser Einstellungen und Sinnstiftungsangebote macht Online-Foren im Internet auch und gerade für die Suche nach Vernetzung mit Gleichgesinnten im religiösen Bereich zum geeigneten Medium. Hunderte von Gesprächsforen neureligiöser, esoterischer Prägung, aber auch traditioneller Religiosität des Christentums wie der anderer Weltreligionen bieten dem Nutzer jede Möglichkeit der Anknüpfung und Einbindung.

Auf dem deutschsprachigen schweizerischen Internetportal der katholischen Kirche (www.kath.ch) ist es seit 2003 möglich, auf ausgewählte Themen und Kommentare zu antworten. Thematische Foren sind geplant. Internet-Beziehungen bleiben nicht immer nur sporadisch und oberflächlich. Die Katholische Glaubensinformation (kgi) in Frankfurt a.M. verzeichnet auf ihren Internetangeboten monatlich 50'000 Besucher. Ihre Erfahrung zeigt, «dass beispielsweise durch täglich wechselnde spirituelle Impulse, durch unermüdliches Anbieten von tagesaktuellen und/oder biografie-relevanten Informationen, durch permanentes Anbieten von Kommunikation und durch die Bereitschaft, dann auch zur Verfügung zu stehen (Hotline) – dass durch all das Bindung und Beziehung, Wiedererkennung und Gewöhnung, wachsender Kontakt und Identifikation entsteht, wenn vielleicht auch – an einem imaginären idealtypischen Soll gemessen – auf niederem Niveau. Dafür aber im hohen Mass freiwillig und motiviert.» (Lay, Manfred zit. bei: Ebertz 2003, 185 f.). Virtuelle Kirchen wie die der virtuellen City von *www.funama.de* verzeichnen monatlich ca. 100'000 Zugriffe von meist jugendlichen Surfern. Diese virtuelle Kirche bietet ein Pfarrhaus und ein Kirchengebäude mit Fürbittbrett, Exerzitienangebote und einen Chatroom, in dem nachts auch ein Vaterunser gebetet wird. Diese virtuellen Kontakte entwickeln sich immer wieder auch zu persönlichen Beziehungen. «Aus manchmal scheinbar oberflächlichen Kontaktaufnahmen können sich oft persönliche Mail-Kontakte, auch über einen längeren Zeitraum hin, entwickeln, ja es kann sogar Interesse an den real existierenden Seelsorger-Menschen mit Kontaktbemühen im ‹reallife› entstehen, zumal sich Chatter untereinander besuchen und Treffen organisieren.» (Ebertz 2003, 185). Aus Internet-Kontakten werden so immer wieder auch persönliche Kontakte.

Die Möglichkeiten, die das Internet bietet, sind für religiöse Gemeinschafts-bildung unter heutigen Bedingungen nicht zu unterschätzen. Menschen kön-nen vom geschützten Zuhause aus in Kontakt treten und ortsunabhängig Ver-bindungen pflegen, die ihren individuellen Bedürfnissen entsprechen. Internet Communities entsprechen so dem Megatrend Individualisierung und den so-ziokulturellen Trends des Cocooning und Clanning.

«Clanning» bedeutet nicht nur die virtuelle Gemeinsamkeit im Netz. Auch darüber hinaus gibt es das Bedürfnis nach Zugehörigkeit und Gruppenwärme. Dubach hat diese Formen im Kapitel über religiöses Leben in Szenen be-schrieben (Dubach, Kap. 7.).

Wichtig zu sehen ist, dass es sich bei allen Formen des Clanning um interes-sengeleitete Zugehörigkeit auf der Basis freiwilliger Selbstbindung handelt.

Dem Trend zum Clanning entsprechen also weniger die traditionellen Ju-gend- und auch Erwachsenengruppen in den Pfarreien, die durch regelmässige Teilnahme und auch einen gewissen Grad an Verbindlichkeit gekennzeichnet sind. Gruppierungen, die beim Clanning entstehen, sind aus ähnlicher Interes-senlage geboren, und sie bestehen nur, solange das individuelle Bedürfnis zur Teilnahme gegeben ist. Analog zur offenen Jugendarbeit wäre sicher auch eine offene Erwachsenen- und Altenarbeit eine Chance, ein Pfarreizentrum als Ort der Begegnung für Menschen mit gleichartigen Interessenlagen anzubieten.

3.2.4. Gestaltung

Menschen heute sind «ästhetisch versierter» (Grözinger 2000, 229). «Die äs-thetische Perspektive auf die Dinge des Lebens war früher eher nebensächlich, wird aber heute für immer mehr Menschen zu einer Basisorientierung, über die sie kaum mehr nachdenken, weil sie so selbstverständlich geworden ist.» (Ebertz 2003, 70). Aus dem breiten Angebot des Marktes wird gewählt, was in seiner Form-Inhalt-Relation, in seiner ästhetischen Präsenz besticht. «De-sign, das war noch vor zwei Jahrzehnten eher ein *Oberflächen*-Gag.» (Horx 2003, 189). Heute ist es das Design, das den Unterschied macht in der Masse der Angebote – nicht mehr nur verstanden als Oberflächen-Gag, sondern als *«die genuine Idee des Gegenstandes – oder eines Konzepts»* (Horx 2003, 192). Dieses Verständnis ist der christlichen Überlieferung nichts Fremdes. Im Ver-lauf der Christentumsgeschichte, in den Texten der Bibel, in der Tradierung biblischer Inhalte, in der Raumgestaltung wie in liturgischen und seelsorgerli-chen Äusserungen – «immer stossen wir auf pointiert ästhetische Objekte: die Predigten eines Franz von Assisi gehören ebenso dazu wie die Meditationen einer Teresa von Avila, das Raumprogramm der mittelalterlichen Kathedrale ebenso wie die Kantaten eines Johann Sebastian Bach» (Grözinger 2000, 227). Die äussere Gestalt eines Gottesdienstes, einer seelsorgerlichen Situation, eines Kirchenraumes, eines Pfarreizentrums muss ernst genommen werden als eine Gestalt, in der der innere Gehalt wahrgenommen wird, in der die genuine Idee zum Leuchten kommt, oder eben nicht. Die Gestaltung darf nicht wahrgenommen werden als etwas Zusätzliches, als etwas dem Inhalt Äusserliches, das hinzukommen kann, sondern als die Form, in der der Inhalt Gestalt gewinnt.

Die Diskrepanz zwischen den Erwartungen und den Angeboten der Kirchen scheint, was die Gestaltung betrifft, beträchtlich. In der Ökumenischen Basler Kirchenstudie wurde ganz gezielt nicht nur der Frage nach der inhaltlichen Akzeptanz kirchlicher Arbeit, sondern auch der Beurteilung ihrer Qualität nachgegangen. «Zur Analyse der Qualitätswahrnehmungen von liturgisch-katechetischen, diakonisch-sozialen und kulturellen Leistungen wurde die Diskrepanz zwischen den Erwartungen der Bevölkerung an die Leistungen sowie die Beurteilung der Leistungen untersucht. … Die Erbringung liturgisch-katechetischer sowie diakonisch-sozialer Leistungen sind von der Bevölkerung lediglich zu 91 %, diakonisch-soziale sogar nur zu 86 % erfüllt. Im privatwirtschaftlichen Bereich geht man üblicherweise davon aus, dass die Erwartungen zu 98–100 % erfüllt werden müssen.» (Bruhn, 1999, 281). Im Bistum Passau wurden zur Erhebung der Befindlichkeit im Rahmen der Entwicklung eines neuen Pastoralplans moderierte Klausuren in Pfarrgemeinden, Verbänden und Gemeinschaften abgehalten, an denen sich über 300 Gruppen und Gruppierungen beteiligten. In diesen Klausuren klagten viele über die Qualität des Gottesdienstes und der Predigten (vgl. Zulehner 2003b, 84; 100 f.). Das breite Angebot des Marktes, die Vielfalt an Angeboten in den Medien, die nicht nur Veranstaltungen mit Kultcharakter, sondern auch hervorragend inszenierte Gottesdienste mit ansprechender musikalischer Gestaltung übermitteln, tragen dazu bei, dass die Ansprüche an die Qualität steigen.

«Das Evangelium fällt nicht als reiner Inhalt vom Himmel, sondern das Evangelium ist nur mit und unter menschlichen Gestaltungsbemühungen vorhanden – sei es in liturgischer, sei es in pädagogischer, sei es in seelsorgerlicher Hinsicht.» (Grözinger 2000, 226). Die ästhetische Kompetenz der Bevölkerung wird so zur Herausforderung für die ästhetische Gestaltungskompetenz pastoraler Mitarbeiter.

Die ästhetische Kompetenz gewinnt noch an Bedeutung durch die Tatsache, dass die Gestaltung, das «Design» auch eine entscheidende Rolle in sozialen Beziehungen spielt. Über Kleidung und Styling, über Musik- und Kunstgeschmack, über Einrichtung grenzt man sich ab oder gehört dazu. Die klassen- und schichtgebundenen Milieus sind übergegangen in neue Milieus, die sich weniger über weltanschauliche als über sozialästhetische Kategorien definieren. Die Individuen finden sich zusammen mit anderen, die einen ähnlichen Geschmack bezüglich Kleidung, Einrichtung und Fernsehinhalten haben, und grenzen sich ab von anderen, deren Geschmack sich von dem ihren unterscheidet. Die Gestaltung der eigenen Person, des eigenen Lifestyles übermittelt ein Gefühl von Zugehörigkeit oder Fremdheit.

Dies gilt in besonderem Masse für Jugendliche. Über das Aussehen, das Styling gibt man über sich selbst Auskunft. Gleiches Styling vermittelt das Gefühl von Gemeinsamkeit. «Früher fanden Jugendliche ihre Heimat im Sportverein oder in anderen Gruppen. Wer man ist und wofür man steht, das wussten die anderen. Darauf können Jugendliche heute nicht mehr bauen. Als flexible Ich-AGs brauchen sie andere Formen, um sich und ihre Verbundenheit untereinander auszudrücken.» (Trendbüro 2003, 99). Stärker noch als Erwachsene definieren Jugendliche Zugehörigkeit und Abgrenzung über das äussere Erscheinungsbild. Aber auch hier gilt: Es geht dabei nicht um etwas «nur» Äusserliches; das Äussere wird vielmehr verstanden als Ausdruck der Persönlichkeit, als Zeichen, die von anderen gelesen werden und an die sie anknüpfen können. Der Stil ist ein wichtiges Mittel der Kommunikation.

Stil drückt auch die Lebensphilosophie aus. Stilgemeinschaften sind Glaubensgemeinschaften (vgl. Schulze 1992, 112). Stilelemente sind Zeichen, die Werte und Leitbilder verkörpern: Ob Luxuslimousine, Nadelstreifenanzug, Lederkluft oder Turnschuhe – Stilelemente symbolisieren Lebenseinstellungen. Weil Stil selbst ein Kommunikationsmittel ist, deswegen wird seine Bedeutung nur selten explizit ausgesprochen. «Im Stil werden Lebensphilosophien zur unterschwellig gespürten Atmosphäre.» (Schulze 1992, 113).

Diese soziale Bedeutung von Stil und Geschmack macht auch vor den Kirchen nicht halt. Auch innerhalb der Kirchen finden sich Gruppierungen über Lifestyle und Geschmacksfragen und grenzen sich von anderen ab. Auch in Kirchgemeinden symbolisieren Stilelemente Lebensphilosophien und Glaubensrichtungen, die für die einen anziehend und für die anderen abgrenzend wirken. Kirchengemeinden, so Ebertz, sind in der Regel von einigen der ästhetischen Milieus dominiert. Der persönliche Stil der kirchlichen Mitarbeiter, die Einrichtung kirchlicher Räume, das Angebot an sozialen Aktivitäten in der Pfarrei: All das signalisiert Zugehörigkeit oder Ausschluss. Davon ist auch das spirituelle Leben nicht ausgenommen: «Das geistliche Angebot vieler Kirchengemeinden verbaut sich bereits ästhetisch, von Fragen des Geschmacks her, den Zugang zu denjenigen ‹religiös Hungrigen›, die andere ästhetische Vorlieben haben, und führt dazu, dass diese ihre ‹religiöse Nahrung› anderswo suchen.» (Ebertz 2003, 73).

Bei der Entwicklung eines eigenen Stils tendieren Menschen dazu, in ihren Geschmacksentscheidungen ähnliche Gruppenbildungen vorzunehmen und sich von anderen abzugrenzen. Gerhard Schulze unterscheidet drei alltags-ästhetische Schemata:

Alltags-ästhetische Schemata	typische Zeichen (3 Beispiele)	Bedeutungen		
		Genuß	Distinktion	Lebens-philosophie
Hochkultur-schema	klassische Musik, Museumsbesuch, Lektüre «guter Literatur»	Kontem-plation	anti-barbarisch	Perfektion
Trivialschema	deutscher Schlager, Fernsehquiz, Arztroman	Gemüt-lichkeit	anti-exzentrisch	Harmonie
Spannungs-schema	Rockmusik, Thriller, Ausgehen (Kneipen, Discos, Kinos usw.)	Action	antikon-ventionell	Narzißmus

Abb. 3.   Nach: *Schulze Gerhard* 1992, Die Erlebnisgesellschaft. Kultursozio-logie der Gegenwart, Campus Verlag, Frankfurt a. M., 163.

In den Pfarrgemeinden herrscht vorwiegend das Trivialschema in Kombina-tion mit Elementen des Hochkulturschemas. Angesprochen werden von die-sem Stil in der Regel Menschen über 40 mit niederer oder mittlerer Bildung.

Menschen des «reinen» Hochkulturschemas fühlen sich von dem üblichen Geselligkeits- und Frömmigkeitsstil der Gemeinden, dem Niveau von Ge-meindeblättern und Pfarreizeitungen nicht angesprochen. Das gilt auch für Angehörige des Spannungsschemas. Dies sind meist Menschen unter 40, de-ren Orientierung am Unkonventionellen sich an der konventionellen Orien-tierung des Trivialschemas stösst.

Stil ist ein Kommunikationsmittel und sollte als solches auch reflektiert werden. Die Reflexion des Stils wird so zur Reflexion der nonverbalen Kom-munikation. Welche ästhetische Orientierung herrscht in einer Gemeinde? Was signalisiere ich als Mitarbeiter(in) in dieser Gemeinde? Welche Atmosphäre herrscht in den gemeindlichen Räumen? Welche Gruppen fühlen sich angesprochen, zugehörig, welche fühlen sich unwohl und nicht zugehörig? Welche Abgrenzung ist gewollt und welche unbewusst?

Keine Pfarrgemeinde wird allen ästhetischen Orientierungen gerecht werden können. «Wie überall, wo Menschen sich zusammenschliessen, neigen auch die Pfarreien dazu, Menschen zusammenzuführen, die in Mentalität und sozialem Verhalten zueinander passen.» (Lebensraumorientierte Seelsorge, 22). Gezielt sollten deshalb auch zielgruppenorientiert pastorale Angebote für die Angehörigen der ästhetischen Schemata angeboten werden, die sich von der in den Gemeinden vorherrschenden Atmosphäre nicht angesprochen fühlen.

3.2.5. Gesundheit und Lebensqualität

Mit der steigenden Lebenserwartung verschiebt sich der Lebensmittelpunkt. Eine neue Lebensphase jenseits der 50 entsteht, die nicht unter dem Aspekt der Alterserkrankungen und des Niedergangs gesehen wird, sondern als eine eigene Phase, die als positiv zu gestaltender Lebensabschnitt ins Auge gefasst wird. In «Umfragen wird die Frage *Möchten Sie sehr alt werden?* heute mehr als doppelt so oft mit Ja beantwortet als noch in den 80er Jahren.» (Horx 2003, 105). Alt werden ja, aber dabei so lange wie möglich jung bleiben – «Anti-Aging»-Produkte, Bücher, Therapien, Kosmetika, Medikamente sind heute ein boomender Markt. Alt werden mit möglichst hoher Lebensqualität bedeutet Vorsorge bereits in jungen Jahren. So wirkt die Alterung der Gesellschaft mit an einem veränderten Bewusstsein von Gesundheit und damit an einem veränderten Verständnis von Medizin: weg von der Medizin als Reparaturbetrieb hin zu einem ganzheitlichen Verständnis von «Heil»-Sein, zu einer Medizin, die Vorsorge und Veränderung des gesamten Lebensstils mit einbezieht. «Das Zentrum einer zukünftigen Medizin ist also der schwere, aber auch aufregende Prozess der Selbst-Veränderungen. ... Selbstvorsorge und Spiritualität bilden die neuen Säulen der neuen Medizinkultur.» (Horx 2000, 112 f.). Der Bereich Gesundheit verbindet sich mit der Frage nach Sinn, nach einer transzendenten Wirklichkeit und einem erfüllten Leben. Ein beträchtlicher Teil der Bevölkerung hat die ganzheitliche Sicht des Menschen und seine ganzheitliche religiöse Dimension neu entdeckt. Die spirituelle Seite von Gesundheit und Medizin orientiert und nährt sich vorwiegend aus dem Bereich New-Age und Esoterik. Kirche und Theologie sind bis heute stark von der Descartschen Leib-Seele-Spaltung geprägt und betrachten somit Leib und Seele als getrennte Wirklichkeiten mit getrennten institutionellen Zuständigkeiten. Der Medizinhistoriker Schipperges schreibt: «... in den letzten Jahrhunderten ist es zu einer verhängnisvollen Verwirrung gekommen, die, im Zuge wachsender Verwissenschaftlichung, den Leib zum Körper objektivierte und, im Zuge zunehmender Säkularisierung, aus der leibhaftigen Heils-Sorge um das Schicksal des ganzen Menschen eine einseitige Heil-Technik und eine spezialisierte Seel-Sorge werden liess.» (Schipperges 1984, 13).

Über 1200 empirische Untersuchungen kommen zu eindrucksvollen Ergebnissen: «Religiöse Menschen sind weniger oft im Krankenhaus, haben einen niedrigeren Blutdruck und scheinen besser gegen Herz-Kreislauferkrankungen geschützt zu sein. Sie reagieren auf belastende Lebensereignisse und Krankenhausaufenthalte weniger häufig mit Depressionen. Wenn sie dennoch einmal depressiv werden, erholen sie sich meist in kürzester Zeit. Patienten, die glauben und beten, waren nach Operationen schneller wieder auf den Beinen und benötigten weniger Schmerzmittel. Menschen, die regelmässig einer spirituellen Praxis nachgehen, verfügen über ein stärkeres Immunsystem.» (de Jong 2005, 21 f.).

Kenneth Pargament u. a. wiesen nach, dass es gesundheitsfördernde und eher gesundheitsabträgliche Arten von Religion und Spiritualität gibt: Der Glaube an einen strengen, strafenden Gott, der oft auch einhergeht mit einem strengen, rigiden Klima in der Glaubensgemeinschaft, führt eher zu Ängsten, Depressionen und psychosomatischen Störungen. Der Glaube an einen wohlwollenden, liebenden Gott vermittelt, insbesondere wenn diese wohlwollende freundliche Atmosphäre auch in der Glaubensgemeinschaft herrscht, das Gefühl, emotional geborgen zu sein, und fördert deutlich das psychische und körperliche Wohlbefinden (vgl. Pargament/Van Haitsma/Ensing 1995, 47–67). Insgesamt zeichnen sich wesentliche Elemente eines heilsamen Glaubens und einer heilsamen Spiritualität ab. Dazu gehört u. a. die Grundhaltung des Vertrauens auf einen liebenden Gott oder eine liebevolle höhere Macht und die Praxis von Meditation oder meditativem Gebet. Eine entscheidende Rolle spielt der Gemeinschaftsaspekt: Persönliche Kontakte, das Gefühl, in einer Gemeinschaft eingebunden und aufgehoben zu sein, Gemeinschaftserlebnisse bei Gottesdiensten und Riten und tätige Nächstenliebe erweisen sich als stark gesundheitsfördernde Kräfte.

Das veränderte, ganzheitliche Bewusstsein von Gesundheit und Heilung lenkt die Aufmerksamkeit auf die heilsame und heilende Dimension des christlichen Glaubens. Es verweist uns auf den Auftrag Jesu, der die Verkündigung des Himmelreiches mit dem Auftrag verbindet, Kranke zu heilen (Mt 10,7–8). «Es gibt nicht nur die Aussendung zur Verkündigung, sondern auch zur Heilung. ... Wir sollten uns die Frage stellen, was passieren muss, damit unsere Kirche wieder heilen lernt», so der Beauftragte für Spiritualität der Evangelischen Landeskirche Berlin-Brandenburg, Bittner (de Jong 2005, 25). Die Thematisierung auch des psychisch-physischen Heilseins, die Förderung heilsamer und heilender Spiritualität, Riten und Glaubenshaltungen treffen elementare menschliche Wünsche und Bedürfnisse und zielen auf die Mitte des christlichen Glaubens.

3.2.6. Vom Mehr-Prinzip zur Neuen Askese (Downshifting)

Zahlreiche Beratungsbücher leiten an zu einer Reduzierung der Überfülle von Gütern, die sich im Laufe der Zeit angehäuft haben. John Quelch, Managementtheoretiker in Harvard, hat den Begriff des «Shredders» geprägt: «Dieser neue Konsumententypus, der sich schon seit Jahren abzeichnet, wird angeführt von gut betuchten Leuten mittleren Alters, die, umzingelt von all dem Zeug, das sie sich über Jahre angeschafft haben, zu dem Schluss kommen, sie müssten ihr Leben vereinfachen. Ich nenne sie ‹shredders›, weil sie darauf aus sind, Dinge, die sie für überflüssig oder lästig halten, loszuwerden oder ‹abzustreifen›.» (Quelch, John, zitiert bei: Horx 2003, 130). Das von Horx als «Shredderbibel» bezeichnete Buch von Werner Tiki Küstenmacher und Lothar Seiwert «Simplify your life – Einfacher und glücklicher Leben» stand über Monate auf Platz eins der deutschen Bestsellerliste. Wie schon der Untertitel besagt, geht es bei diesem Trend des Downshiftings nicht nur um die Reduzierung materieller Güter; Ziel ist die «Wiederherstellung physischer und psychischer Balance» (Horx 2000 137). Küstenmacher und Seiwert beschreiben die Intention ihres Buches im ersten Kapitel mit der Überschrift «Sinnvoll leben lernen» wie folgt: Es geht «um die Kunst, das Leben zu meistern: die Fähigkeit, glücklich und erfüllt das volle Potenzial Ihres Lebens auszuschöpfen. Das alte Wort dafür ist ‹Sinn›. ... Sinnvoll leben heisst, die eigenen Möglichkeiten optimal zu entwickeln und den Platz in der Gemeinschaft einzunehmen, an dem Sie sich selbst und die Gemeinschaft optimal weiterbringen – die bestmögliche Balance also von Selbst- und Nächstenliebe.» (Küstenmacher/Seiwert 2001, 11). Die Übersättigung an materiellen Gütern, die Belastung durch Überforderung im Beruf und Alltag, die Reizüberflutung durch Medien, durch Leben in lärmigen Grossstädten führt dazu, dass Menschen ihren Lebenssinn aus den Augen verlieren und nicht mehr in der Lage sind zu erkennen, was zu einem erfüllten Leben führt. Downshifting bedeutet, sich auf den Weg zu einem ausbalancierten sinnvollen Leben zu machen. Das bedeutet äusserliche Veränderungen wie

- Entrümpelung der Wohnung
- Wechsel von einem unbefriedigenden, nicht ausfüllenden Beruf zu einer Tätigkeit, die mehr Raum lässt für sich selbst, die Familie, Beziehungen
- Ortswechsel in eine ruhige Gegend
- Reduzierung des Medienkonsums etc.

Es geht aber auch um innere Veränderungsprozesse:
- Entdecken des eigenen Lebensziels
- Entwicklung der eigenen Stärken
- Arbeiten an der Beziehungsfähigkeit u. a.

Der Downshifting-Trend, Horx nennt ihn einen der wichtigsten soziokulturellen Trends des Jahrhunderts, trifft auf die hohe Bedeutsamkeit, die der Sinnfrage in allen Bevölkerungsschichten beigemessen wird. Küstenmacher und Seiwert greifen bei ihrer Definition von Sinn explizit jüdisch-christliche Vorstellungen auf. Die «Fülle des Lebens» ist ebenso ein Thema wie «Liebe deinen Nächsten wie dich selbst». Downshifting-Ratgeber handeln die Sinnfrage jedoch nicht auf einer theoretischen Ebene ab, sondern weisen den Weg zu einem sinnvollen Leben durch konkrete Hinweise für das tägliche Leben: von Tipps für das Aufräumen einer Schublade, Hinweisen zum Reduzieren von «Werbeflächen» (z. B. auf Lebensmittelpackungen) im Wohnbereich, Gestaltung von «Auszeiten», Gesprächstipps für Partnerschaften, Anregungen für körperliches Wohlbefinden, kalte Duschen und grünen Tee zum Frühstück, Ernährungstipps für Körper und Geist, bis hin zu Tests für das Finden des eigenen Lebensziels. Die konkrete Lebensbedeutsamkeit der Hinweise ist also hoch. In der Unübersichtlichkeit vielfältigster Sinnangebote in einer als zunehmend komplex erlebten Lebenswelt wächst die Sehnsucht nach Komplexitätsreduzierung, nach Vereinfachung und Überschaubarkeit. Downshiftingprozesse entstehen aus einer bewussten Entscheidung für ein sinnvolleres Leben, für mehr Lebensqualität und –zufriedenheit. Küstenmacher und Seiwert legen Wert darauf festzustellen: «Den Sinn Ihres Lebens kann Ihnen niemand von aussen geben, sondern er liegt in Ihnen.» (Küstenmacher/Seiwert 2001, 11). Entsprechend heutiger Individualisierung geht es darum, wie man sein *eigenes Leben* führen kann. Feste Sinnvorgaben werden abgelehnt, Sinn muss im neureligiösen Sinn durch einen Prozess der Transformation des Lebens und durch Selbsterfahrung erkannt werden.

Der Modeschöpfer Wolfgang Joop spricht von einer neuen Innerlichkeit, dem Abwerfen der Statussymbole und der Suche nach einer neuen Wahrheit (in: Der Spiegel 29/1997, zit. bei: Horx 2000, 139). Der Modeschöpfer Karl Lagerfeld schreibt: «Mir schwebt etwas vor, das den Fortschritt des Jahres 2000 mit der Lebensdisziplin in einem mittelalterlichen Kloster verbindet, aber ohne jeden katholischen Beigeschmack. Ich muss mich von all dem Plunder befreien, den ich gesammelt habe, von meinen Häusern, von all dem unnötigen Zeug, das ich einmal sehr nötig fand.» (Lagerfeld, Karl, in: Die Zeit 8/1996, zit. bei: Horx 2000, 138).

Downshifting präsentiert sich im Allgemeinen nicht explizit religiös[5], eine starke religiöse Komponente liegt jedoch auf der Hand. Legt man das von Kaufmann vorgeschlagene plurifunktionale Raster der Bestimmung von Religion (hier wiedergegeben bei Dubach, Kap. 2.) an den Downshifting-Trend, so finden sich zumindest vier der Funktionen: Identitätsstiftung, Weltdistanzierung, Handlungsorientierung, Sozialintegration. Dazu kommen Komplexitätsreduzierung, eine neue Askese, die Ballast abwirft, um sich auf das Wesentliche zu konzentrieren, Streben nach Sinn, Wahrheit und Echtheit, eine Innerlichkeit, die sich bemüht, das je eigene Lebensziel (religiös gesprochen: die je eigene Berufung) zu finden und entsprechend zu leben, Lebensglück, das auf der Balance von Eigen- und Selbstliebe beruht. So präsentiert sich Downshifting als eine sehr praktische Lebensphilosophie, die eine Antwort auf die heute wohl drängendste aller Fragen anbietet, wie ein eigenes erfülltes Leben unter gegenwärtigen gesellschaftlichen Bedingungen aussehen könnte (vgl. Beck 1995a).

Downshifting berührt Themen von höchster Lebensrelevanz: Identität, Sinn, Selbstentfaltung und Weltdeutung. Anklänge an christliche Traditionen sind deutlich zu spüren. Ihre kirchliche Ausprägung jedoch wird abgelehnt: Lagerfeld benennt die klösterliche Disziplin, möchte sie aber ohne jeden katholischen Beigeschmack verwirklicht sehen.

Downshifting ist letztlich ein Trend der Innerlichkeit, der sich gegen jede Fremdbestimmung wehrt. Anschlussfähig wären hier mystische Traditionen und meditative Angebote, die auf dem Weg nach Innen begleiten, die konkrete Hinweise geben, ohne Ziele vorzudefinieren. Hilfreich wäre auch seelsorgliche Unterstützung auf dem Weg des Downshifting, Hilfe dabei, die gefundenen Lebensentscheidungen umzusetzen, auch und gerade wenn sie dem gesellschaftlich hochgeschätzten Streben nach mehr Geld, mehr Prestige, mehr Macht entgegenlaufen.

---

5 Eine Ausnahme dürfte der Ratgeber «Feng Shui gegen das Gerümpel des Alltags», Kingston 2000, darstellen, der auf chinesische Vorstellungen zurückgreift.

Downshifting gerät letztlich auch zur Rückfrage an den Lebensstil in Kirchen und Gemeinden. Gibt es nicht auch hier ein Anhäufen von überflüssigen Gütern? Aktivitäten ohne Zeiten der Stille? Arbeit ohne genügend Zeit zur Musse? Wie steht es mit den Fastentraditionen? Ist in den Gemeinden etwas vom «Leben in Fülle» zu spüren?

3.2.7. High-Touch

High-Touch ist die Reaktion auf eine Entwicklung, in der das Menschliche aus den Augen verloren wurde. Im High-Tech-Zeitalter wurde alles abgestimmt auf Rationalisierung und Optimierung nach ökonomischen und funktionalen Gesichtspunkten. «Zu viel Technik, zu überhastete ökonomische Prozesse haben zu einer technoiden Wirtschaftskultur geführt, in der die Menschen ihre Seele verlieren. Jetzt schlägt das Pendel nach der anderen Seite aus. High-Touch, das ist das notwendige Gegengewicht zur unheimlichen Virtualisierung, zur Verkünstlichung des Lebens.» (Horx 2000, 220).

Ob im Bereich der Dienstleistungen, im Handel, in der Medizin, durch moderne Technologien: Überall versuchte man Kosten zu sparen und menschlichen Einsatz durch High-Tech-Geräte zu ersetzen. Persönlicher Kontakt wurde, wo immer möglich, ersetzt durch Automaten, Terminals, Anrufbeantworter, elektronische Ansagen etc. Der auf das Notwendige beschränkte menschliche Einsatz wurde nach den Kriterien der Effizienz und Rationalität organisiert. Humane Dienstleistungen lassen sich jedoch nicht ohne weiteres ersetzen oder reduzieren, sie haben immer auch Aspekte, die sich jeder Rationalisierung, Technisierung und Virtualisierung entziehen: körperliche Präsenz, Berührung, Nähe, Zuwendung. So liess beispielsweise die einseitige Konzentration auf die Gerätemedizin das Bedürfnis nach persönlich engagierten Heilpraktikern und spirituellen Heilern wachsen. Auch im Dienstleistungssektor stehen Erreichbarkeit, Ansprechbarkeit, Zeit und Raum für persönlichen Kontakt, emotionale Nähe und persönliche Verbundenheit mit den Kunden und Klienten wieder hoch im Kurs.

High-Touch bedeutet eine Relativierung der ökonomischen Werte: «High-Touch – das wird der Versuch, Ökonomisches wieder auf ein anderes Mass zu beziehen und dorthin zu integrieren: das Menschliche.» (Horx 2000, 220) Emotionale Kompetenz gewinnt deshalb an Bedeutung in allen Bereichen menschlicher Begegnung. Nicht von ungefähr wird heute dem Bereich der emotionalen Intelligenz grosse Aufmerksamkeit gewidmet.

Die fortgeschrittene Individualisierung und Subjektivierung führt zu einer intensiveren Selbstreflexion und ganzheitlicheren Selbstwahrnehmung. Dies führt zu einer Veränderung des Selbst-Bewusstseins. Menschen beanspruchen heute, als Subjekte mit ihren jeweiligen Bedürfnissen und Wünschen, mit Ängsten und Hoffnungen wahrgenommen zu werden. Entsprechend der entwickelten Subjektivierung wünschen Kunden in der Welt der Wirtschaft und des Konsums heute auf sie als Individuen abgestimmte Leistungen. Menschen möchten entsprechend ihrem persönlichen Zeitplan einkaufen gehen oder Serviceleistungen in Anspruch nehmen. Die verlängerten Ladenöffnungszeiten und 24 Stunden am Tag erreichbare Call-Center sind Reaktionen auf diesen Trend.

Diese individuellen Wünsche sind jedoch nicht auf den Bereich des Konsums beschränkt. Der Trend betrifft alle Bereiche, in denen Menschen Dienste anderer in Anspruch nehmen. Auch die Dienstleistungen der Kirchen wünscht man sich auf das Individuum abgestimmt. Dies betrifft zum einen Bereiche wie die Übergangsriten, in denen die Kirchen von einem beträchtlichen Teil der Bevölkerung als Dienstleister betrachtet werden. Beispielsweise wählt man eine bestimmte Kirche für die Hochzeitsfeier aus, bei der man auch Liedgut, biblische Texte oder Kirchenschmuck individuell aussuchen will. Es betrifft aber auch den Bereich der Einzelseelsorge und der Diakonie. High-Touch heisst hier Erreichbarkeit (nicht nur des Anrufbeantworters), Zugänglichkeit und persönliche Zuwendung.

Subjektorientierte Beziehungen werden hierarchisch geformten vorgezogen, in den Dienstleistungssektoren, in der Medizin, aber auch in der Religion (vgl. dazu Dubach, Kap 1.3.).

In der qualitativen Umfrage zur Glaubensentwicklung in der zweiten Lebenshälfte wurde im Bereich «Teilnahme am kirchlichen Leben» auch gefragt, welche Bedingungen denn erfüllt sein müssten, damit sich die Befragten von kirchlichen Angeboten angesprochen bzw. zum Engagement eingeladen fühlten. «Diese Bedingungen stimmten für beide Fragekomplexe – Teil*nahme* und Teil*habe* – im Wesentlichen überein: Es dominiert der Wunsch **als** *Person angenommen und ernstgenommen* zu werden. ... Die Fpn [Forschungspartner, B.F.] wünschen Interesse an ihnen als *Person* – nicht zunächst als blosse zählende Teilnehmer oder Potential für die Erfüllung vordefinierter Aufgabenstellungen. Wenn sie dieses personale Interesse vorfinden, sind viele unter ihnen bereit, Verantwortung zu übernehmen und bei der Lösung von Aufgaben in der Kirche mitzuwirken.» (Fürst/Severin/Wittrahm 1997, 52).

Auch und gerade in der Kirche wenden sich Menschen von Verhältnissen ab, in denen sie selbst als Subjekte übergangen werden. Sie sind aber bereit, sich zu engagieren und Verantwortung zu übernehmen, wo sie selbst mit ihrer je eigenen Lebensgeschichte und individuellen Frömmigkeit ernstgenommen werden. Die Entwicklung in manchen Diözesen und Pfarreien läuft diesem Trend entgegen. In Deutschland werden «die Seelsorgeeinheiten [...] aufgrund des Priestermangels inzwischen in vielen Diözesen so stark vergrössert, dass persönliche Begleitung und menschliche Begegnung fast nur noch am Rande möglich sind. Viele Pfarreigemeinschaften und Pfarrverbände gleichen mittelständigen Unternehmen mit einem gut funktionierenden Büro und einem guten Management.» (Kellner 2003, 61). In der Schweiz wird diese Entwicklung durch die Präsenz von lokalen Ansprechpartner(innen) der Seelsorge abgefedert. Der Rückgang an finanziellen Ressourcen führte zu einer stärkeren Orientierung an ökonomischen Gesichtspunkten. Hier ist jedoch zu beachten, dass diese sicher notwendige Ökonomisierung zukunftsorientiert, also unter Berücksichtigung des «High-Touch»-Faktors, und nicht nach Prinzipien des High-Tech organisiert werden sollte.

Schenker bemerkt, dass sich Kirchenmitglieder aufgrund des meist geringen persönlichen Kontakts häufig falsche Vorstellungen über kirchliche Mitarbeiter(innen) machen. «Das Bild der als konservativ und veraltet wahrgenommenen Kirchen wird auf die vermuteten Einstellungen der Mitarbeiter und Mitarbeiterinnen projiziert.» (Schenker 2000, 182). High-Touch ist also auch eine Möglichkeit, Vorurteile abzubauen.

Eine zentrale Erkenntnis der ersten Sonderfallstudie vor 10 Jahren hat sich auch in der zweiten Sonderfallstudie bestätigt: «Die Vermittlung religiöser Orientierung gestaltet sich dort am effektivsten, wo es den Kirchen gelingt, unter ihren Mitgliedern eine normativ-soziale Bindung zu erzeugen ... je stärker die emotionale Verbundenheit, desto effizienter wird christliche Glaubensverkündigung.» (Dubach, Kap. 8.1.). Emotionale Verbundenheit entsteht nur durch persönliche Bindung an pastorale Bezugspersonen. Sie verlangt also einen hohen «High-Touch» Faktor in der Pastoral.

3.2.8. Lebensberatung

«Multioptionsgesellschaft [heisst] *Steigerung der Optionen auf allen Seinsebenen.*» (Gross 1994, 69). Die Dynamik der Steigerung der Erlebens-, Handlungs- und Lebensmöglichkeiten in einer Welt, die keine eindeutigen Weisungen mehr bietet, diese Möglichkeiten zu ergreifen und zu nutzen, führt dazu, dass immer mehr Menschen Beratung wünschen. In der individualisierten

Welt kann niemand auf übergreifende Deutungsmuster zurückgreifen. Deshalb ist guter Rat gesucht: Ratgeber in allen Bereichen entwickeln sich auf dem Buchmarkt zu Bestsellern. Gesundheitsberatung, Ernährungsberatung, Typberatung, Finanzberatung, Erziehungsberatung, psychologische Beratung: Es gibt kaum einen Bereich des Lebens, für den nicht die entsprechende Beratung angeboten wird. «Kurz, die Berater sind überall und allgegenwärtig. Sie entwerfen Theorien, Strategien, Lösungsvorschläge, sie zählen Vor- und Nachteile auf, sie versorgen mit Rezepten und Regeln, sie zeigen Wege und Auswege, bieten praktische Hilfe beim Optimieren und Kalkulieren des Lebens ....» (Beck-Gernsheim, Elisabeth, zit. bei: Horx 2000, 217). Mit steigenden Wahlmöglichkeiten und -notwendigkeiten in einer immer komplexeren Lebewelt hat umfassende Lebensberatung Konjunktur. In den USA bieten bereits Tausende von *Life-Coach*s ihre Dienste an. Auch in Deutschland und der Schweiz nehmen mehr und mehr Menschen die Dienste dieser «biographischen Universalhandwerker» in Anspruch, «die *ganz spezielle Hilfe bei einem generellen Problem*» bieten, im Gegensatz zu Psychologen, Ärzten oder Karriereberatern, die «oft nur generelle Standard-Lösungen für ein spezielles Problem» (Horx 2000, 217) offerieren. Diese Form von Dienstleistung ist ganz persönliche, intensive Begleitung, die auch die spirituelle und religiöse Komponente nicht ausschliesst.

Früher hatten Pfarrer und Seelsorger häufig diese Funktion. Auch heute wünschen sich Menschen Beratung von kirchlichen Mitarbeitern.

Entsprechend der funktionalen Differenzierung der Gesellschaft haben sich auch die Kirchen intern funktional differenziert. Verkündigung, Eucharistiefeiern und sakramentale Begleitung an den Lebenswenden sind Sache der Ortsgeistlichen und Seelsorger(innen) vor Ort. Lebenshilfe und Beratung haben sich in eigenen Bereichen weiter differenziert und spezialisiert.

Sie werden vorwiegend überregional von speziell ausgebildeten Mitarbeiter(innen) und von sozialen und diakonischen Einrichtungen wie Caritas und Kolping übernommen. Dabei unterscheiden sich die kirchlichen Angebote nicht so wesentlich vom Angebot staatlicher sozialer Arbeit, dass der Zusammenhang mit dem christlichen Glauben in sich deutlich würde.

Diese funktionale Differenzierung der Bereiche führt dazu, dass die Erfahrung der Lebensdienlichkeit nicht mehr mit den Inhalten christlicher Verkündigung verbunden wird und somit auch nicht als Erfahrung einer unmittelbaren Bestätigung christlicher Wahrheit erlebt werden kann. «In der Verkündigung Jesu ist das Wort vom Verhalten Jesu untrennbar, nicht weil er tut, was er sagt, sondern eher, weil er sagt, was er tut» (Rolf Zerfass 1984). Be-

Abb. 4. Aus: *Küstenmacher Werner* 1983, Ach du lieber Himmel. Spritzige Bilderbögen über Gott und die Welt, Claudius Verlag, München, 54.

ratung und Lebenshilfe gehören wesentlich zur Seelsorge und Verkündigung. Sie können nicht in eigene Bereiche abgespalten werden, ohne dass die Glaubwürdigkeit der Verkündigung nachhaltig leidet.

Bei der ökumenischen Basler Kirchenstudie lag der Wunsch nach Beratung und Seelsorge an zweiter (reformierte Kirche) bzw. an dritter (katholische Kirche) Stelle der Leistungen, die die Bevölkerung von den Kirchen erwartet. Gleichzeitig erhielten Beratung/Seelsorge die schlechtesten Bewertungen von allen kirchlichen Leistungen. «Die grösste Differenz zwischen den Erwartungen und der Leistungsbeurteilung weist [...] die Seelsorge- und Beratungsleistung auf» (Siems/Lischka 2000, 41–68; 55 f.) – und zwar bei beiden Kirchen. Gefragt sind in diesem Zusammenhang weniger Spezialisten der einzelnen Beratungsdisziplinen wie Schulden- und Eheberatung etc., die aufgesucht werden können, wenn ernste Probleme auftauchen; gefragt sind «Allrounder», die bei den «normalen» Problemen des Alltags unterstützend und beratend zur Seite stehen können, und das aufgrund der Kenntnis der Personen und deren persönlicher Lebenssituation. Berater und Seelsorger sollen erreichbar sein und Entscheidungshilfen, emotionalen Beistand sowie spirituelle Begleitung in den Nöten und Sorgen des alltäglichen Lebens geben können. Entscheidend ist nicht professionelle Distanz, sondern persönliche Nähe und persönliches Interesse (High-Touch!).

3.2.9. Erlebnisorientierung – Erfahrungsorientierung

Erlebnisorientierung als kollektive Basismotivation
«Erlebnisorientierung» ist heute «normal geworden. [...] Sie hat den Charakter einer kollektiven Basismotivation.» (Schulze 1992, 36). Sie ist eine Reaktion auf die Erweiterung von Bildungsmöglichkeiten, die Pluralität biographischer Muster, das Ansteigen des Lebensstandards auf ein Niveau, das die Sorge um das tägliche Leben zurücktreten lässt, auf den technischen Fortschritt, die Zunahme von Freizeit und damit auch von Freizeitangeboten. In dieser Situation rückt das Erleben des eigenen Lebens in den Mittelpunkt (vgl. Schulze 1992, 33). Erlebnisorientierung ist verknüpft mit Innenorientierung in dem Sinne, «dass sich ein Mensch vornimmt, Prozesse auszulösen, die sich in ihm selbst vollziehen» (Schulze 1992, 38; vgl. dazu Dubach, Kap. 6.1.). In der Erlebniskultur werden immer ausgefallenere und extremere «Erlebnisse» angeboten: Bungee-Springen, Extremklettern im Himalaya, künstliche Berge und Wasserfälle als Verkaufskulissen. Die Erlebnisfähigkeit nimmt jedoch mit zunehmendem Erlebniskonsum ab: «Nach einer Phase des Anstiegs der Faszinierbarkeit [...] schwächt sich die Resonanz ab. Auf der Suche nach dem verlorenen Reiz braucht man stärkere Dosen und erlebt weniger.» (Schulze 1992, 64 f.). In Erlebnisparks werden die Thrills und Kicks immer weiter gesteigert, modernes Erlebnismarketing greift zu immer aufwendigeren Mitteln bei der Ausgestaltung künstlicher Themenwelten und Erlebnislandschaften, um den Absatz der Produkte zu fördern. Die zur Auslösung von Erlebnissen erforderliche Intensität der Stimulanz muss sich fortwährend erhöhen. Die Suche nach dem immer stärkeren «Kick» kommt an Grenzen. «Wenn alle Funs und Thrills durchlebt wurden, suchen die Menschen nach Substanziellem» (Horx 2003, 153), nach Erlebnissen, die sie weiterbringen, die über den «Konsum» des Erlebnisses hinaus innere Erfahrungen vermitteln.

Das Streben nach Transformationserlebnissen
Nach Horx ist in der gegenwärtigen Gesellschaft «das kostbarste Gut, dem Menschen nachstreben, irgendwann ein Transformationserlebnis. Das Streben nach Transformation ist die logische Folge einer alternden Gesellschaft, in der Reife und Weisheit zu den zentralen Werten und Zielen gehören.» (Horx 2003, 153). Transformationserlebnis meint hier eine tiefe Erfahrung, die hilft, auf dem Weg der geistigen Entwicklung voranzukommen. Solche Erfahrungen sind nicht mehr käuflich, sie sind nicht mehr einfach machbar, selbst wenn die Voraussetzungen dafür bereitgestellt werden. Ein entscheidender

Grund, warum Tausende von Menschen sehr viel Geld ausgeben für Selbstfindungstrecks in die Wüste, Feuerlaufen, Fasten, lange, entbehrungsreiche Pilgertouren u. a. m., ist die Erwartung, über Askese und Grenzerfahrungen zu tieferer Selbsterkenntnis und vielleicht auch spirituellen Erfahrungen zu kommen. Es geht um den Versuch, durch extremes Erleben tiefe Gefühle und intensive Erfahrungen hervorzurufen. Wie William James schreibt, gibt es keinen Grund zu der Annahme, dass eine abstrakte religiöse Emotion «als eine eigenständige elementare Gemütsbewegung, die ausnahmslos in jeder religiösen Erfahrung gegenwärtig wäre» (1979, 60), existiert. Nach James gibt es einen allgemeinen Fundus von Emotionen, aus dem auch religiöse Erfahrungen schöpfen (1979, 61). Die Grenzen zwischen intensivem Erleben, Selbsterfahrung und spiritueller Erfahrung sind fliessend. Grenzerfahrungen durchbrechen den Erfahrungsstil der alltäglichen Lebenswelt und Lebensordnung. Die Erfahrung des Ausserordentlichen, des ganz anderen kann zur Erfahrung des «Ganz Anderen», zur Erfahrung transzendenter Wirklichkeit werden (vgl. dazu Fuchs 2001, 244–245 und Fuchs 1996).

Gewissheit durch Erfahrung
Wie Dubach darlegt, ist heutige Religiosität erlebnisorientiert (vgl. Dubach, Kap. 6.). «Gefragt sind Wege und Formen einer unmittelbaren Erfahrung des Religiösen, des Mystischen, des Göttlichen.» (Höhn 1998, 70). Gewissheit in religiösen Dingen kann nicht mehr durch soziale Evidenz gewonnen werden – zu viele Gruppen und Gemeinschaften behaupten die je ihnen gemässe Wahrheit. Die unmittelbare Erfahrung allein kann im Widerstreit pluraler Wahrheitsansprüche Gewissheit verleihen. Als Folge der Subjektivierung von Religion muss sich Religion für immer mehr Menschen in unserer Zeit in der eigenen, subjektiven Erfahrung bestätigen und bewähren (dazu Dubach, Kap. 1.3.). Spirituelle Erfahrung, die Erfahrung des Übernatürlichen ist eine überwältigende Erfahrung einer anderen Realität. «Die radikale Qualität der Erfahrung des Übernatürlichen manifestiert sich in seiner inneren Organisation. Es entsteht ein Gefühl aufrüttelnder und vollkommen überzeugender Einsichten. … Während des Erlebnisses tritt man sich selbst in einer radikal neuen und vermeintlich endgültigen Weise gegenüber und hat das Empfinden, sein ‹wahres Selbst› sei aufgedeckt worden.» (Berger 1992, 56). William James kommt in seinen Ausführungen über die Vielfalt religiöser Erfahrung zu folgender Schlussfolgerung: «Es ist, als gäbe es im menschlichen Bewusstsein ein *Empfinden von Realität, ein Gefühl von objektiver Gegenwart, von ‹da ist etwas›* – eine Wahrnehmung, die tiefer und allgemeiner reicht als irgend-

einer der besonderen ‹Sinne›, denen die gängige Psychologie das ursprüngliche Entdecken realer Existenz zuspricht.» (James 1979, 89). Diese Gefühle sind genauso überzeugend wie jede andere sinnliche Erfahrung und besitzen in der Regel höhere Überzeugungskraft als alle Ergebnisse, die über die reine Vernunft erlangt wurden (vgl. James 1979, 104).

Die Erlebnisorientierung fordert die Kirchen heraus, sich mit spirituellen Erfahrungen zu beschäftigen und auf das Bedürfnis nach erlebter Transzendenz einzugehen. Dazu gehören erlebnis- und erfahrungsorientierte Angebote in allen Bereichen kirchlichen Lebens. Eine entscheidende Rolle dürfte dabei den Ritualen zukommen.

Rituale

Als weiteres Einfallstor für das Comeback der Religiosität nennt Horx neben dem Internet den Hunger der säkularen Welt nach Ritualen (vgl. Horx 2000, 149). Rituale deuten und ordnen individuelle existentielle Prozesse. «Sie befehlen nicht ‹Du sollst!›, sondern sie inszenieren eine äussere Bühne für innere, individuell unterschiedlich erlebbare und zu reflektierende Prozesse.» (ebd.). Sie entsprechen damit der Erlebnisorientierung und dem Bedürfnis nach spirituellem Vertiefen des je eigenen Lebens in einem vorgegebenen Rahmen, der genügend Raum lässt für individuelle existentielle Deutung. Sie entsprechen auch dem Bedürfnis nach «Cocooning» und «Clanning», indem sie ein tiefes Gemeinschaftserlebnis in einem geschützten und bergenden Raum bieten.

Es lassen sich mehrere Typen von Ritualen unterscheiden: In der Pastoral hat insbesondere die Form der transformativen Rituale Aufmerksamkeit gefunden. Es sind Rituale, die in Phasen des Umbruchs zur Umstrukturierung beitragen und helfen, die Krisen zu bewältigen. Die von Van Gennep *Übergangsriten* genannten Formen (Van Gennep 1986) begleiten beispielsweise Änderungen des biologischen wie auch des sozialen Status (Geburt, Pubertät, Amtseinführung, Hochzeit, Tod) (vgl. Martin 1997, 19–40, 23 f.). Im kirchlichen Bereich erfreuen sie sich sowohl bei Katholiken wie auch bei Protestanten nach wie vor grosser Beliebtheit. Für etwas mehr als die Hälfte der Kirchenmitglieder sind sie der «Hauptgrund für die Kirchenmitgliedschaft» (Ebertz 1997, 65; vgl. Dubach, Kap. 8.2.).

Dem Trend «Erlebnisorientierung – Erfahrungsorientierung – Sehnsucht nach geistigem Wachstum» entspricht die Belebung «kathartischer Selbsterfahrungsrituale». «Der LEIDENSWEG VON SANTIAGO DE COMPOSTELLA, ein 30tägiger Pilgerweg, wird inzwischen wieder von fast 100'000 Pilgern jährlich beschritten – darunter viele ‹moderne Selbsterfahrende› in Lebens- und Glaubenskrisen (1985 waren es kaum 5.000).» (Horx 2000, 150).

Weniger Aufmerksamkeit gefunden haben bisher die so genannten restaurativen Rituale. Für eine beachtliche Gruppe von Christen, ganz besonders unter den Älteren, ist der Gottesdienst und insbesondere die Eucharistiefeier eines der wichtigsten religiösen restaurativen Rituale, die zur Vergewisserung der Identität in aller äusseren Verunsicherung beitragen. Um diesem Bedürfnis auch tatsächlich gerecht zu werden, sind bestimmte Elemente wichtig. Riten leben durch Wiederholung des immer gleichen Ablaufs. Das bedeutet für den Gottesdienst ein überschaubares Repertoire an Liedern, das sich wiederholt, auch bestimmte Rituale innerhalb des Ritus, die gleich bleiben (z. B. in den Feiertagsgottesdiensten). Ständig neue, unbekannte Lieder, experimentierfreudige liturgische Arbeitskreise, die neue Rituale erfinden und ausprobieren, oder sich häufende Zielgruppengottesdienste (Jugend-, Kinder-, Familiengottesdienst ...) laufen dem Bedürfnis nach Vergewisserung durch restaurative Rituale entgegen. Gerade ältere Menschen, die ja den Grossteil der Kirchenbesucher stellen, klagen häufig darüber, sich in der Kirche nicht mehr zu Hause zu fühlen.

Meditation

Im europäischen Raum kann man seit etwa Mitte der achtziger Jahre von einem regelrechten Meditationsboom sprechen. Buddhistische und hinduistische Meditation, aber auch christliche, wie beispielsweise das Herzensgebet, spielen eine wichtige Rolle in der heutigen Spiritualität und Religiosität.

Bei der Meditation geht es um Ganzheitlichkeit. In ihr sollen alle Dimensionen des Menschen zusammenfliessen: Geist, Seele und Leib, oder anders: Verstand, Wille und Gefühle. Meditationserfahrung ist Einheitserfahrung. Die Zersplitterung der pluralen Welt, die Fragmentarität des Ichs werden aufgehoben in der Empfindung einer grösseren Einheit. In der Meditation wird ein Bewusstseinszustand erreicht, der gekennzeichnet ist durch die Erfahrung einer tiefen inneren Harmonie, eines tiefen inneren Friedens, eines Einsseins von Leib und Seele, eines Einsseins mit allem. Über diese Erfahrung des Einsseins kann sich die Erfahrung erschliessen, in einem bergenden Ordnungsgefüge eingewoben zu sein. Deshalb auch liegt «in jeder guten ... Meditation ... ein therapeutischer Faktor.» (LeShan o.J, 34; vgl. dazu auch Fuchs 2002).

Meditation vertieft die Erlebnisfähigkeit. Ein Weg, die Intensität von Erfahrungen zu erhöhen, ist, wie oben beschrieben, die Intensität der Stimulanz zu erhöhen. Auch der meditative Weg führt zu einer Intensivierung von Erfah-

rung, jedoch durch Sensibilisierung des Erfahrenden: «Jede Meditations-
methode bringt eine Sensibilisierung des menschlichen Erfahrens- und Er-
kenntnispotentials mit sich.» (Sudbrack 1990, 20). Sensibilisiert wird zum einen die Selbstwahrnehmung. Dadurch wird Meditation zu einem wichtigen
Instrument der Selbstreflexion und der selbstreferenziellen Identitätsfindung.
Meditation weckt auch die Achtsamkeit für die natürliche und menschliche
Umgebung und sensibilisiert für spirituelle Wahrnehmung. Meditation gilt
als einzigartiger Zugangsweg «zur *Erfahrung* des ganz Anderen: der Transzendenz, und zwar der uns immanenten Transzendenz»; es geht «um eine *Verwandlung*, die der Sinn dieser Erfahrung ist.» (Dürckheim 1996, 7).

Die Lebensdienlichkeit der Meditation in der individualisierten, der sub-
jektivierten und funktional differenzierten Welt mit ihren Anforderungen an
das Individuum liegt damit auf der Hand. Sie ist ein Weg, die Sehnsucht nach
Einheit und Ganzheitlichkeit, nach Sinn, nach Geborgenheit und Transzendenz durch einzigartige Tiefenerfahrung zu stillen.

Leider hat Meditation im kirchlich-christlichen Bereich noch nicht die Beachtung gefunden, die ihr zukommt. Sudbrack sprach schon 1986 von der
«Dringlichkeit des Meditierens» (Sudbrack 1990, 15) im christlichen Raum.
«Meditation steht […] für ein Anliegen, das in den Blütezeiten des christlichen Glaubens einfachhin da war, das aber unserem heutigen Christentum zu
fehlen scheint. Man kann dafür auch das Wort Erfahrung einsetzen.» (Sudbrack 1990, 11). Christliche Meditation kennt viele Traditionen. Jedoch ist
nicht die Methode das Entscheidende. Es geht letztlich um einen bewussteren,
tieferen und erfahrungsbezogeneren christlichen Glauben. Weltanschaulich
neutral bleibt nur oberflächliches «Meditieren», das bei einer Tiefenentspan-
nung stehen bleibt. «Je tiefer das meditative Erspüren in den Menschen hi-
neinreicht, desto eindeutiger ist es weltanschaulich bestimmt, wird es im
christlich geprägten Menschen zum Gebet.» (Sudbrack 1990, 108).

Deutung

Erlebnisse des Übernatürlichen oder spirituelle Erlebnisse können erst durch
Deutung und Einordnung in einen Zusammenhang als *bestimmte* Erfahrungen identifiziert werden. Erst dann werden sie benennbar und kommunizier-
bar. Religionen stellen in der Regel Kategorien zur Verfügung, durch die Angehörige dieser Religionen Erfahrungen mit dem Übersinnlichen deuten und
diesen Erfahrungen einen sinnvollen Ort zuweisen können. Traditionelle
christliche Kategorien sind zum Beispiel der Begriff des Wunders und die Vorstellung von (Schutz-)Engeln. Theologie und Kirche tun sich heute schwer

mit Erfahrungen des Übernatürlichen, mit Erscheinungen und Wunderheilungen, mit Erleuchtungserfahrungen und Traumgesichtern. Im Bewusstsein vieler Menschen, auch kirchlich engagierter Christen, scheidet die kirchlich-christliche Religion als Deutungsrahmen spiritueller Erfahrungen aus. Im Bereich der neuen Religiosität finden sich jedoch zahllose Deutungsangebote solcher Erfahrungen. Es finden sich Anleitungen zur Vertiefung der Erlebnisse, spirituelle Begleitung und eine wenn auch kleine Gemeinschaft, in der diese Erfahrungen mit ihrer speziellen Interpretation als gemeinsame objektive Realität erlebt werden können (ausführlicher dazu Fuchs 2001, 85–87). Transzendenz wird «in kommunikativen Handlungen erfahren, ‹be-handelt› und bewältigt und damit ‹sozialisiert› und zu einer sozialen Wirklichkeit.» (Knoblauch 1997, 188 f.).

Zu den Erlebnis- und erfahrungsorientierten Angeboten gehören aber auch Deutungsangebote und die Möglichkeit, darüber zu kommunizieren (zur Bedeutung von Kommunikation im Bereich religiösen Erlebens vgl. Dubach, Kap. 1.4.). Wohin kann sich jemand wenden, der eine wundersame Heilung erlebt hat, jemand, der eine Vision hatte, eine Audition oder die Erfahrung einer göttlichen Nähe gespürt oder eine bewegende Gebetserhörung erlebt hat? Gibt es Ansprechpartner(innen) oder Kreise, in denen solche Erfahrungen ausgesprochen, behandelt und damit bewältigt werden können? Es müssen Räume erschlossen werden, die es Menschen mit solchen, häufig tief verstörenden Erlebnissen ermöglichen, sie auch und gerade im kirchlichen Bereich zu besprechen, zu deuten und ihren Sinn zu erschliessen.

Die neue Religiosität enthält kaum systematisiertes Glaubenswissen, sie erschliesst sich nahezu ausschliesslich über unmittelbare Erfahrungen. Sich mit neuer Religiosität auseinanderzusetzen bedeutet somit, sich mit Glaubenserfahrungen und unmittelbar wahrgenommenen Gewissheiten zu beschäftigen. Der Versuch, sich rein argumentativ mit neuer Religiosität auseinanderzusetzen, macht wenig Sinn.

3.2.10. Zusammenfassung: Soziokulturelle Trends als Gegenbewegungen und Ergänzungen der Megatrends

Soziokulturelle Trends zeigen Lebensgefühle, Befindlichkeiten und Sehnsüchte der Menschen an. Sie sprechen von Bedürfnissen, die die gesellschaftlichen Entwicklungen wecken. Häufig äussern sie sich als Gegenbewegungen zu den gesellschaftlichen und kulturellen Megatrends im Kleinen, im Privaten. Sie versuchen Mängel der grossen Entwicklungen zu kompensieren oder ihnen entgegenzusteuern. Gegenwärtige Entwicklungen kann man nur im Zusammenspiel zwischen Megatrends und soziokulturellen Trends, zwischen Bewegungen und Gegenbewegungen angemessen beurteilen. Es sind die soziokulturellen Trends mehr noch als die grossen, übergreifenden gesellschaftlichen und kulturellen Veränderungsbewegungen, die uns Hinweise auf das geben, was Menschen hier und heute und vielleicht auch morgen als lebensdienlich empfinden. In den soziokulturellen Trends High-Touch, Cocooning, Lebensberatung zeigt sich das Bedürfnis, den Defiziten an Menschlichkeit und Nähe und persönlicher Wertschätzung entgegenzusteuern. Clanning zeigt, dass nicht Gemeinschaft schlechthin dem Individualisierungstrend anheim gefallen ist, sondern neue Formen der Gemeinschaftung gesucht und realisiert werden. Trends wie Lokalisierung und Downshifting sind Reaktionen auf Unübersichtlichkeit und Überkomplexität heutiger pluraler und individualisierter Lebenswelten. Die Ökonomisierung mit ihrer Tendenz zu überregionalen Strukturen ruft kompensatorisch Wünsche nach Überschaubarkeit, Verwurzelung und Vertrautheit wach. Konsumorientierung und Reizüberflutung nähren die Sehnsucht nach dem einfachen Leben.

Die hier beschriebenen soziokulturellen Trends belegen das Bedürfnis nach Ganzheitlichkeit, das Bedürfnis, auch die geistig-geistliche Dimension, die Dimension der Spiritualität in die alltägliche Lebenswelt einzubeziehen.

Die Weitung des Horizonts über die explizit kirchliche und religiöse Thematik hinaus in die Lebensbereiche hinein, in denen der Glaube seine Lebensbedeutsamkeit erweisen muss, zeigt, dass dort ein Bedürfnis und eine Offenheit nicht nur nach neuer, sondern ebenso nach traditioneller Religiosität und Spiritualität lebt, jedoch in neuen Formen. Das neue Modell von Religion gestaltet sich nach Massgabe der gegenwärtigen Sozialstruktur mit ihren Auswirkungen auf die kognitive Struktur, die Lebensgestaltung und Identitätsbildung von Individuen. Die Struktur der postmodernen Gesellschaft verlangt, innerhalb pluralistischer Weltdeutungskonzepte in kommunikativer Selbstvergewisserungen dem eigenen Leben Gestalt zu geben. «Das Christentum muss aber in der Überzeugung, dass Gott ‹will, dass alle Menschen gerettet werden und zur Erkenntnis der Wahrheit gelangen› (Tim 2,4), den Willen haben, mit seiner Botschaft grundsätzlich alle Menschen zu erreichen. Das ist aber nur möglich, wenn es gelingt, den potentiellen Hörer der Botschaft für diese zu interessieren und den interessierten Hörer herauszufordern, sich in Freiheit für den Weg zur Erfüllung des Lebens zu entscheiden.» (Waldenfels 1988, 79). Das Interesse, den Weg zur Erfüllung des Lebens zu gehen, ist vorhanden, es läuft jedoch an den Kirchen vorbei. Will die Kirche die Menschen erreichen, die ihre religiöse Identität im Ausbalancieren der gesellschaftlichen Ansprüche und Widersprüche, erfahrungsorientiert und in dialogischer Kommunikation mit anderen zu formen suchen, muss sie sich auf diese Art identitätsformender Kommunikation einlassen.

4. Die Kirchen und das neue Modell von Religion

4.1. Kirchliche Identität im Wandel

Identität bestimmt sich immer auch in Relation zu anderen. Der sich vollziehende Wandel der Gesellschaft fordert daher auch von Christen, in und ausserhalb der Kirchen ihre Identität in Bezug auf die veränderten Identitäten der anderen zu bestimmen. Die Frage der christlichen Identität kann «nicht mehr, wie es weithin immer noch geschieht, fast als fundamentaltheologisch gelöst und damit erledigt vorausgesetzt werden» (Waldenfels 1996, 155). Auch kirchlich-christliche Identität hat, ob direkt oder indirekt, teil an der «neuen Dynamik», die die gesellschaftlichen Umbrüche dem Thema Identität verliehen haben (vgl. Dubach, Kap. 12.). In postmodernen pluralistischen Gesellschaften schwindet das Verständnis von Religion im Singular. Durch Globalisierung und Individualisierung ist das Nebeneinander, Miteinander und Nacheinander von religiösen Identitäten und Teilidentifikationen zur Normalität geworden. Auch die Identität exklusiver Christen ist Identität neben anderen religiösen und nichtreligiösen Identitäten. Die ständige Präsenz anderer Werte und Glaubensvorstellungen und der unvermeidliche Kontakt mit Menschen und Schriften, die sie repräsentieren, nährt das Bewusstsein der Kontingenz der eigenen Wahl. Exklusive Identitäten benötigen in der pluralen Welt deshalb starke Abgrenzungsmechanismen in Form von grenzziehender Symbolik (Sprache, Stil, Kommunikationsformen) und sozialer Distanz. Die Notwendigkeit starker Abgrenzung behindert die dialogische Kommunikation mit Andersdenkenden. Christliche Identität als Identität von Christen in heutigen pluralistischen Gesellschaften entspricht jedoch nur noch bei einer Minderheit dem Bild einer fest abgegrenzten, an traditionellen Normen und Formen orientierten Einheit. Christliche Identität ist heute in besonderem Masse fragmentarische Identität. Die religiöse und soziale Pluralität bildet sich bei Christen in Teilidentifikationen ab *(vgl. dazu die Schaubilder 6 und 7)*. Durch partielle Identifikationen sind Ideen und Anschauungen anderer Religionen, Religiositäten und Weltanschauungen somit in der Kirche immer schon präsent. Der Umgang mit der internen Pluralität stellt die Weichen für die Kommunikation mit Kirchendistanzierten und «Kirchenfremden». Nur Kommunikationsstrukturen, die offen sind für die Erfahrungen und Erlebnisse der Menschen, ermöglichen ein lebensdienliches Deutungsangebot. Finden Menschen in ihrer Identitätsbildung keinen Anschluss an kirchliche Kommunika-

tionsnetze, suchen und finden sie anderweitige Sinn- und Lebensdeutungs-
angebote.

4.2. Tradition und Kommunikation

Christliche Identitätsfindung in einer pluralistischen Gesellschaft findet statt
unter den Bedingungen der Identitätsbildung dieser Gesellschaftsform. Auch
christliche Identität gilt es deshalb kommunikativ zu vermitteln und durch
Kommunikation zu vergewissern und zu stützen (vgl. Dubach, Kap. 1.4. u.
Kap. 6.2.). Identität kann nur in «kommunikativen Prozessen gewonnen werden, die den Menschen in seiner Ganzheit thematisieren, also in dialogischen
Kommunikationen, wie sie insbesondere in familialen Kontexten, aber auch
in solchen der Freundschaft, der Therapie u. ä. anfallen können» (Kauffmann
1999b, 88). Identitätsfördernde und stabilisierende kommunikative Prozesse
sind Prozesse unter den Bedingungen des «High-Touch». Sie erfordern emotionale Nähe und persönliche Verbundenheit.

«Die Kirchen haben es mehrheitlich mit Jugendlichen und jungen Erwachsenen zu tun, die keinen Zugang mehr weder zum ortskirchlichen Kommunikationsnetz noch zum Gottesdienst im Zentrum dieses Netzes suchen und
finden *(vgl. dazu die Schaubilder 25 und 26)*. Je schwächer die Einbindung in
die kirchliche Kommunikation, desto weniger nehmen sie in ihren Lebensinterpretationen Bezug auf christliche Deutungen *(vgl. dazu Schaubild 27)*.»
(Dubach, Kap. 6.3.). Erlebnisorientierung ist «kollektive Basismotivation».
Erlebnisse bekommen Sinn erst durch Deutung. Deutungen werden über
Kommunikation hergestellt. Die junge Generation zeigt Distanz und Skepsis,
sich auf die von den Kirchen praktizierte Kommunikation einzulassen *(Schaubilder 23 und 24)*. Die von den Kirchen symbolisierte und repräsentierte Daseinsdeutung wird von den Jugendlichen mehrheitlich als Vereinnahmung
bzw. als Ausdruck von Fremdbestimmung begriffen und entsprechend abgelehnt (Feige 2002, 809). Was hier vor allem für Jugend und junge Erwachsene
formuliert ist, gilt mittlerweile auch für die ältere Generation. In der qualitativen Studie über Glaubensentwicklung in der zweiten Lebenshälfte wurden
Personen über 60 Jahre befragt, welche Bedingungen erfüllt sein müssten, damit sie sich von kirchlichen Angeboten angesprochen bzw. zum Engagement
eingeladen fühlten: «Die Fpn. [Forschungspartner(innen), B.F.] wünschen
und erwarten, dass ihnen keine Bedingungen gestellt werden – wie sie glauben
und leben sollen.» (Fürst/Severin/Wittrahm 1996, 52).

Wird Kommunikation nur als funktional empfunden, als Versuch, Menschen für die Kirche zu rekrutieren, oder entsteht der Eindruck, dass Kommunikation nur stattfindet, wenn Bedingungen an Glauben und Lebensstil erfüllt sind, kann die emotionale Nähe nicht entstehen, die die Voraussetzung für identitätsfördernde Kommunikation ist. Die Offenheit zu hören hängt entscheidend von der kognitiven und emotionalen Befindlichkeit, von Denk- und Gefühlsstrukturen und von der jeweiligen Situation ab, der räumlichen und menschlichen Umgebung, der Atmosphäre. Nicht nur für Jugendliche und junge Erwachsene, sondern auch für die ältere Generation gilt: Sie wünschen sich angenommen zu werden in ihrem Personsein, mit dem, was sie mitbringen an Erfahrungen und Einstellungen, an Wünschen, Hoffnungen und Sehnsüchten. Dieses Angenommensein ist die Voraussetzung für ein Gelingen dialogischer Kommunikation. Die Tradierung des Christentums erfolgt heute vorzugsweise über dialogische Kommunikation. Sie ist damit unabdingbar für die Zukunftsfähigkeit. «In seiner Unabgeschlossenheit in der Zeit ist der Traditionsvorgang als ein Prozess zu sehen, in dem es *in der Gegenwart ‹im Lichte des Evangeliums›* als der Lichtquelle sowohl zum Verstehen der Quelle selbst wie auch der Zeit, in der *wir* leben, kommt, wie auch zum Weiterschreiten auf dem im Lichte des Evangeliums erkannten Wege in die Zukunft. Die Bemühung um das Verstehen (*hermeneutischer Aspekt*) geschieht im Interesse des ‹Lebens der Welt› (*praktischer Aspekt*). Das Verstehen aus der Vergangenheit übernommener Tradition ist folglich nur in dem Masse von Interesse, als es lebensvermittelnd und zukunftseröffnend ist.» (Waldenfels 1988, 442).

4.3. Subjekt und Gemeinschaft

«Es müsste um die Kommunikation gehen, insofern als sie zwischen den Beteiligten Gemeinschaft stiftet oder stiften soll. Dabei kommen vordringlich die in und an der Kommunikation beteiligten Subjekte in den Blick. *Kommunikation* besagt aber dann mehr als rein sprachlichen Gedankenaustausch oder sprachliche Mitteilung. Sie intendiert reale Teilgabe an dem, was einer hat und ist.» (Waldenfels 1988, 77). Hans Waldenfels spricht von einer Subjektvergessenheit in der Theologie. Sowohl Theolog(inn)en als auch die Adressaten der Glaubensvermittlung und Partner(innen) des theologischen Dialogs sind Subjekte. Diese Tatsache wird häufig dadurch verschleiert, dass von «der Theologie» und «der Kirche» anstatt vom Bischof, dem Priester, den

Seelsorger(inne)n, den Theolog(inn)en gesprochen und ebenso die Subjekthaftigkeit der Adressat(inn)en versteckt wird hinter Ausdrücken wie Glaubensvermittlung in der pluralistischen Gesellschaft, der heutigen Welt o.ä.
(vgl. Waldenfels 1988, 77 f.). Johann B. Metz fragt in Bezug auf die Theologie: «Wer treibt wo – also: mit wem? – und in wessen Interesse – also: für
wen? – Theologie? ... Genügt hier einfach der Rekurs auf die standardisierten
Subjekte (Professoren, ‹Spezialisten›) und Orte (Universität, Seminar) ... und
Interessen (kirchlicher Lehr- und Sendungsauftrag)?» (Metz 1978, 55 f.). Wer
verkündet wo – also: bei wem? – und in wessen Interesse – also: für wen? – die
frohe Botschaft? Wer gibt wo – also: in welchem Umfeld? – und in wessen Interesse – also: für wen? – die christliche Tradition weiter? Der Rekurs auf «die
Kirche» und ihren «Sendungsauftrag» allein genügt nicht mehr. Kommunikation, die getragen ist von persönlicher Wertschätzung, von Zuwendung und
emotionaler Wärme, ist eine Kommunikation von Subjekt zu Subjekt. In einer Zeit, die einem «Subjektivierungsschub sondergleichen» unterworfen ist,
in der die Menschen sich wie nie zuvor auf die Fragen der eigenen Selbstwerdung einlassen (vgl. Dubach, Kap. 12.), gewinnt die positive Ausbildung des
Subjektseins der Individuen in der Kirche mit der damit verbundenen Selbst-
reflexivität im Hinblick auf die Kommunikationsfähigkeit an Dringlichkeit.

Selbstwahrnehmung und Selbstreflexion, Reflexion der eigenen Motive
und Ziele, der Hoffnungen, der Wünsche und Ängste ist Voraussetzung für
Kommunikation als gegenseitige Teilnahme und Teilgabe, die erst Gemeinschaft ermöglicht. Wo in den Kommunikationsvorgängen der Glaubensvermittlung und der theologischen Auseinandersetzung die Subjekthaftigkeit, die
eigene und die des Gegenübers, beachtet wird, kommen auch die Lebenssituation und die Lebensgefühle mit ins Spiel.

«Die Forderung der Überwindung der Subjektvergessenheit steht im Kontext des universalen Heilsangebotes der christlichen Botschaft. Sie hat mit der
bleibenden Überzeugungskraft des Christentums zu tun. Überzeugen kann
das Christentum aber nur, wo das kündende Subjekt einem hörenden Subjekt
begegnet. [...] Das bedeutet, dass dem Christentum selbst die Überwindung
der Subjektvergessenheit und positive Ausbildung des Subjektseins aller ein
über seine eigene Zukunft entscheidender Faktor sein muss.» (Waldenfels
1988, 78 f.).

4.4. Re-spiritualisierung

Religion und Spiritualität ist überall. Religion verliert ihre traditionell eindeutige Kontur. Man kann heute Religion überall in der Gesellschaft aufspüren. Anstelle eines klar umgrenzten religiösen Feldes, das durch spezifische Merkmale charakterisiert ist, das eine eindeutige Zu- und Ausgrenzung erlaubt, entsteht ein religiöses Bedeutungsfeld weit über die sich dafür zuständig fühlenden Kirchen und religiösen Gemeinschaften hinaus (vgl. Ebertz 2003, 63 ff.). Transzendenz ist erfahrbar in der Natur, in Riten, in der Selbsterfahrung. Alles ist durchwoben von Transzendenz. Die Trennung von heilig und profan löst sich auf. Werden Wahrnehmungsblockaden gelöst, die Wahrnehmung geschärft und sensibilisiert, so kann die Wirkung transzendenter Wirklichkeit erfahren werden in allen Bereichen des Lebens. Nichts ist ausgenommen, überall wirken transzendente Kräfte, in jedem Bereich des Lebens sind sie spürbar. Spiritualität in diesem Sinne bedeutet jedoch nicht, wie Zulehner festzustellen meint, eine «neue Gottessuche» (Zulehner 2003b, 4). Spiritualität zeigt sich eher in einer generellen Sensibilität für transzendente Wirklichkeit und einer Offenheit für Transzendenzerfahrungen. Sie zeigt sich in einer Beschäftigung mit dem Sinn des Lebens angesichts von Leid und Krankheit, von Alter und Tod. Sie zeigt sich in dem Versuch, Menschlichkeit gegen Technisierung und Ökonomisierung zu behaupten. Sie zeigt sich auch in einer ganzheitlichen Wahrnehmung des Menschen mit seiner leiblichen, geistigen und geistlichen Dimension. Sie zeigt sich in einer Tendenz zur neuen Wertschätzung von Weisheit, geistigem Wachstum und Reife, sie zeigt sich in einer Tendenz zu neuen Formen der Askese. Sie zeigt sich in der Rückgewinnung der Dimension des Wahren und Guten in der Ästhetik. Re-spiritualisierung bedeutet nicht, dass Religion (zumeist verstanden als Synonym kirchlichen Christentums) und Kirche an Bedeutung für das Leben gewinnen würden (vgl. Dubach, Kap. 5.1.). Re-spiritualisierung bedeutet eine Suche nach Sinn, nach Innerlichkeit, nach Transzendenz, nach bleibend Wahrem und Echtem. Diese neue Spiritualität ist nicht weltabgewandt, sie sucht die Transzendenz im Diesseits. «Das Übernatürliche ist Bestandteil des Natürlichen, die Möglichkeit verbirgt sich in der Wirklichkeit, das Jenseits ist erreichbar im Diesseits.» (Gross 1994, 249). In diesem Sinne ist jeder Bereich des Lebens möglicher Ort spirituellen Erlebens, der Wellnessbereich ebenso wie der Pilgerpfad, der Behandlungsraum eines Arztes ebenso wie das Büro eines Managers, Kirchen ebenso wie Gymnastikhallen.

Spiritualität hat ihre Grenzen abgestreift, räumliche und zeitliche. Sie lässt sich nicht mehr auf private und kirchliche Räume und nicht mehr auf feste Zeiten einschränken. Spiritualität ist in Bewegung gekommen.

Diese neue Form der Spiritualität lässt sich am ehesten begreifen als ein Bemühen, das Leben in all seinen Möglichkeiten, auch den spirituellen Möglichkeiten zu leben, als eine Suche nach dem Leben in Fülle. Diese Suche verlangt nach Begleitung und Rat. Dieser Rat wird auf die vielfältigste Weise erteilt: Beratungsangebote auf Esoterikmessen, Wochenendseminare und Ferienwochen mit spiritueller Begleitung, Lebensberater und Rat-Kolumnen in der Boulevardpresse.

Auch das Christentum will das Leben, das Leben in Fülle. Für viele Menschen ist dieses Leben in Fülle, das «pralle Leben», in den Gottesdiensten und Predigten, in den Altennachmittagen und Vortragsveranstaltungen nicht mehr oder nicht mehr ausreichend spürbar. «Ich weiss nur, dass mir das Leben häufig so nicht genug ist, dass ich gerne von einer metaphysischen Ebene mehr erleben würde, mehr erfahren würde, mehr, mehr Zugang hätte ....» So die Aussage einer Kunsthistorikerin bei der dritten Mitgliedererhebung der EKD 2002 (Schloz 2004, 92). Diese Frau ist auf der Suche, sie spürt «ein wachsendes Bedürfnis nach Ritual und Versenkung» (ebd., 88). Sie hört sich um und bekommt Ratschläge, wohin sie sich wenden kann. Die Kirche ist nicht darunter. Auch sie selbst, obwohl christlich erzogen und kirchlich sozialisiert, sucht bei Buddhisten, beim Kundalini Yoga und Meditation, bei einem Tai-Chi Zirkel, jedoch nicht in kirchlichen Kreisen.

Nach der Ökumenischen Basler Kirchenstudie erwarten die Menschen von den Kirchen am allerwenigsten religiösen Rat. Diese Leistung erhält in der Bewertung auch die denkbar schlechtesten Noten (Bruhn/Lischka 2000, 48 f.). Die Kirchen haben ihren Ruf verloren, kompetente Ratgeber bei der Suche nach dem Weg des Lebens zu sein. Auf dem Markt der religiösen Sinnangebote reicht das Autoritätsargument und auch das Traditionsargument nicht mehr aus, um Menschen zu überzeugen. Gesucht wird nach authentischem Leben und Erleben. «Es ist das Element der eigenen, intensiv erlebbaren inneren Erfahrung, das in der Kirche heute vielfach vermisst wird.» (de Jong 2005, 25).

Die Re-spiritualisierung der Kultur erweist sich als Suche nach Sinn, nach Innerlichkeit, nach Leben in Fülle. Dass dies von einer wachsenden Zahl von Menschen innerhalb der Kirchen nicht mehr gefunden wird, berührt die Mitte kirchlichen Lebens.

5. Schlussbemerkung

Die Wahrnehmung von Megatrends und soziokulturellen Trends führt über eine Analyse des religiösen Marktes hinaus. Indem sie die Probleme, Wünsche und Sehnsüchte heutiger Menschen nicht nur als Hinweise für eine oberflächliche Optimierung der Marktorientierung in den Blick nimmt, gerät sie zu einer Rückfrage an kirchliches Leben. Sie weist darauf hin, dass die Krise der christlichen Kirchen eben gerade nicht nur eine Krise der Vermarktung christlicher Inhalte ist, sondern ein Problem ihrer Identität, ihrer Kommunikationsfähigkeit, ihrer Spiritualität und ihrer inneren Lebendigkeit.

Strukturelle und ökonomische Reformen sind notwendig, aber nur dann auch wirklich sinnvoll, wenn sie nicht allein den grossen gesellschaftlichen Trends folgen, sondern sich nach den Gefühlen und Sehnsüchten der Menschen richten, die sich häufig in komplementären Bewegungen und Gegenbewegungen ausdrücken.

Strukturelle und ökonomische Reformen sind jedoch nicht das Entscheidende in dem Bemühen um Anschlussfähigkeit. Die Lebendigkeit und Lebensdienlichkeit der christlichen Botschaft muss im Raum der Kirchen wieder deutlicher fühlbar werden. Wo immer Lebendigkeit und Lebensdienlichkeit zu spüren sind, ob in feierlichen Festgottesdiensten, seelsorgerlichen Gesprächen, in Ritualen und Gemeinschaftserlebnissen, ist Kirche nach wie vor attraktiv. Wo die Sehnsucht der Menschen nach Innerlichkeit und Ganzheitlichkeit, nach spirituellem Leben keine Entsprechung findet, laufen alle organisatorischen Bemühungen ins Leere.

Rabbi Jizchak Meir, so berichtet die chassidische Überlieferung, lehrte:

«‹Wenn einer Führer wird, müssen alle nötigen Dinge da sein, ein Lehrhaus, ein Zimmer und Tische und Stühle, und einer wird Verwalter, und einer wird Diener und so fort. Und dann kommt der böse Widersacher und reisst das innerste Pünktlein heraus, aber alles andre bleibt wie zuvor, und das Rad dreht sich weiter, nur das innerste Pünktlein fehlt.› Der Rabbi hob die Stimme: ‹Aber Gott helfe uns: man darf's nicht geschehen lassen!›» (Buber 1949, 830).

Literaturverzeichnis

Altermatt Urs 1980, Katholische Subgesellschaft. Thesen zum Konzept der ‹Katholischen Subgesellschaft› am Beispiel des Schweizerischen Katholizismus, in: Gabriel K., Kaufmann F.-X. (Hg.), Zur Soziologie des Katholizismus, Mainz.

Bauman Zygmunt 1997, Flaneure, Spieler und Touristen, Hamburg.

Beck Ulrich 1986, Risikogesellschaft. Auf dem Weg in eine andere Moderne, Frankfurt a.M.

Beck Ulrich, Beck-Gernsheim Elisabeth 1994, Individualisierung in modernen Gesellschaften – Perspektiven und Kontroversen einer subjektorientierten Soziologie, in: Beck U., Beck-Gernsheim E. (Hg.), Riskante Freiheiten, Frankfurt a.M., 10–39.

Beck Ulrich, Vossenkuhl Wilhelm, Erdmann Ziegler Ulf 1995a, Eigenes Leben. Ausflüge in die unbekannte Gesellschaft, in der wir leben, München.

Beck Ulrich 1995b, Die Individualisierungsdebatte, in: Schäfers B. (Hg.), Soziologie in Deutschland. Entwicklung, Institutionalisierung und Berufsfelder theoretischer Kontroversen, Opladen, 185–198.

Beck Ulrich 1997, Die uneindeutige Sozialstruktur: Was heisst Armut, was Reichtum in der ‹Selbst-Kultur›?, in: Beck U., Sopp P. (Hg.), Individualisierung und Integration. Neue Konfliktlinien und neuer Integrationsmodus?, Opladen, 183–196.

Beck Ulrich, Sopp Peter 1997, Individualisierung und Integration – eine Problemskizze, in: Beck U., Sopp P. (Hg.), Individualisierung und Integration. Neue Konfliktlinien und neuer Integrationsmodus?, Opladen, 9–19.

Berger Peter L., Luckmann Thomas 1970, Die gesellschaftliche Konstruktion der Wirklichkeit. Eine Theorie der Wissenssoziologie, Frankfurt a.M.

Berger Peter L., Berger Brigitte, Kellner Hansfried 1975, Das Unbehagen in der Modernität, Frankfurt a.M. – New York.

Berger Peter L. 1992, Der Zwang zur Häresie. Religion in der pluralistischen Gesellschaft, Freiburg i.Br.

Berger Peter L. 1994, Sehnsucht nach Sinn. Glauben in einer Zeit der Leichtgläubigkeit, Frankfurt a.M.

Berger Peter L., Luckmann Thomas 1995, Modernität, Pluralismus und Sinnkrise. Die Orientierung des modernen Menschen, Gütersloh.

Berger Peter L. 1996, Individualisierung, Opladen.

Bermann Moris 1985, Die Wiederverzauberung der Welt. Am Ende des Newtonschen Zeitalters, Reinbek.

Bochinger Christoph 1994, «New Age» und moderne Religion. Religionswissenschaftliche Analysen, Gütersloh.

Bohnsack Ralf, Nohl Arnd-Michael 2001, Jugendkulturen und Aktionismus. Eine rekonstruktive empirische Analyse am Beispiel des Breakdance, in: Merkens H., Zinnecker J. (Hg.), Jahrbuch Jugendforschung, Opladen, 17–37.

Bolz Norbert 1997, Die Sinngesellschaft, Düsseldorf.

Bourdieu Pierre, Passeron Jean Claude 1971, Die Illusion der Chancengleichheit, Stuttgart.

Bourdieu Pierre 1979, Entwurf einer Theorie der Praxis auf der ethnologischen Grundlage der kabylischen Gesellschaft, Frankfurt a.M.

Bourdieu Pierre 1982, Die feinen Unterschiede. Kritik der gesellschaftlichen Urteilskraft, Frankfurt a.M.

Bourdieu Pierre 1997, Eine sanfte Gewalt. Pierre Bourdieu im Gespräch mit Irene Dölling und Margareta Steinrücke, in: Dölling I., Krais B. (Hg.), Ein alltägliches Spiel. Geschlechterkonstruktion in der sozialen Praxis, Frankfurt a.M., 218–230.

Bourdieu Pierre 2000, Das religiöse Feld. Texte zur Ökonomie des Heilsgeschehens, Konstanz.

Bremer Helmut 2002, Problemstellung: Die ‹Milieuverengung› und das Problem der ‹Distanzierten›, in: Vögele W. u. a. (Hg.), Soziale Milieus und Kirche, Würzburg, 55–67.

Brose Hanns-Georg, Hildenbrand Bruno 1988, Biographisierung von Erleben und Handeln, in Brose H.-G., Hildenbrand B. (Hg.), Vom Ende des Individuums zur Individualisierung ohne Ende, Opladen, 11–30.

Bruhn Manfred (Hg.) 1999, Ökumenische Basler Kirchenstudie. Ergebnisse der Bevölkerungs- und Mitarbeiterbefragung, Basel.

Bruhn Manfred, Grözinger Albrecht (Hg.) 2000, Kirche und Marktorientierung. Impulse aus der Ökumenischen Basler Kirchenstudie (Praktische Theologie im Dialog, Bd. 20), Freiburg/Schweiz.

Bruhn Manfred, Lischka Andreas 2000, Qualitätswahrnehmung und Zufriedenheit der Bevölkerung mit den Kirchen, in: Bruhn M., Grözinger A. (Hg.), Kirche und Marktorientierung. Impulse aus der Ökumenischen Basler Kirchenstudie (Praktische Theologie im Dialog, Bd. 20), Freiburg/Schweiz, 43–68.

Bruhn Manfred, Siems Florian, Lischka Andreas 2000, Fähigkeit zur Perspektivenübernahme durch Kirchenmitarbeitende, in: Bruhn M., Grözinger A. (Hg.), Kirche und Marktorientierung. Impulse aus der Ökumenischen Basler Kirchenstudie (Praktische Theologie im Dialog, Bd. 20), Freiburg/ Schweiz, 87–105.

Buber Martin 1949, Die Erzählungen der Chassidim, Zürich.

Bundesamt für Statistik (Hg.) 2004, Statistisches Jahrbuch der Schweiz, Zürich.

Canicek Hubert, Gladigow Burkhard, Laubscher Matthias (Hg.) 1990, Handbuch religionswissenschaftlicher Grundbegriffe, Band 11, Stuttgart.

Daiber Karl-Fritz 1996, Religiöse Gruppenbildung als Reaktionsmuster gesellschaftlicher Individualisierungsprozesse, in: Gabriel K. (Hg.), Religiöse Individualisierung oder Säkularisierung. Biographie und Gruppe als Bezugspunkte moderner Religiosität, Gütersloh, 86–100.

Drehsen Volker 1994, Wie religionsfähig ist die Volkskirche? Sozialisationstheoretische Erkundungen neuzeitlicher Christentumspraxis, Gütersloh.

Dubach Alfred 1989, Studie über die religiöse Lebenswelt junger Eltern, in: Schweizerisches Pastoralsoziologisches Institut (SPI) (Hg.), Religiöse Lebenswelt junger Eltern. Ergebnisse einer schriftlichen Befragung in der Deutschschweiz, Zürich, 9–36.

Dubach Alfred 1989, Welt- und Lebensdeutung junger Eltern, in: Schweizerisches Pastoralsoziologisches Institut (SPI) (Hg.), Religiöse Lebenswelt junger Eltern. Ergebnisse einer schriftlichen Befragung in der Deutschschweiz, Zürich, 41–76.

Dubach Alfred 1992, Selbstverpflichtung gegenüber den Kirchen. Projekt «Konfessionelle Pluralität, diffuse Religiosität, nationale Identität» im Rahmen des NFP 21 «Kulturelle Vielfalt – nationale Identität». Schlussbericht an den Schweizerischen Nationalfonds, St. Gallen.

Dubach Alfred 1993, Bindungsfähigkeit der Kirchen, in: Dubach A., Campiche R. (Hg.), Jede(r) ein Sonderfall? Religion in der Schweiz, Zürich-Basel, 133–172.

Dubach Alfred 1993, Nachwort: «Es bewegt sich alles, Stillstand gibt es nicht», in: Dubach A. Campiche R. (Hg.), Jede(r) ein Sonderfall? Religion in der Schweiz, Zürich – Basel, 295–313.

Dubach Alfred 1998, Konfessionslose in der Schweiz: Entwicklung von 1960–1990, in: Schweizerisches Pastoralsoziologisches Institut (SPI) (Hg.), Jenseits der Kirchen. Analyse und Auseinandersetzung mit einem neuen Phänomen in unserer Gesellschaft, Zürich, 11–70.

Dubach Alfred 2000, Zwei Arten der Bindung an die Kirche: Volkskirchen und religiöse Bewegungen, in: Schweizerisches Pastoralsoziologisches Institut (SPI), Schweizerische Katholische Arbeitsgruppe «Neue Religiöse Bewegungen» (NRB) (Hg.), Neue Gruppierungen im Schweizer Katholizismus. Ein Handbuch, Zürich, 26–30.

Dubach Alfred 2004a, Zwei Formen von Kirche: Volkskirchen und religiöse Bewegungen, in: Schweizerisches Pastoralsoziologisches Institut (SPI), Schweizerische Katholische Arbeitsgruppe «Neue Religiöse Bewegungen» (NRB) (Hg.), Neue Gruppierungen im Schweizer Katholizismus. Ein Handbuch, Zürich, 93–100.

Dubach Alfred 2004b, Unterschiedliche Mitgliedschaftstypen in den Volkskirchen, in: Campiche R., Die zwei Gesichter der Religion. Faszination und Entzauberung, Zürich, 129–177.

Dürckheim Karlfried Graf 1996, Meditieren – wozu und wie, Freiburg – Basel – Wien.

Ebertz Michael 1997, Kirche im Gegenwind. Zum Umbruch der religiösen Landschaft, Freiburg – Basel – Wien.

Ebertz Michael 1998, Jenseits der «Gnadenanstalt» – auf dem Weg zur «Beteiligungskirche»?, in: Schweizerisches Pastoralsoziologisches Institut (SPI) (Hg.), Jenseits der Kirchen. Analyse und Auseinadersetzung mit einem neuen Phänomen in unserer Gesellschaft, Zürich, 99–112.

Ebertz Michael 1999, Diakonische Riten – Riten bei Gelegenheit, in: Schlemmer K. (Hg.), Auf der Suche nach dem Menschen von heute. Vorüberlegungen für alternative Seelsorge und Feierformen, St. Ottilien, 120–137.

Ebertz Michael 2003, Aufbruch in der Kirche. Anstösse für ein zukunftsfähiges Christentum, Freiburg – Basel – Wien.

Eco Umberto 1973, Das offene Kunstwerk, Frankfurt a.M.

Elias Norbert 1991, Die Gesellschaft der Individuen. Hg. von Schröter M., Frankfurt a.M.

Elias Norbert 1992, Figuration, in: Schäfers B. (Hg.), Grundbegriffe der Soziologie, Opladen, 88–91.

Englberger Thomas 2001, Berufsbiographie und kirchliche Bindung, in: Schweizerisches Pastoralsoziologisches Institut (SPI) (Hg.), Lebenswerte. Religion und Lebensführung in der Schweiz, Zürich, 165–191.

Engelhardt Klaus, Loewenich von Hermann, Steinacker Peter (Hg.) 1997, Fremde, Heimat, Kirche. Die Dritte EKD-Erhebung über Kirchenmitgliedschaft, Gütersloh.

Feige Andreas 1982, Erfahrungen mit Kirche. Daten und Analysen einer empirischen Untersuchung über Beziehungen und Einstellungen junger Erwachsener zur Kirche, Hannover.

Feige Andreas 2002, Jugend und Religion, in: Krüger H.-H., Grunert C. (Hg.), Handbuch Kindheits- und Jugendforschung, Opladen, 805–818.

Ferchhoff Wilfried, Neubauer Georg 1997, Patchwork-Jugend. Eine Einführung in postmoderne Sichtweisen, Opladen.

Ferchhoff Wilfried 1999, Jugend an der Wende vom 20. zum 21. Jahrhundert. Lebensformen und Lebensstile, Opladen.

Fischer Dietlind, Schöll Albert 1994, Lebenspraxis und Religion. Fallanalysen zur subjektiven Religiosität von Jugendlichen, Gütersloh.

Fischer Ferry 2000, Im Gleichgewicht zu Spitzenleistungen, Wien.

Friedrichs Jürgen (Hg.) 1998, Die Individualisierungsthese, Opladen.

Fries Christian, Polak Regina 2002, Theoretische Weichenstellungen, in: Polak R. (Hg.), Megatrend Religion? Neue Religiositäten in Europa, Ostfildern.

Fuchs Brigitte 1996, Vom Anspruch des Fremden, in: Risse, G., Sonnemans, H., Thess, B. (Hg.), Wege der Theologie: an der Schwelle zum dritten Jahrtausend (Festschrift für Hans Waldenfels), Paderborn, 333–340.

Fuchs Brigitte 2001, Eigener Glaube – Fremder Glaube. Reflexionen zu einer Theologie der Begegnung in einer pluralistischen Gesellschaft (Tübinger Perspektiven zur Pastoraltheologie und Religionspädagogik Bd. 6), Münster – Hamburg – London.

Fuchs Brigitte, Norbert Kobler (Hg.) 2002, Hilft der Glaube? Heilung auf dem Schnittpunkt zwischen Theologie und Medizin, Münster – Hamburg – London.

Fürst Walter, Severin Burkard, Wittrahm Andreas 1997, Kooperationsprojekt: Glaubensentwicklung in der zweiten Lebenshälfte und die pastoralen Konsequenzen – eine qualitative Pilotstudie, Abschlussbericht, Bonn – Aachen.

Fürst Walter, Wiltrahm Andreas 2002, Religiöse Entwicklung im Erwachsenenalter. Empirische Ergebnisse und praktisch-theologische Diskussion eines Kooperationsprojektes zwischen dem Seminar für Pastoraltheologie der Universität Bonn und dem Bistum Aachen, Manuskript, Bonn – Aachen.

Gabriel Karl 1974, Organisation und Legitimation. Die Selbststeuerungsimperative der Organisation und das Problem der Legitimation, in: Zeitschrift für Soziologie 3, 339–355.

Gabriel Karl 1992, Christentum zwischen Tradition und Postmoderne, Freiburg.

Gebhardt Winfried, Hitzler Ronald, Pfadenhauer Michaela (Hg.) 2000, Events. Soziologie des Aussergewöhnlichen, Opladen.

Gebhardt Winfried 2002, Signaturen der religiösen Gegenwartskultur. Die Verszenung der Kirchen und die Eventisierung der Religion, in: Isenberg W. (Hg.), Orte für den Glauben. Die zukünftige Gestalt des Christentums in einer säkularen Welt (Bensberger Protokolle 106), Bensberg, 9–23.

Gehlen Arnold 1957, Die Seele des technischen Zeitalter. Sozialpsychologische Probleme in der industriellen Gesellschaft, Hamburg.

Gehlen Arnold 1986, Urmensch und Spätkultur. Philosophische Ergebnisse und Aussagen, Wiesbaden.

Generalvikar des Bistums Chur in Zürich, Römisch-katholische Zentralkommission des Kantons Zürich 1999, Arbeitspapier für die Seelsorge im Kanton Zürich. Für eine lebendige und solidarische Kirche, Zürich.

Gennep Arnold van 1909, Les rites de Passage. Etude Systématique des Rites, Paris.

Giddens Anthony 1991, Modernity and self-identity. Self and society in the late modern age, Standford California.

Gräb Wilhelm 2000, Lebensgeschichten – Lebensentwürfe – Sinndeutungen. Eine Praktische Theologie gelebter Religion, Gütersloh.

Gräb Wilhelm 2002, Sinn fürs Unendliche. Religion in der Mediengesellschaft. Gütersloh.

Grözinger Albrecht 1998, Die Kirche – ist sie noch zu retten? Anstiftungen für das Christentum in postmoderner Gesellschaft, Gütersloh.

Grözinger Albrecht 2000, Welche Qualifikationen müssen pastoral Tätige in einer Kirche im urbanen Umfeld haben? – Beobachtungen und Forschungen anhand der Ökumenischen Basler Kirchenstudie, in: Bruhn M., Grözinger A. (Hg.), Kirche und Marktorientierung. Impulse aus der Ökumenischen Basler Kirchenstudie (Praktische Theologie im Dialog, Bd. 20), Freiburg/Schweiz, 217–230.

Grözinger Albrecht, Plüss David, Portmann Adrian, Schenker Dominik 2000, Empirische Forschung als Herausforderung für Theologie und Kirche, in: Bruhn M., Grözinger A. (Hg.), Kirche und Marktorientierung. Impulse aus der Ökumenischen Basler Kirchenstudie (Praktische Theologie im Dialog, Bd. 20), Freiburg/Schweiz, 13–32.

Grom Bernhard 2000, Religionspädagogische Psychologie, Düsseldorf.

Gross Peter 1994, Die Multioptionsgesellschaft, Frankfurt a.M.

Habermas Jürgen 1988, Nachmetaphysisches Denken, Frankfurt a.M.

Hahn Alois 1974, Religion und der Verlust der Sinngebung. Identitätsprobleme in der modernen Gesellschaft, Frankfurt a.M. – New York.

Hahn Alois 1995, Identität und Biographie, in: Wohlrab-Sahr M. (Hg.), Biographie und Religion. Zwischen Ritual und Selbstsuche, Frankfurt a.M., 127–152.

Hahn Alois, Willems Herbert 1996a, Wurzeln moderner Subjektivität und Individualität, in: Aufklärung 9, Heft 2, 7–37.

Hahn Alois, Willems Herbert 1996b, Modernität und Identität, in: Sociologia Internationalis 34, 199–226.

Heelas, Paul 1996, The New Age Movement: The Celebration of the Self and the Sacralization of Modernity, Oxford.

Helsper Werner 1994, Religiöse und okkulte Praxen Jugendlicher in der «postmodernen» Moderne. Versuch einer Typisierung vor dem Horizont kultureller Pluralität, in: Drehsen V., Sparn W. (Hg.), Im Schmelztiegel der Religionen. Konturen des modernen Synkretismus, Gütersloh, 193–223.

Helsper Werner 1995, (Neo)religiöse Orientierungen Jugendlicher in der «postmodernen» Moderne, in: Ferchhoff W., Sander U., Vollbrecht R. (Hg.), Jugendkulturen – Faszination und Ambivalenz. Einblicke in jugendliche Lebenswelten. Festschrift für Dieter Baacke zum 60. Geburtstag, Weinheim, 66–81.

Helsper Werner 1997, Das «postmoderne Selbst» – ein neues Subjekt – und Jugend-Mythos? Reflexionen anhand religiöser jugendlicher Orientierungen, in: Keupp H., Höfer R. (Hg.), Identitätsarbeit heute. Klassische und aktuelle Perspektiven der Identitätsforschung. Frankfurt a.M., 174–206.

Helsper Werner 2000, Jugend und Religion, in: Sander U., Vollbrecht R. (Hg.), Jugend im 20. Jahrhundert. Sichtweisen – Orientierungen – Risiken, Neuwied, 279–313.

Hervieux-Léger Danièle 1990, Religion and Modernity in the French Context: For a New Approach to Secularisation, in: Sociological Analysis 51, 15–25.

Hettlage Robert 2000, Einleitung: Identitäten in Umbruch. Selbstvergewisserung auf alten und neuen Bühnen, in: Hettlage R., Vogt L. (Hg.), Identitäten in moderner Welt, Wiesbaden, 9–51.

Hitzler Roland 1996, Orientierungsprobleme: Das Dilemma der Kirchen angesichts der Individualisierung der Menschen, in: Leviathan. Zeitschrift für Sozialwissenschaft 24, 272–286.

Hitzler Roland 1998a, Posttraditionale Vergemeinschaftung. Über neue Formen der Sozialbindung, in: Berliner Debatte INITIAL 9, 81–89.

Hitzler Roland, Pfadenhauer Michaela 1998b, Eine posttraditionale Gemeinschaft. Integration und Distinktion in der Techno-Szene, in: Hillebrandt F., Kneer G., Kraemer K. (Hg.), Verlust der Sicherheit? Lebensstile zwischen Multioptionalität und Knappheit, 83–102.

Hitzler Roland 1999a, Individualisierung des Glaubens. Zur religiösen Dimension der Bastelexistenz, in: Honer A., Kurt R., Reichertz J. (Hg.), Diesseitsreligion. Zur Deutung der Bedeutung moderner Kultur, Konstanz, 351–368.

Hitzler Roland 1999b, Verführung statt Verpflichtung. Die neuen Gemeinschaften der Existenzbastler, in: Honegger C., Hradil St., Taxler F. (Hg.), Grenzenlose Gesellschaft? Verhandlungen des 29. Kongresses der Deutschen Gesellschaft für Soziologie, des 16. Kongresses der Österreichischen Gesellschaft für Soziologie, des 14. Kongresses der Schweizerischen Gesellschaft für Soziologie in Freiburg i.Br. 1998, Teil 1, Opladen, 223–233.

Hitzler Ronald, Bucher Thomas, Niederbacher Arne 2001, leben in szenen. formen jugendlicher vergemeinschaftung heute, Opladen.

Höhn Hans-Joachim 1998, Zerstreuungen. Religion zwischen Sinnsuche und Erlebnismarkt, Düsseldorf.

Höhn Hans-Joachim 2002, Aufhören und Anfangen – Oder: Wenn die Religion ihr Ende überlebt, in: Blum M., Hölscher A. (Hg.), Die Kunst der Glaubensvermittlung. Perspektiven zeitgemässer Religionspädagogik (Berliner Schriften, Bd. 17), Berlin, 9–34.

Horx Matthias 2000, Die acht Sphären der Zukunft: Ein Wegweiser in die Kultur des 21. Jahrhunderts, Wien – Hamburg.

Horx Matthias 2003, Future Fitness. Wie Sie Ihre Zukunftskompetenz erhöhen. Ein Handbuch für Entscheider, Frankfurt a.M.

Iannaccone Laurence R. 1992, Religious Markets and the Economics of Religion, in: Social Compass 39, 123–131.

Idea Deutschland. Christliches Nachrichtenmagazin vom 12.05.2002.

James William 1979, Die Vielfalt religiöser Erfahrung, Frankfurt a.M – Leipzig.

Jong Theresia Maria de 2005, Glaube, Hoffnung, Heilung, in: Psychologie Heute 3, 21–25.

Kaufmann Franz-Xaver, Herlth Alois, Strohmeier Klaus Peter, Schulze Hans-Joachim 1980, Sozialpolitik und familiale Sozialisation. Zur Wirkungsweise öffentlicher Sozialleistungen, Stuttgart – Berlin – Köln – Mainz.

Kaufmann Franz-Xaver 1989a, Auf der Suche nach den Erben der Christenheit, in: Haller M. u. a. (Hg.), Kultur und Gesellschaft, Verhandlungen des

24. Deutschen Soziologentags, des 11. Österreichischen Soziologentags und des 8. Kongresses der Schweizerischen Gesellschaft für Soziologie in Zürich 1988, Frankfurt a.M.

Kaufmann Franz-Xaver 1989b, Religion und Modernität. Sozialwissenschaftliche Perspektiven, Tübingen.

Kaufmann Franz-Xaver 1993, Selbstreferenz oder Selbstreverenz? Die soziale und religiöse Ambivalenz von Individualisierung, in: Ruhr-Universität Bochum (Hg.), Ehrenpromotion Franz-Xaver Kaufmann. Eine Dokumentation, Bochum, 25–46.

Kaufmann Franz-Xaver 1999a, Der Verlust der Zentralperspektive und die Rehabilitierung der Religionen. Das Dilemma der Kirchen in der postmodernen Gesellschaft, in: Pauly S. (Hg.), Kirche in unserer Zeit, Stuttgart, 23–35.

Kaufmann Franz-Xaver 1999b, Wo liegt die Zukunft der Religion?, in: Krüggeler M., Gabriel K., Gebhardt W. (Hg.), Institution, Organisation, Bewegung. Sozialform der Religion im Wandel, Opladen, 71–97.

Kaufmann Franz-Xaver 2003, Die Entwicklung von Religion in der modernen Gesellschaft, in: Hildemann K. D. (Hg.), Religion – Kirche – Islam. Eine soziale und diakonische Herausforderung, Leipzig, 21–37.

Kellner Gerhard 2003, Mein Seelsorgekonzept, in: Seelsorge der Zukunft, Pastoraltheologische Informationen (PthI), Jahrgang 23, Heft 1, 59–61.

Kern Thomas 1997, Zeichen und Wunder. Enthusiastische Glaubensformen in der modernen Gesellschaft, Frankfurt a.M.

Keupp Heiner 1992, Identitätsverlust oder neue Identitätsentwürfe?, in: Zoll R. (Hg.), Ein neues kulturelles Modell. Zum soziokulturellen Wandel in Gesellschaften Westeuropas und Nordamerikas, Opladen, 100–117.

Keupp Heiner 1994, Ambivalenzen postmoderner Identität, in: Beck U., Beck-Gernsheim E. (Hg.), Riskante Freiheiten. Individualisierung in modernen Gesellschaften, Frankfurt a.M., 336–350.

Keupp Heiner 1997, Diskursarena Identität. Lernprozesse in der Identitätsforschung, in: Keupp H. Höfer R. (Hg.), Identitätsarbeit heute. Klassische und aktuelle Perspektiven der Identitätsforschung, Frankfurt a.M., 11–39.

Kingston Karen 2000, Feng Shui gegen das Gerümpel des Alltags, Reinbeck.

KIPA Artikel vom 11.08.2003: Die erstaunliche Karriere der Schiffsprozession auf dem Bodensee.

Knoblauch Hubert 1997, Die Sichtbarkeit der unsichtbaren Religion. Subjektivierung, Märkte und die religiöse Kommunikation, in: Zeitschrift für Religionswissenschaft 5, 179–202.

Knoblauch Hubert 1999, Populäre Religion. Markt, Medien und die Popularisierung der Religion, in: Honer A. u. a. (Hg.), Diesseitsreligion. Zur Deutung der Bedeutung moderner Kultur, Konstanz, 201–222.

Knoblauch Hubert 2000, «Jeder sich selbst sein Gott in der Welt». Subjektivierung, Spiritualität und Markt der Religion, in: Hettlage R., Vogt L. (Hg.), Identitäten in der modernen Welt, 201–215.

Kohli Martin 1988, Normalbiographie und Individualität: Zur institutionellen Dynamik des gegenwärtigen Lebenslaufregimes, in: Brose H.-G., Hildenbrand B. (Hg.), Vom Ende des Individuums zur Individualität ohne Ende, Opladen, 33–53.

Krappmann Lothar 1971, Soziologische Dimensionen der Identität. Strukturelle Bedingungen für die Teilnahme an Interaktionsprozessen, Stuttgart.

Krech Volkhard 1998, Religiöse Erfahrung – was oder wie? Zur soziologischen Rekonzeptualisierung eines religionswissenschaftlichen Begriffs anhand der Analyse von Konversionsberichten, in: Tyrell H., Krech V., Knoblauch H. (Hg.), Religion als Kommunikation, Würzburg, 473–504.

Kroeger Matthias 2004, Im religiösen Umbruch der Welt: Der fällige Ruck in den Köpfen der Kirche. Über Grundriss und Bausteine des religiösen Wandels im Herzen der Kirche, Stuttgart.

Krüggeler Michael 1993, Inseln der Seligen: Religiöse Orientierungen in der Schweiz, in: Dubach A., Campiche J. (Hg.), Jede(r) ein Sonderfall? Religion in der Schweiz, Zürich – Basel, 93–132.

Krüggeler Michael, Voll Peter 1993, Strukturelle Individualisierung – ein Leitfaden durchs Labyrinth der Empirie, in: Dubach A., Campiche Roland (Hg.), Jede(r) ein Sonderfall? Religion in der Schweiz, Zürich – Basel, 17–49.

Küng Hans (Hg.) 1995, Ja zum Weltethos. Perspektiven für die Suche nach Orientierung, München.

Küstenmacher Werner Tiki, Seiwert Lothar J. 2001, Simplify your life. Einfacher und glücklicher Leben, Frankfurt a. M.

Kunstmann Joachim 1997, Christentum in der Optionsgesellschaft. Postmoderne Perspektiven, Weinheim.

Lebensraumorientierte Seelsorge (LOS) in der Stadt St. Gallen. Inhaltliche Leitvorstellungen, St. Gallen 2003.

LeShan Lawrence o. J., Vom Sinn des Meditierens. Schlüssel zu einem erfüllteren Leben, Freiburg – Basel – Wien.

Lischka Andreas, Siems Florian 2000, Untersuchungsdesign der Ökumenischen Basler Kirchenstudie, in: Bruhn M., Grözinger A. (Hg.), Kirche und Marktorientierung. Impulse aus der Ökumenischen Basler Kirchenstudie (Praktische Theologie im Dialog, Bd. 20), Freiburg/Schweiz, 35–42.

Lübbe Hermann 1986, Religion nach der Aufklärung, Darmstadt.

Luckmann Thomas 1980, Lebenswelt und Gesellschaft, Paderborn.

Luckmann Thomas 1991, Die unsichtbare Religion. Mit einem Vorwort von Hubert Knoblauch, Frankfurt a.M.

Luhmann Niklas 1972, Die Organisierbarkeit von Religionen und Kirchen, in: Wössner Jakobus (Hg.), Religion im Umbruch. Soziologische Beiträge zur Situation von Religion und Kirche in der gegenwärtigen Gesellschaft, Stuttgart.

Luhmann Niklas 1977, Funktion der Religion, Frankfurt a.M.

Luhmann Niklas 1993, Gesellschaftsstruktur und Semantik. Studien zur Wissenssoziologie der modernen Gesellschaft. Band 3, Frankfurt a.M.

Luhmann Niklas 1995, Gesellschaftsstruktur und Semantik. Studien zur Wissenssoziologie der modernen Gesellschaft. Band 4, Frankfurt a.M.

Luhmann Niklas 1998, Religion als Kommunikation, in: Tyrell H., Krech V., Knoblauch H. (Hg.), Religion als Kommunikation, Würzburg, 135–145.

Martin Marcel Gerhard 1997, Provozierte Krisen. Rituale in Religion und Gesellschaft, in: Egner, Helga (Hg.): Leidenschaft und Rituale. Was das Leben gelingen lässt, Zürich – Düsseldorf, 19–40.

Mead George Herbert 1950, Mind, Self and Society, Chicago.

Mensching Gustav 1947, Soziologie der Religion, Bonn.

Metz Johann Baptist 1978, Glaube in Geschichte und Gesellschaft. Studien zu einer praktischen Fundamentaltheologie, Mainz.

Mörth Ingo 1983, Vom Pluralismus zum Integrismus. Aspekte religiösen Alltagsbewusstseins, in: Schweizerische Zeitschrift für Soziologie 9, 559–578.

Müller-Schneider Thomas 1996, Wandel der Milieulandschaft in Deutschland. Von hierarchisierenden zu subjektorientierten Wahrnehmungsmustern, in: Zeitschrift für Soziologie 25, 190–206.

Münch Richard 1995, Dynamik der Kommunikationsgesellschaft, Frankfurt a.M.

Nassehi Armin, Weber Georg 1989, Tod, Modernität und Gesellschaft. Entwurf einer Theorie der Todesverdrängung, Opladen.

Nassehi Armin 1995, Religion und Biographie. Zum Bezugsproblem religiöser Kommunikation in der Moderne, in: Wohlrab-Sahr M. (Hg.), Biographie und Religion. Zwischen Ritual und Selbstsuche, Frankfurt a.M., 103–126.

Nassehi Armin 2004, Die Religiosität religiöser Erfahrung. Ein systemtheoretischer Kommentar zum religionssoziologischen Subjektivismus, in: Pastoraltheologie 93, 64–81.

Naisbitt John 1984, Megatrends – 10 Perspektiven, die unser Leben verändern, Bayreuth.

Oevermann Ulrich 1995, Ein Modell der Struktur von Religiosität. Zugleich ein Strukturmodell von Lebenspraxis und von sozialer Zeit, in: Wohlrab-Sahr M. (Hg.), Biographie und Religion. Zwischen Ritual und Selbstsuche, Frankfurt a.M., 27–102.

Pargament K. I., Van Haitsma K. S., Ensing D. S. 1995, Religion and coping, in: Kimble M. A., McFadden S. H., Ellor J. W., Seeber J. J. (Hg.), Aging, spirituality, and religion: A handbook, Minneapolis, 47–67.

Polak Regina (Hg.) 2002, Megatrend Religion? Neue Religiosität in Europa, Ostfildern.

Pollack Detlef 1997, Evangelisation als religiöse Kommunikation, in: Tyrell H., Krech V., Knoblauch H. (Hg.), Religion als Kommunikation, Würzburg, 447–471.

Pollack Detlef, Pickel Gert 1999, Individualisierung und religiöser Wandel in der Bundesrepublik Deutschland, in: Zeitschrift für Soziologie 28, 465–483.

Pollack Detlef 2000, Religiös-kirchlicher Wandel in Ostdeutschland nach 1989, in: Matthes J. (Hg.), Fremde Heimat Kirche – Erkundungsgänge. Beiträge und Kommentare zur dritten EKD-Untersuchung über Kirchenmitgliedschaft, Gütersloh, 310–333.

Pollack Detlef 2003, Säkularisierung – ein moderner Mythos? Studien zum religiösen Wandel in Deutschland, Tübingen.

Popcorn Faith, Lys Marigold 1996, Clicking. Der neue Popcorn Report. Trends für unsere Zukunft, München.

Popper Karl R. 1966, Logik der Forschung, Tübingen.

Posner Christine 2002, Die Bedeutung sozialer Einbindung für die Entwicklung von Individualisierungsprozessen. Eine theoretische Annäherung an das Phänomen der Individualisierung sowie eine empirische Analyse der sozialen Bindungen unter den Bedingungen des sozialen Umbruchs in Deutschland, Frankfurt a.M.

Rahner Karl 1960, Schriften zur Theologie, Einsiedeln – Zürich – Köln.

Rahner Karl 1969, Offenbarung, in: Rahner K., Darlap A. (Hg.), Sacramentum Mundi, Theologisches Lexikon für die Praxis, Bd. III, Freiburg – Basel – Wien, 832–843.

Rosa Hartmut 2002, Zwischen Selbstthematisierungszwang und Artikulation? Situative Identität als Fluchtpunkt von Individualisierung und Beschleunigung, in: Staub J., Renn J. (Hg.), Transitorische Identität. Der Prozesscharakter des modernen Selbst, Frankfurt a.M., 267–302.

Rüegger Heinz 2004, Transkonfessionalität, in: Schweizerisches Pastoralsoziologisches Institut (SPI), Schweizerische Katholische Arbeitsgruppe «Neue Religiöse Bewegungen» (NRB) (Hg.), Neue Gruppierungen im Schweizer Katholizismus. Ein Handbuch, Zürich, 240–243.

Schenker Dominik 2000, Von der lehrenden zur beratenden Kirche, in: Bruhn M., Grözinger A. (Hg.), Kirche und Marktorientierung. Impulse aus der Ökumenischen Basler Kirchenstudie (Praktische Theologie im Dialog, Bd. 20), Freiburg/Schweiz, 169–184.

Schilling-Strack Ulrich 2005, Wir sind, wie wir sind – und Falten sind Klasse. Eine 96-Jährige als Star einer Werbecampagne, in: Augsburger Allgemeine Nr. 3 vom 5.1.2005.

Schimank Uwe 1985, Funktionale Differenzierung und reflexiver Subjektivismus. Zum Entsprechungsverhältnis von Gesellschafts- und Identitätsform, in: Soziale Welt 36, 447–465.

Schimank Uwe 1988, Biographie als Autopoiesis. Eine systemtheoretische Rekonstruktion von Individualität, in: Brose H.G., Hildenbrand B. (Hg.), Vom Ende des Individuums zur Individualität ohne Ende, Opladen, 55–72.

Schipperges Heinrich 1984, Vom menschlichen Leib aus medizinischer Sicht, in: Schipperges, H., Pfeil H., Der menschliche Leib aus medizinischer und philosophischer Sicht, Aschaffenburg, 13–68.

Schirrmacher Frank 2004, ‹Das Methusalem-Komplott›, München.

Schloz Rüdiger 2004, Suche nach Lebensgewissheit. Amelies Religion und was Kirche und Theologie damit zu tun haben, in: Pastoraltheologie mit Göttinger Predigtmeditationen 93, 82–98.

Schwab Ulrich 1997, Geschlossene Konzeptionen und permanenter Wandel – Religiosität in der Moderne zwischen institutioneller Bindung und individueller Konstruktion, in: Grözinger A., Lott J. (Hg.), Gelebte Religion. Im Brennpunkt praktisch-theologischen Denkens und Handelns, Rheinbach-Merzbach.

Schulze Gerhard 1992, Die Erlebnisgesellschaft. Kultursoziologie der Gegenwart, Frankfurt a.M.

Schulze Gerhard 2003, Die Beste aller Welten. Wohin bewegt sich die Gesellschaft im 21. Jahrhundert, München.

Schütz Alfred 1972, Der Fremde. Ein sozialpsychologischer Versuch, in: Schütz Alfred, Gesammelte Aufsätze II. Studien zur soziologischen Theorie, Den Haag, 53–69.

Schütz Alfred, Luckmann Thomas 1991, Strukturen der Lebenswelt, Bd. 1, Frankfurt a.M.

Schütz Alfred 1993, Der sinnhafte Aufbau der sozialen Welt. Eine Einleitung in die verstehende Soziologie, Frankfurt a.M.

Schweitzer Friedrich, Englert Rudolf, Schwab Ulrich, Zibertz Hans-Georg 2002, Entwurf einer pluralitätsfähigen Religionspädagogik, Gütersloh – Freiburg i.B.

Schweizerisches Pastoralsoziologisches Institut (Hg.) 1998, Jenseits der Kirchen. Analyse und Auseinandersetzung mit einem neuen Phänomen in unserer Gesellschaft, Zürich.

Schweizerisches Pastoralsoziologisches Institut (Hg.) 2001, Lebenswerte. Religion und Lebensführung in der Schweiz, Zürich.

Schweizerisches Pastoralsoziologisches Institut (SPI) (Hg.) 2003, Lebensraumorientierte Seelsorge (LOS) in der Stadt St. Gallen. Inhaltliche Leitvorstellungen, St. Gallen.

Sennet Richard 1998, Der flexible Mensch. Die Kultur des neuen Kapitalismus, Berlin.

Siebert Horst 2003, Pädagogischer Konstruktivismus. Lernen als Konstruktion von Wirklichkeit, München.

Silbereisen Rainer K., Vaskovic Laszlo A., Zinnecker Jürgen (Hg.) 1996, Jungsein in Deutschland. Jugendliche und junge Erwachsene 1991 und 1996, Opladen.

Simmel Georg 1890, Über soziale Differenzierung. Soziologische und psychologische Untersuchungen, Leipzig.

Simmel Georg 1892/1989, Die Probleme der Geschichtsphilosophie. Gesamtausgabe, Band 2, hg. von Dahme H.-J., Frankfurt a.M.

Simmel Georg 1917, Rembrandt. Ein kunstphilosophischer Versuch, Leipzig.

Simmel Georg 1957, Brücke und Tür. Essays des Philosophen zur Geschichte, Religion, Kunst und Gesellschaft, Stuttgart.

Sloterdijk Peter 1983, Zur Kritik der zynischen Vernunft, Frankfurt a.M.

Soeffner Hans-Georg 1994, Das «Ebenbild» in der Bibelwelt – Religiosität und die Religionen, in: Spondel W.M. (Hg.), Die Objektivität der Ordnungen und ihre kommunikative Konstruktion, Frankfurt a.M., 291–317.

Stark Rodney 1997, Der Aufstieg des Christentums. Neue Erkenntnisse aus soziologischer Sicht, Weinheim.

Stolz Jürg 2004, Religion und Sozialstruktur, in: Campiche R., Zwei Gesichter der Religion. Faszination und Entzauberung, Zürich, 53–88.

Sudbrack Josef 1990, Was heisst christlich meditieren? Wege zu sich selbst und zu Gottes Du, Freiburg – Basel – Wien.

Thomas Günter 1998, Medien – Ritual – Religion. Zur religiösen Funktion des Fernsehens, Frankfurt a.M.

Trendbüro, Steinle Andreas, Wippermann Peter 2003, Die neue Moral der Netzwerkkinder. Trendbuch Generationen, München – Zürich.

Troeltsch Ernst 1895/1981, Religion und Kirche, in: Troeltsch E., Gesammelte Schriften Bd. 2, Zur religiösen Lage, Religionsphilosophie und Ethik, 2. Neudruck der 2. Auflage Tübingen 1922, Aalen, 146–182.

Troeltsch Ernst 1910/1981, Religiöser Individualismus und Kirche, in: Troeltsch E., Gesammelte Schriften Bd. 2, Zur religiösen Lage, Religionsphilosophie und Ethik, 2. Neudruck der 2. Auflage Tübingen 1922, Aalen, 109–133.

Troeltsch Ernst 1912/1994, Die Soziallehren der christlichen Kirchen und Gruppen. Neudruck der Ausgabe Tübingen 1912, Teilband II, Tübingen.

Tyrell Hartmut 1993, Katholizismus und Familie – Institutionalisierung und Deinstitutionalisierung in Religion und Kultur. Sonderheft 33 der Kölner Zeitschrift für Soziologie und Sozialpsychologie, 129–149.

Van Gennep Arnold 1986, Übergangsriten, Frankfurt a.M. – New York.

Vester Michael, Oertzen Peter von, Geiling Heiko, Hermann Thomas, Müller Dagmar 2001, Soziale Milieus im gesellschaftlichen Strukturwandel, Frankfurt a.M.

Waldenfels Hans 1988, Kontextuelle Fundamentaltheologie, Paderborn u. a.

Waldenfels 1996, «Kontextuelle Fundamentaltheologie» – Zum Anspruch eines Programms, in: ThGl 86, 146–156.

Weber Max 1985, Wirtschaft und Gesellschaft. Grundriss einer verstehenden Soziologie, Tübingen.

Wegner Gerhard 2002, Was dem Einen sein Bach, ist dem Anderen sein Baltruweit. Glaube und kulturelle Formen. Ein praktisch-theologischer Problemaufriss, in: Vögele W. u. a. (Hg.), Soziale Milieus und Kirche, Würzburg, 25–51.

Welsch Wolfgang 1988, Unsere postmoderne Moderne, Weinheim.

Wiebke Gisela 2002, Milieustammbaum der städtisch-kleinbürgerlichen Volks- und Arbeitnehmermilieus: Das kleinbürgerliche Arbeitnehmermilieu, in: Vögele W. u. a. (Hg.), Soziale Milieus und Kirche, Würzburg, 357–376.

Willems Marianne, Willems Herbert 1999, Religion und Identität. Zum Wandel semantischer Strukturen der Selbstthematisierung im Modernisierungsprozess, in: Honer A. u. a. (Hg.), Diesseitsreligion. Zur Deutung der Bedeutung moderner Kultur, Konstanz, 325–350.

Wippermann Carsten 1998, Religion, Identität und Lebensführung. Typische Konfigurationen in der fortgeschrittenen Moderne. Mit einer empirischen Analyse zu Jugendlichen und jungen Erwachsenen, Opladen.

Wohlrab-Sahr Monika 1997, Individualisierung: Differenzierungsprozess und Zurechnungsmodus, in: Beck U., Sopp P. (Hg.), Individualisierung und Integration. Neue Konfliktlinien und neuer Interpretationsmodus? Opladen, 23–36.

Wohlrab-Sahr Monika, Krüggeler Michael 2000, Strukturelle Individualisierung versus autonome Menschen oder: Wie individualisiert ist Religion? Replik zu Pollack/Pickel: Individualisierung und religiöser Wandel in der Bundesrepublik Deutschland, in: Zeitschrift für Soziologie 29, 240–244.

Wohlrab-Sahr Monika 2001, Religionslosigkeit als Thema der Religionssoziologie, in: Pastoraltheologie 90, 157–167.

Wohlrab-Sahr Monika 2003, Religiöse Individualisierung oder religiöse Kulturverteidigung, in: Hildemann K. D. (Hg.), Religion – Kirche – Islam. Eine soziale und diakonische Herausforderung, Leipzig, 39–53.

Yankelovich Daniel 1992, Expressivität als neues kulturelles Modell, in: Zoll R. (Hg.), Ein neues kulturelles Modell zum soziokulturellen Wandel in Gesellschaften Westeuropas und Nordamerikas, Opladen, 23–31.

Zerfass Rolf 1984, Die Verkündigung des Evangeliums in der Mediengesellschaft, unveröffentlichtes Manuskript.

Zohar Danah, Marshall Ian 2000, SQ. Spirituelle Intelligenz, Bern – München – Wien.

Ziebertz Hans-Georg, Kalbheim Boris, Riegel Ulrich 2003, Religiöse Signaturen heute. Ein religionspädagogischer Beitrag zur empirischen Jugendforschung, Gütersloh.

Zoll Rainer u. a. 1989, Nicht so wie unsere Eltern! Ein neues kulturelles Modell?, Opladen.

Zoll Rainer 1992, Der soziokulturelle Wandel in der Bundesrepublik. Die These eines neuen kulturellen Modells – eine kurze Darstellung der Ergebnisse der sozialwissenschaftlichen Untersuchung «Arbeitsorientierungen von Jugendlichen», in: Zoll R. (Hg.), Ein neues kulturelles Modell. Zum soziokulturellen Wandel in Gesellschaften Westeuropas und Nordamerikas, Opladen, 11–22.

Zulehner Paul 1989, Wider die Resignation in der Kirche. Aufruf zu kritischer Loyalität, Wien.

Zulehner Paul M., Hager Isa, Polak Regina 2001, Kehrt die Religion wieder? Religion im Leben der Mensachen 1970–2000, Ostfildern.

Zulehner Paul M. 2003a, Schweizer Kirchen im Modernisierungsstress – Die Zukunft der Volkskirche (Manuskript).

Zulehner Paul M. 2003b, Aufbrechen oder untergehen. So geht Kirchenentwicklung, Ostfildern.